アジア太平洋地域における

平和構築

その歴史と現状分析

杉田 米行 編著

大学教育出版

まえがき

　冷戦終結後、アジア太平洋地域は激動の時期を迎えている。本書『アジア太平洋地域における平和構築―その歴史と現状分析』では、各筆者が「アジア太平洋地域の安全保障問題を新しい視点で分析する」という点を共通の問題意識としてもち、学問分野を横断した形でまとめたものである。非常に刺激的な論文が寄せられ、編者も多くのことを学ぶことができた。本書に掲載する論文・執筆者を選ぶ際、特に注意したことがある。それは、多様性はダイナミズムの原動力であり、創造力を刺激するものだということだ。本書では学問分野（ディシプリン）の統一を行わず、さまざまな学問的バックグラウンドや実務経験をお持ちの方にご寄稿いただいた。また、イデオロギーの統一も行わず、保守的な見解を持つ方と革新的な意見の方の論稿を一つの本に並存させた。この多様性こそ本書の最大の特徴である。

　本書出版の契機を与えて下さったのは大学教育出版の佐藤守社長である。さらに、大学教育出版からの寄付金によって2007年度、大阪外国語大学に寄付授業科目「大学教育出版　アジア太平洋地域における総合安全保障」を設置することができた。佐藤社長に心より御礼申し上げたい。また、本書に収録したマーク・カプリオ先生の論稿の翻訳に関しては、早稲田大学助手の樋口謙一郎様（2007年4月からは名古屋の大学に専任講師として赴任予定）と早稲田大学大学院生の国分舞様にお世話になった。記して感謝申し上げたい。最後に、3人の子供の育児という裏方に徹する家内の存在があってこそ、本書にかかわることができた。家内に多謝。

2007年1月22日

　　　　　　　　　　　　　　　　　　　　　　　兵庫県川西市の自宅にて
　　　　　　　　　　　　　　　　　　　　　　　　　　　　杉田　米行

アジア太平洋地域における平和構築
―― その歴史と現状分析 ――

目　次

まえがき……………………………………………（杉田米行）…*i*

はじめに　パラサイト国家からの脱却へ
　　　　── 日本のアイデンティティ ──…………（杉田米行）…*1*

　1．はじめに ………………………………………………*1*
　2．アジア太平洋地域のアイデンティティ ……………*1*
　3．日本のアイデンティティ ……………………………*3*
　4．パラサイト国家日本 …………………………………*5*
　5．おわりに ………………………………………………*9*

第Ⅰ部

第1章　地政学と歴史から見た21世紀の日本の安全保障
　　　　　　　　　　　　　　………………（平間洋一）…*14*

　1．はじめに ………………………………………………*14*
　2．大陸系・海洋系地政学の歴史と理論 ………………*15*
　　（1）大陸系地政学の概要　*15*
　　（2）総合地政学の誕生と発展　*17*
　3．大陸国家と海洋国家の比較 …………………………*19*
　　（1）大陸国家と海洋国家との政治・経済・軍事体制の比較　*19*
　　（2）大陸国家と海洋国家の盛衰の比較　*21*
　4．地政学と歴史から見た中国の特徴 …………………*23*
　　（1）中華海洋生存圏思想　*23*
　　（2）領土への執着と戦争　*24*
　5．北東アジアの国際関係 ………………………………*26*
　　（1）地政学と歴史から見た日中関係　*26*
　　（2）地政学と歴史から見たロシア（ソ連）　*28*

(3) 地政学と歴史から見た米国　*30*
　　　(4) 地政学と歴史から見た朝鮮半島の国々と列強　*32*
　6. 日本の安全保障体制──地政学と歴史からの教訓 …………*34*
　7. おわりに──21世紀の日本の選択 ……………………………*37*

第2章　「人間の安全保障」と東アジアの言語社会
　　　　　　　　　　　　　　　………………（樋口謙一郎）…*45*
　1. はじめに ……………………………………………………………*45*
　2.「人間の安全保障」と言語政策 …………………………………*48*
　3. 東アジアの言語社会をめぐる論点 ………………………………*50*
　　　(1)「国語」政策　*50*
　　　(2) グローバリゼーションと「英語化」　*57*
　　　(3) 外国人住民の言語　*59*
　　　(4) 危機言語　*61*
　4. 考察 …………………………………………………………………*63*

第3章　日米安全保障体制における「極東条項」と「同盟のディレンマ」
　　　── 現代日本の安全保障政策における「空間概念」の変容 ──
　　　　　　　　　　　　　　　………………（正司光則）…*71*
　1. 問題の所在 …………………………………………………………*71*
　2. 日米安全保障体制における「同盟のディレンマ」の原点──極東条項の成立 ……………………………………………………………*73*
　　　(1) 旧安保条約における極東条項の挿入　*73*
　　　(2) 新安保条約をめぐる「同盟のディレンマ」　*75*
　3. 冷戦終結後の日米安全保障体制における新たな空間概念 ……*77*

  (1) 新ガイドラインにおける「アジア太平洋地域」と「周辺事態」 77
  (2) 周辺事態をめぐる「同盟のディレンマ」 79
 4. 9.11テロ後の日本の安全保障政策における「同盟のディレンマ」…82
  (1) 米軍再編と極東条項 82
  (2) 米軍再編と「同盟のディレンマ」 83
  (3) 基盤的防衛力構想と日米安全保障協議委員会 84
 5. 結論 …………………………………………………………………87

第4章　米中接近と国際的孤立のなかの台湾
——国連脱退をめぐる政治過程——…………（清水　麗）…98

 1. はじめに …………………………………………………………98
 2. 中国代表権問題と台湾 …………………………………………100
  (1) 中国代表権問題の経緯 100
  (2) 「中華民国」の危機感 103
 3. 戦術転換をめぐる日米台 ………………………………………105
  (1) 1970年国連総会 105
  (2) 重要事項指定方式からの戦術転換 106
 4. 米中接近に揺れる日台 …………………………………………110
  (1) 米中接近と二重代表制案 110
  (2) 最後の外交工作 112
  (3) 第26回国連総会 115
 5. 国際的孤立への対応 ……………………………………………117
  (1) 対外政策の調整 117
  (2) ニクソン訪中と台湾の動揺 120
  (3) 蒋経国への権力継承と政治改革 122

  6. おわりに ……………………………………………… *123*

第5章　北朝鮮の核危機に対する集団責任と平和的解決
     （マーク・カプリオ、翻訳：国分　舞、樋口謙一郎）… *130*
  1. はじめに ……………………………………………… *130*
  2. 今日の諸問題の歴史的文脈 ………………………… *131*
  3. 冷戦政治──地理的分断と心理的分断 …………… *137*
  4. 「北朝鮮問題」への対応 …………………………… *140*
  5. 結論 …………………………………………………… *144*

第Ⅱ部
第6章　核危機の15年、1992－2006
   ──国際政治理論による米朝間の対外政策の分析──
       ………………（飯倉　章）… *152*
  1. はじめに ……………………………………………… *152*
  2. 理論と歴史のはざまで ……………………………… *154*
  3. なぜ北朝鮮は核兵器を開発しようとした（する）のか？ ……… *157*
   (1) 仮説1──北朝鮮の防衛　*159*
   (2) 仮説2──友好国に対する信頼の揺らぎ　*160*
   (3) 仮説3──取り引きカードとしての「核攻撃へのエスカレーション」　*161*
   (4) 仮説4──取り引き材料としての核開発　*162*
   (5) 仮説5──南北朝鮮の武力統一のための最終兵器　*164*
   (6) 仮説6──国家的威信の確保　*164*
   (7) 仮説7──商品としての核兵器　*166*
   (8) 仮説8──通常兵器レベルでの軍備縮小のための核兵器保有　*166*

4. 米朝間に核抑止は機能するのだろうか？ ……………………167
　　　（1）分析1──戦略的核抑止が機能する前提の吟味　169
　　　（2）分析2──MADは機能するか？　172
　　　（3）分析3──非対称的な被害による恐怖の均衡　173
　　　（4）分析4──北朝鮮が抑止効果を高めるために取り得る戦略　176
　　　（5）分析5──核危機管理のために何ができるか？　177
　　　（6）分析6──先制攻撃の抑止と現代の情報戦争のもたらすリスク　178
　　5. 北朝鮮はなぜ約束を守らないのだろうか？ ………………179
　　6. おわりに ……………………………………………………185

第7章　NPTの限界露呈と国防態勢 ……………（宝珠山　昇）…191

第8章　冷戦期の米比同盟と日本要因
　　　── マルコス政権期のベトナム戦争協力問題を中心に ──
　　　　　　　　　　　　　　　　　　　　……………（伊藤裕子）…203
　　1. はじめに ……………………………………………………203
　　2. 米比同盟の形成と日本要因 ………………………………205
　　　（1）1947年米比軍事基地協定の成立と沖縄の存在　205
　　　（2）対日講和問題と米比相互防衛条約の成立　208
　　　（3）「政治的考慮」の産物としての米比同盟　209
　　3. ベトナム戦争と米比同盟 …………………………………210
　　　（1）ベトナム戦争と在比米軍基地の戦略的価値　211
　　　（2）フィリピン政府の対米軍事協力　213
　　　（3）アメリカの対フィリピン＜見返り＞援助と譲歩　216
　　4. 日比両国の対米姿勢の比較 ………………………………218

(1) 日本のベトナム戦争協力姿勢　218
　　　(2) 日比両国の対比　220
　　5. サイミントン小委員会と在比基地の価値の再検討 ………………224
　　6. むすびに代えて―冷戦期の米比同盟とベトナム戦争、日本要因―
　　　　　　　　　　　　　　　　　　　　　　　　………………228

第9章　安全保障とアイデンティティ―― ASEAN地域フォーラム（ARF）における予防外交の展開とアジア地域主義 ――
　　　　　　　　　　　　　　　…………（大賀　哲）…235
　　1. はじめに …………………………………………………………235
　　2. 地域主義という境界線の政治学 ………………………………238
　　3. ARFの安全保障言説 ……………………………………………242
　　4. 地域安全保障における地域主義 ………………………………251
　　5. アジア地域安全保障の可能性と限界 …………………………254
　　6. 結び ………………………………………………………………256

執筆者紹介 …………………………………………………………262
翻訳者紹介 …………………………………………………………263

はじめに

パラサイト国家からの脱却へ
—— 日本のアイデンティティ ——

1. はじめに

　本書の目的は、さまざまな学問分野の研究者が、アジア太平洋地域の平和をいかに構築するかについて、歴史研究や現状分析を通じ、その手がかりを探ることにある。そこで、本章ではアジア太平洋戦争後の日本を「パラサイト国家」ととらえ、その状態から脱却することの重要性を論じる。

2. アジア太平洋地域のアイデンティティ

　冷戦の終焉を迎えた20世紀後半以降、アジア太平洋地域は大きく変動している。もちろん、これ以前にもこの地域には国際情勢の変化の波が押し寄せていた。たとえば、清水麗論文では1971年の台湾の国際連合脱退問題を取り上げているが、それは台湾側の事情だけではなく、1960年代末までの冷戦期国際情勢の変動が大きな影響を与えたと分析している。では、その冷戦はどのような構造を持っていたのだろうか。冷戦はアメリカとソ連という二超大国を巨頭とした二極体制というのが基本的な構図である。従来の冷戦史研究では、二極体制の横の対立、すなわち東西の対立を前面に押し出してきた。ところが、冷戦構造にはもう一つの側面があった。仮に東西対立を冷戦構造の横糸と呼ぶとするなら、各々の陣営内における統制が縦糸にあたるであろう。西側陣営を例にとると、超大国のアメリカがいかに西側資本主義・自由主義諸国をまとめていっ

たかが縦糸にあたる。端的に言えば、冷戦構造の横糸の存在、つまりソ連を超大国とした東側という脅威を与える「他者」があったからこそ、西側が結束できたのであり、冷戦構造の横糸にあたる東西対立の存在によって、縦糸にあたる西側陣営の結束が保証されたのである[1]。冷戦期にも、アジアの多様性・ナショナリズムの台頭など問題は多くありながら、二極体制の横糸という重石によって、そういった諸問題は抑制されてきた。したがって、冷戦構造が喪失したために、逆にアジア太平洋地域が不安定になったともいえる。

冷戦という重石が除かれてから、アジア太平洋地域のアイデンティティが問われている。アジア太平洋ではヨーロッパにおけるヨーロッパ共同体や北大西洋条約機構といった地域単位の連合の伝統が希薄である。多様な文化・宗教・政治思想がアジアの特徴であるが、それがかえって制度的地域統合の妨げとなっているという見解がある[2]。しかし、多様性が必ずしも弱点であるとは言い切れない。たしかに、アメリカ中心のグローバル化の進展がアジアにも大きな影響を及ぼし、急激な社会・文化変容を遂げている。だが、その変容の仕方は、各地の文化的固有性を維持しながら新たな文化を創造していく過程ともいえる[3]。多様性は、画一化・標準化・普遍主義を推し進めるグローバル化の進展においてダイナミズムの源にもなり得る[4]。識者によっては、冷戦後のアジア太平洋地域で起こる巨大な諸文明の相互作用の一例として、アジア太平洋経済協力会議（APEC）の進展を理解し、グローバルな自由貿易を提唱する地域主義ビジョンを提示したものとして高く評価している。アジアに文化の多様性があるがゆえに、経済的相互依存を基礎とした思想的・文化的フュージョンが起こり、新たな文明もでき得ると楽観的見解を示している[5]。一方、植民地時代から長期にわたり大西洋世界に属していたアメリカが、20世紀後半から次第にそのアイデンティティを太平洋世界へと転換していった。そのため、「アメリカ太平洋世界」というメガ・リージョンの下に北東アジア、東アジア、東南アジアなどのサブ・リージョンを位置づけ、サブ・リージョン間の相互関係やメガ・リージョンとサブ・リージョンの関係などに着目する研究も出てきている[6]。このアメリカ太平洋世界が多様にグローバル化したアジアに浸透してきた結果、多面的・多層的・多極的で複雑な共生システムが生成されてきたのだという[7]。大賀哲論文はこの

ような文脈の中でASEAN地域フォーラム（ARF）に着目し、ARFを地域主義の実践の一つとしてとらえた。つまり、アジアにおける地域安全保障が、対外的にはヨーロッパ・モデルへの抵抗とアジアの地域的特殊性を強調し、対内的には内政干渉にも柔軟な姿勢を採りつつ、信頼醸成を蓄積する二重の運動をしているとしたのだ。さらに、東アジアにおける言語政策という観点から分析を行った樋口謙一郎論文は、東アジアで自明とされてきた統一的「国語」の地位がグローバリゼーション、特に「英語化」の発展により大きく動揺してきた点を指摘している。

　グローバル化の進展に従い、アジア太平洋地域において、経済リンケージがますます緊密になり、相互依存体制が深まるのと同時に、国家主権を高らかに掲げ、民族文化の独自性を強調し、世界の一体化とは逆方向に進んできた。すなわち、経済的一体化と政治的文化的多元化が同時に進行してきた。経済的には拡大し、世界の統合を目指す遠心力が働くにもかかわらず、政治的文化的には国家・民族単位でまとまろうとする求心力が働くのである。ここに世界資本主義を一つの大きな単位にしようとする国際経済体制の論理と主権国家を単位とする国家間体制の論理の矛盾が存在する。その矛盾に直面しながら目覚しい経済発展を遂げているアジア太平洋地域では、さまざまな潮流が交じり合ったハイブリッド文化が形成される可能性が高い。流動性の高いハイブリッド文化が形成されていく過程で、日本はどのような国家アイデンティティを持つのであろうか。

3. 日本のアイデンティティ

　アジア太平洋戦争中、日本は大東亜共栄圏という大義名分で白人西洋世界からアジアを解放する国というアイデンティティがあった。日米戦争中、両国民はお互いに人種主義的憎悪をむき出しにして戦った。そのため、アメリカを中心とする連合国が日本を占領統治する際、アメリカ人は少なくとも散発的なゲリラ抗争を予想していた。しかし、そのような懸念とは裏腹に、日本政府も日

本人も占領軍に対しては概して積極的な協力を行った。つまり、戦争中は軍国主義者に従って西洋的価値を否定することが「真理」だったが、敗戦後は軍国主義を批判し西洋に目を向けることが「真理」となったということであろう[8]。アメリカを中心とする連合国の占領を経て、日本は西側陣営、特にアメリカと一体化することこそがアイデンティティであるとしたのである。

　地政学と歴史を重要視している平間洋一論文は、日本の安全保障を検討するにあたり、アメリカ政府には日本よりも中国を重視する態度が底流にあり、日本に対しては警戒心や不信感が強いと説く。日本はアメリカに真正面から刃を向け、アメリカが目指すグローバリゼーションとは思想的に相容れない大東亜共栄圏を提唱した過去がある元敵国であり、全面的に信頼のおける国ではなかったからだ。したがって、アメリカは日本の善意ではなく国益を刺激することで西側陣営にとどめなければならなかった。つまり、日本に、アメリカと同盟を結び、西側陣営にいる方が利益になると悟らせる必要性があったのである。さらに、アメリカは、日本が近隣諸国の軍事的脅威にならないように留意しなければならなかった。たしかに、アメリカが日本に再軍備の圧力をかけ、日本はその圧力に屈せざるを得なかった側面があったことは事実だ。しかし、日本はアメリカに対して、日本に再軍備を要求するのであればまず経済力をつけることに助力して欲しいと要請した。日本政府にとって、日米関係を基軸とした経済成長が最優先事項であり、その日米関係に亀裂を生じさせない範囲内で最低限の防衛貢献をする均衡点を見つけることが歴代政権の課題だった。つまり、資源を無駄遣いすることなく安全保障を得ようとしたのである。日本政府はヘゲモニー国家アメリカのアキレス腱につけ込んでより多くの援助を獲得するために、日本におけるアメリカの安全保障の懸念を交渉上の武器とした。つまり、アジアという不安定な地域で、2つの巨大共産主義国家に隣接している唯一の同盟国として、日本は安全保障面と経済面での脆弱性を逆に最大の資産として利用したのである[9]。

　たとえば、1949年7月、アメリカ中央情報局（CIA）は日本再軍備に際し、予測できない側面を強調していた。日本が自衛力をつけたところで、経済的理由で共産主義側と融和せざるを得なくなれば、日本の軍事力が西側に向けられ

る可能性もあると報告した。日本の再軍備を進めることでアメリカはもはや日本が共産主義圏に与することを見逃すことはできず、日本の経済復興とアメリカへの依存体制を形成することに責任を負うことになった。つまり、日本再軍備によって、かえってアメリカの柔軟性はなくなり、一方で日本の対米交渉力が高まったのである。国家安全保障文書NSC48/1は、日本がその戦略的重要性を誇張、もしくは、アメリカの安全保障懸念を利用することによって、より多くの援助を得ようとしていると警告していた[10]。このように、冷戦期の権力闘争という環境の下、アメリカが日本の軍事力を強化する決定をしたことで、対日政策の幅は狭まってしまった。

戦後、アメリカが日本商品に対して国内市場を開放し、さまざまな形態の援助をおこなったからこそ、戦後日本経済は驚異的な復興と成長を見せた[11]。ところが、科学技術が発達し、技術革新では自国の地位を脅かすほどの頭脳を持った日本はアメリカにとって脅威となった。この頭脳が軍事力と結びつき、日本がアメリカに敵対する勢力になることは、アメリカにとっての最悪のシナリオである。その可能性を抑え込むために、日本をアメリカの公式の同盟国として抱え込んだのである。それがつまり、同盟による抑制ということである。

4. パラサイト国家日本

正司光則は、極東条項を中心に日米安全保障体制における空間概念の変容を論じている。正司によると、戦後日本は、アメリカに見捨てられる恐怖とアメリカが起こした戦争に巻き込まれる恐怖（同盟のディレンマ）に苛まれ続けてきた。しかし、2005年の日米安全保障協議委員会（「2＋2」）が「大きな転換」となり、日本の安全保障政策が極東条項を乗り越え、グローバルな問題関心に基づいた新しい戦略グランドデザインを考案できるとも説いている。伊藤裕子論文は、日米同盟そのものではなく、米比軍事基地協定の盛衰を日米同盟の関数として分析している。つまり、日米同盟の動向はアジア太平洋地域におけるアメリカの安全保障政策に大きな影響を与えるということである。正司のよう

に、基礎として日米同盟を維持しつつ、現状を修正しようとする考え方もあるが、他方、日米同盟そのものが現状の問題点の根源であるという考え方もある。冷戦が終結するまで、戦後約半世紀の間、日本はアメリカから離れたくても離れられないような精神構造ができ上がっていった。日米安全保障条約の規定では、日本の決断次第で、1年の告知期間をもって日米同盟関係を解消することができる。その可能性を真剣に検討しなかったのは、国際関係における日本の国益を鑑みて日米同盟の堅持がプラスであるという、冷徹な計算に基づいた判断というよりは、その方が楽だからという惰性の決定といえるだろう。社会学者の山田昌弘は1,000万人もいるといわれている自立し難い日本の若者を「パラサイト・シングル」と呼び、「学卒後もなお親と同居し、基礎的生活条件を親に依存している未婚者」と定義づけている[12]。じっくり将来を見据えて、今何をすべきかを緻密に考えるのではなく、何となく親に経済的にも精神的にも頼っていた方が楽であり、短期的な享楽に満足感を覚える独身者を「パラサイト・シングル」と呼ぶならば、将来を展望し、自立を考えることなく、何となく日米同盟に寄り添っているのが経済的にも軍事的にも国益にかなっているに違いないと信じている日本は「パラサイト国家」と呼ぶにふさわしい。

　冷戦終結を受け、アジア太平洋地域は方向性を模索するようになり、日本もアイデンティティ問題で大きく揺れ動いた。1990年12月、関税と貿易に関する一般協定（GATT）ウルグアイ・ラウンド交渉の中断を受け、マレーシアのマハティール・ビン・モハマド首相はアジア太平洋諸国も独自の通商ブロック化を検討すべきだという内容の東アジア経済グループ（EAEG）構想を提唱した。マハティールはEAEGで日本が指導的な役割を果たすことを期待していた。つまり、日本は冷戦後、アジアの一員であるか、アメリカのジュニア・パートナーであるか、二者択一のアイデンティティを迫られたのである[13]。しかし、日本はEAEGに対して明確な判断をせず、曖昧な態度を示し、その後継である東アジア経済会議構想には反対の意思表示をした。その日本の判断にはアジアの自立化により、アジアにおけるプレゼンスの低下を懸念したアメリカの立場を考慮するという意図があった。その結果、マハティールは「アジアとの関係を軽視し、［対アジア関係を］対米関係より下位においている」と日本を非難した[14]。

しかし、冷戦後、日本も自立に向けての動きをしていたことは事実である。安全保障面では、1994年8月、内閣総理大臣の私的諮問機関である防衛問題懇談会が、「日本の安全保障と防衛力の在り方—21世紀へ向けての展望」を村山富市首相に提出した。この報告書は「総合的な国力において、アメリカはかつてのような圧倒的優位はもはやもっていない」という前提の下、アジアの安定に寄与できる日本の貢献を検討したものだ。報告書では日米安全保障体制を中心軸としながら、「今後は、［日本が］能動的な秩序形成者として行動すべきである」と記され、日本の積極的・自立的貢献が重視された[15]。

経済面でも、日本の自立に向けての動きはあった。アジア通貨危機が起こった1997年、日本は半世紀余りのアメリカへの依存体制から、より強く東アジアとの一体化を目指すようになった[16]。同年8月にはアジア通貨基金（AMF）構想を提唱、アメリカから相対的に自立し、アジアへの帰属意識を強調した。この構想はアメリカの反対と中国の無関心により頓挫したが、翌1998年10月には300億ドル規模の資金援助を骨子とした新宮沢構想で積極的なアジア支援の姿勢を見せた。同年11月からは、定例化されることが決まったASEAN＋3首脳会議という地域協力機構で、日本は中心的な役割を果たそうと努力するようになった[17]。

2001年9月11日、アメリカで発生した大規模な同時多発テロをきっかけにテロリストとの戦いを中心とした「新しい戦争」[18]の段階に入った。アメリカは国際問題において、ますます単独行動や軍事的解決を重視するようになり、同盟国に対してもグローバル規模でアメリカの対テロ戦争への賛否の明確化を示し、その証拠を具体的行動で示すように求めた。日本もパラサイト国家からより自立した国家になるのか、それともパラサイト国家で居続けるためにより高い代償を払うのか、厳しい選択に迫られた。アメリカはテロ撲滅作戦の一つとして、アフガニスタンを実効支配していたタリバンへの攻撃を行った。日本政府は惰性の選択として、パラサイト国家で居続ける道を選んだ。日本は、アメリカ軍の軍事行動を後方支援できるテロ対策特別措置法案を2年間の時限立法として同年10月に可決、翌11月に海上自衛隊艦船をインド洋方面へ派遣した。日本は常にアメリカの機嫌を伺い、日本の貢献に対するアメリカの評価に

一喜一憂し、自国の主体的な決定を下すプロセスを欠いていた[19]。この自立性の欠如こそパラサイト国家の代償の一つである。しかし、「新しい戦争」段階に入ったことで、日本が自立への道をあきらめたわけではなかった。再度、北朝鮮問題でパラサイト国家からの脱却を図った。

　北朝鮮問題に関しては、本書でもさまざまな角度から分析が行われている。飯倉章論文は、1992年から2006年までの北朝鮮の核開発に関する米朝外交関係を、政策決定論と核抑止理論・核抑止戦略（戦術）を用いて理論的考察を行った。具体的には「なぜ北朝鮮は核兵器を開発しようとした（する）のか？」、「米朝間に核抑止は機能するのだろうか？」、「北朝鮮はなぜ約束を守らないのだろうか？」という3つの疑問に、理論的に考えられるさまざまなケースを想定している。一方、宝珠山昇論文では北朝鮮の核実験が核拡散防止条約（NPT）の精神を踏みにじり、その限界を露呈したと主張する。このような現状に直面した日本は自国の安全保障を確保するために、自主的・主体的防衛態勢の充実、日本の対米依存度を正常化、日米同盟の深化、日米共同防衛態勢の強化・緊密化を図るべきだと、冷徹な実務家的処方箋を具体的に示している。

　他方、マーク・カプリオ論文は、核開発を中心とする「北朝鮮問題」は北朝鮮だけが責任を負うべきだというイメージが先行していることを批判し、6か国協議参加国すべてがこの問題の原因に責任を負い、問題解決をもたらす責任があると主張する。2002年9月17日、日本はその責任を果たすべく、小泉首相が北朝鮮の金正日総書記と史上初めて日朝首脳会談を行い、平壌宣言に調印した。この小泉訪朝は、不安定な朝鮮半島情勢を好転させると同時に日本が国際関係で独自の立場を打ち出す意図を明確にした。たとえば、経済協力方式による過去の清算と補償については第2項、拉致問題については第3項、北東アジアの平和と安全、特に「朝鮮半島の核問題の包括的な解決」に関しては第4項に盛り込まれるなど大きな成果をあげている。このことは半世紀にわたる日本の対米追随外交路線の変更を模索する第一歩だが、アメリカは日本が独自の外交路線をとることを好まず、北朝鮮の脅威を誇張することによって日本を日米同盟の枠組みの中に引き戻した[20]。

　2002年9月17日に発表されたアメリカの「国家安全保障戦略」[21]によると、

はじめに　パラサイト国家からの脱却へ ── 日本のアイデンティティ ──　　9

アメリカ最大の脅威は大量破壊兵器の保有を企てる国際テロ組織とならず者国家であり、その対処のために可能な限り国際社会との協調を目指すが、必要であれば単独行動も辞さないと明言している。従来の国家とは異なる抑止力が効かないテロリストが相手である以上、自衛権を拡大解釈することで先制攻撃を正当化した。しかし、それは国連憲章第51条違反ともいえる。アメリカが、いつ、どのような場所でも先制攻撃できるのであれば、明確で説得的な証拠を事前に示すことなく、他国への軍事介入をすべて正当化できるということだ。この論理はブッシュ政権の自国中心的な考え方の現れに過ぎない。「新しい戦争」の時代に日本がパラサイト国家でい続けようとするなら、このようなアメリカの行動を明確に支持し、その証を示さねばならなかった。小泉純一郎首相は、2002年12月4日、テロ対策支援法に基づきアフガニスタンにおける対テロ作戦を名目に海上自衛隊のイージス艦をインド洋に派遣することを決定した。憲法違反となる集団的自衛権の行使になるのではないかという与野党内から上がった慎重論を押し切っての強引な派遣決定だった。2003年7月にはイラクにおける人道復興支援活動及び安全確保支援活動の実施に関する特別措置法（いわゆるイラク特措法）が成立し、同年12月には航空自衛隊の先遣隊がイラクに派遣された。2006年7月に陸上自衛隊は撤収したが、航空自衛隊は輸送活動を継続している。このような形で日本は証を示し、アメリカはテロとの戦いという名目の下、アジア太平洋地域だけではなく、世界的規模でアメリカの行動に軍事的経済的貢献を日本に迫るようになってきた（日米同盟のグローバル化）のである。

5. おわりに

なぜテロリストの標的になるのか、と自問することのないアメリカは最強の軍事力を背景に、なりふりかまわず他国への軍事介入をすべて正当化できる先制攻撃論を主張している。日本がこのアメリカのパラサイト国家でい続けることは、アジア太平洋地域の平和構築にとって必要であり、望ましいことなので

あろうか。歴史を振り返りながら再検討すべき課題である。

注
1) 拙稿「米国の北朝鮮政策」平間洋一・杉田米行編著『北朝鮮をめぐる北東アジアの国際関係と日本』(明石書店、2003年) 91-93頁。
2) たとえば、武居智久「アジア太平洋地域における平和のためのパートナーシップ」『波濤』147号 (2000年3月) 70-71頁。
3) 平野健一郎「グローバリゼーション下のアジア・太平洋における社会・文化変容と地域研究」『北東アジア研究』第2号 (2001年10月) 27-29頁。
4) 小原雅博『東アジア共同体』(日本経済新聞社、2005年) 4頁。
5) 船橋洋一『アジア太平洋フュージョン―APECと日本』(中央公論社、1995年)。
6) 遠藤泰生他編著『変貌するアメリカ太平洋世界 (全6巻)』(彩流社、2004-2005年)
7) 油井大三郎・遠藤泰生編著『変貌するアメリカ太平洋世界 第1巻 太平洋世界の中のアメリカ対立から共生へ』(彩流社、2004年) 252頁。
8) 拙著『ヘゲモニーの逆説―アジア太平洋戦争と米国の東アジア政策1941年～1952年』(世界思想社、1999年) 114-116頁。
9) 拙著『ヘゲモニーの逆説』238-242頁。
10) CIA, 25 July 1949, Papers of Harry S Truman, Harry S Truman Library, Independence, MO; NSC 48/1, 23 December 1949, RG 273, National Archives.
11) アーロン・フォースバーグ『アメリカと日本の奇跡―国際秩序と戦後日本の経済成長1950-60』(世界思想社、2001年)。
12) 山田昌弘『パラサイト・シングルの時代』(筑摩書房、1999年) 11頁。
13) 塩谷さやか「東アジア経済グループ (EAEG) 構想に見る『マハティール主義』」『アジア太平洋研究科論集』6号 (2003年9月) 205頁。
14) 萩原宜之「ASEAN・APEC・EAEC」『独協法学』41号 (1995年9月) 30頁。
15) 防衛問題懇談会「日本の安全保障と防衛力のあり方-21世紀へ向けての展望」(1994年8月12日)
http://www.ioc.u-tokyo.ac.jp/~worldjpn/documents/texts/JPSC/19940812.O1J.html.
16) 末廣昭「アジア有限パートナーシップ論」渡邊昭夫編著『アジア太平洋連帯構想』(NTT出版、2005年) 147-149頁。
17) 大庭三枝『アジア太平洋地域形成への道程』(ミネルヴァ書房、2004年) 385-386頁。
18) 新しい戦争に関しては、メアリー・カルドー『新戦争論』(岩波書店、2003年) などを参照。
19) 辰巳由紀「真の『大人の関係』を目指して」。

http://www.jcaw.org/news/story/2002/200205/kadai.html（2007年1月16日アクセス）。

20）Gilbert Rozman, "Japan-US relations: The North Korean option" *Asia Times* (December 5, 2002); Gavan McCormack, "North Korea in the vice" *New Left Review* 18 (November-December 2002), p.22.詳細に関しては、拙稿「米国の北朝鮮政策」参照。

21）"The National Security Strategy of the United States of America" (September 2002). http://www.whitehouse.gov/nsc/nssall.html（2007年1月16日アクセス）。

22）G・ジョン・アイケンベリー「新帝国主義というアメリカの野望」『論座』（2002年11月）235頁。

第Ⅰ部

第1章

地政学と歴史から見た21世紀の日本の安全保障

1. はじめに

　国際関係を理解するのには各種の視点があるが、これらの中で比較的不変な視点を提供するものに地形や風土などの地政学（Geopolitik）や、歴史や宗教などの視点があるように思われる。それは和辻哲郎が『風土』において「歴史と離れた風土もなければ、風土と離れた歴史もない[1]」と述べているとおり、ある一定の自然環境に囲まれて育つと風俗習慣、価値観などが一定のものとなり、それが歴史を重ねて価値観として集積され、宗教へと凝縮されていくからである。

　一方、地政学が重要なのは「外交は地形なり」との言葉が示すとおり、国家の地理的位置が対外政策に大きな影響を及ぼすからである。しかし、地政学がナチス・ドイツや旧日本帝国の世界侵略の一翼を担ったと、占領軍から日本地政学会が解散させられたこともあり、日本では敗戦とともに消滅し現在でもタブー視する人が多い。確かに地政学は政治との関係が深く、また学問としても非理論的な点もあり、定義もばらつきがあり多様である[2]。しかし、地理的条件を基盤とした戦略的思考は国際関係を見極めるのに極めて重要な示唆を与えるので、本論では地政学を「地理的条件を基盤とした国家の政治活動（国内的・国際的）にかかわる学問」と暫定的に定義して論を進めたい。

　地政学に次いで有効な視点を提供するのが歴史的視点である。それは幾多の経験や試練が人の性格を形成するように、国家も長い歴史の中で試練を受け、国家としての性格を形成して行くからであり、歴史は今後の行動を予察する場

合に極めて貴重な視点を提供する。特に国家の存亡を賭けた戦争の歴史を分析することにより、声明や宣言、会談録などの外交文書には現れない赤裸々な国益追求の行動が浮き彫りとなり、その国家の今後の行動が推測できるからである。そこで本論では日本の安全保障に関係する北東アジアの国々、中国と韓国と朝鮮民主主義人民共和国（以後、北朝鮮と略記）と、それに干渉する米国とロシアの今後の行動を地政学、歴史と宗教の3つの視点から分析し、日本の安全保障を考究する一つの見方を提示してみたい。

2. 大陸系・海洋系地政学の歴史と理論

(1) 大陸系地政学の概要

　地政学の起源や創始者には諸説があるが、西欧ではギリシャの歴史家ヘロドトス（Herodos、西暦前5世紀頃の人）とし、東洋では同じ頃に『孫子の兵法』を書いた孫子とされている。近代に入って地政学を最初に取り上げたのは、ドイツの哲学者カント（Immanuel Kant: 1724-1804）で、カントはケーニヒスベルグ大学哲学の教授として地理学も講じたが、その講義で「政治地理学」という言葉を使い、統治形態とか統治行為、国家や社会集団、さらに宗教、風俗習慣などを講じたため、西欧では一般にカントを近代地政学の先駆者としている[3]。
　しかし、最初に地政学を体系的に構築したのは、ライプツィヒ大学地理学教授のラッツエル（Friedrich Ratzel: 1844-1904）で、ラッツェルは1896年の論文「国家の空間拡大の諸法則」、1897年に出版した『政治地理学（Politische Geographie）』で国家は生存のために可能な限り生存空間を求めるという「生存圏思想（Lebensraum）」を唱えたが、その概要は次のとおりであった[4]。

①国家の政治上の力は、その国家の領域の広さに依存する。国家の領域は文化の浸透とともに拡大する。すなわち自国の文化を他国の領土内に広めると、その地域が自国の領域に加わる。

②国境は同化作用の境界線である。国境は国家の膨張力に応じて変動し、その膨張力が、これを阻止する境界線に出会うと打破しようとして戦争が起

きる。

③国家は生命を持た組織体であり、成長に必要なエネルギーを与え続けなければ衰弱しやがて死滅する。国家はその生命力に応じ、これを維持するために生存圏を確保しようとするので国境は流動的となる。

　この理論をさらに体系化したのがスウェーデンのウプサラ大学地理学のチェーレン（Rudolf Kjellen: 1864-1922）教授であった[5]。チェーレンは1916年に『生存の形態としての国家（Staten Somlifsform）』を出版したが、チェーレンはこれらの本や論文で「地理と国家の関係」に地政学という言葉を導入し、国際交通の主要ルートとの関連で大陸の中心と周辺を区分し、大国と小国の関係からパワーバランス、緩衝国家としての小国の役割、大国の膨張主義的政策の地理的方向の変遷などを論じ、ラッツェルの理論をさらに体系化した。このチェーレンの理論が普墺、普仏戦争に勝ち大国となった当時のドイツで歓迎され、チェーレンの著書はドイツでは4版を重ねた。

　次いで、チェーレンの地政学とラッツェルの生存圏思想を取り入れ、当時流行していた弱肉強食の社会ダーウニズムで地政学を論じたのが、駐日武官の経歴を持つミュヘン大学地理学の教授で、軍事科学部長のハウスホーファー（Karl Haushofer: 1864-1946）退役陸軍少将であった。ハウスホーファーは国家間の生存競争は地球上の生活空間を求める競争であり、国家が発展的生存を維持するためにはエネルギーが必要であり、そのエネルギーを獲得するのに必要な領域を総合地域（Panregion）と規定し、世界はやがて次の4つの総合地域に統合されるであろうと予言した[6]。

①米国が支配する汎アメリカ総合地域
②日本が支配する汎アジア総合地域
③ドイツが支配する汎ユーラフリカ総合地域
④ソ連が支配する汎ロシア総合地域

　これに対し海洋地政学者を代表するのは米国海軍のマハン（Alfred Thayer

Mahan: 1840-1914）少将で、1890年に出版した『海上権力史論』や多数の論説で、商船隊や漁船隊、それを擁護する海軍とその活動を支える港や造船所などをシーパワーと規定し、海軍は「海上交通路を提供して保護し、商業的競合から生ずる避けがたい紛争を処理し、過剰生産物のための外国市場を確保すべきである」などと論じた[7]。なお、マハンはシーパワー（海洋力あるいは海上権力と同義語として使用する）を隆盛させる条件として、①国家の地理的位置、②地形的環境、③領土の広さ、④人口の多寡、⑤国民の性質、⑥政府の性質と政策の6項目をあげてるが[8]、これらの項目は現在も大きくは変わっていない。

(2) 総合地政学の誕生と発展

　マハンの海洋地政学に対してオックスフォード大学地理学部の創設者マッキンダー（Halford J. Mackinder）教授は、1904年に行った「歴史の地理的な展開軸（The Geographic Pivot of History）」との講演で、シーパワーを保有した国家の繁栄が永久的であるとの保証はない。逆にランドパワーを保有する大陸国が発展しシーパワーとランドパワーを統合し、強力な支配権を全世界に広げるであろうとシーパワーとランドパワーとの関係で世界政治をとらえ、マハンのシーパワー論では陸地に関する考慮が不充分である。地球は大陸と海洋から成り立ち、大陸の3分の2を占め人口の8分の7が住んでいるユーラシア大陸を「世界島（World-Island）」と名付けた。そして、この世界島の中央部でシーパワーが及ばないユーラシア北部を「ハートランド（Heartland）」と名付け、さらにハートランドの外側に2組の「三日月地帯（Crescent）」を設定し、ハートランドの外側にありシーパワーの及ぶ大陸周辺の地域、すなわち西ヨーロッパ、インド、中国などを「内側三日月地帯（Inner Marginal Crescent）」、その外方に海を隔てて点在する英国、日本、フィリピンなどを「外側三日月地帯（Outer or Insular Crescent）」と名付けた。そして、1919年に出版した『デモクラシーの理想と現実（Democratic Ideals and Reality）』という著書で、未だハートランドは未開発であるが、やがて陸上交通や産業が発展し内陸部にエネルギーが蓄積され、ここを根拠地としたランドパワーが現在沿岸地域に及んでいるシーパワーを駆逐し、シーパワーを圧倒するであろう。「東ヨーロッ

パを支配する者はハートランドを制し、ハートランドを支配する者は世界島（ユーラシアとアフリカ大陸）を制し、世界島を征する者は世界を征する」と、第一次世界大戦後にドイツが再び強国となることができないように措置すべきであると警告した[9]。

この理論に対して米国の地政学者スパイクマン（Nicholas Spykman: 1893-1943）は、「リムランド（Rimland）」が世界を征するとの理論を唱えて出現した。スパイクスマンは世界はシーパワーとランドパワーが対立するという単純なものではなく、ハートランドの周辺地帯でシーパワーの影響が及んでいる地域、すなわちランドパワーとシーパワーの接触している地域をリムランドと呼称し、ヨーロッパ大陸が一大強国に支配されるのを防止するには、リムランドの国々が共同してハートランドの外方への勢力拡張を防ぐべきであると、マッキンダーの警句を修正し「世界を制する者はハートランドを制する者」ではなく、「リムランドを制する者はユーラシアを制し、ユーラシアを制する者は世界を制す」と主張し、この理論が冷戦時代には「ソ連封じ込め政策」の理論的な根拠となった[10]。

次いで戦後に大きな影響を与えたのがボストン、クラーク、ハンター大学などの教授を歴任したコーヘン（Saul B. Cohen）で、コーヘンは1963年に出版した『分断世界の地政学と政治 Geography and Politics in a World Divided』において、「ヒエラルキカル（Hierachical）」という用語を用い、二極体制（米ソの世界支配）の浸食と地理の枠組みの相関関係による地域秩序を論じた。そして、「シャッター・ベルト概念（Concept of Shatterbelt）」を用い、文化、経済、政治上の多様性と明確な勢力圏の区切りがないままに、強大国の周辺国家（中東や東南アジア、サワラ以南のアフリカ）、のちの「出入口国家（Gateway States）」は強国の干渉を受けるが、これらの「出入口国家」が力を付ければ大国の影響力が弱まり、対立が緩和されて安定した世界を迎えるであろうと主張した[11]。

一方、ハンチントン（Samuel P. Huntington）は世界には7から8個の文明圏があり、この文明の相違がエスカレートして戦争になる。「西欧が生き残れるか否かは西欧文明が特異なもので普遍的でないことを認め、非西欧社会からの挑戦に備え結束してみずからの文明を再建しなければならない」と論じた[12]。こ

のような文明やイズムの地政学には、野蛮人にキリスト教文明の恩恵を広めるとの「明白な天命（Manifest Destiny）」のアングロサクソン（プロテスタント）至上主義の伝導思想と、20世紀初頭を風靡した弱肉強食の社会ダーウニズムが融合した米国のモンロー覇権主義、自国中心の中国の中華思想や、かつての日本のアジア主義（大東亜共栄圏思想）などがあるが、近年ではインターネットなどの通信技術が発展し、アングロサクソンの英語圏や世界各地に広がる華僑を結ぶ中国語圏などの語学に付随する価値観（イズム）が、世界政治に大きな影響を与えており、語学の地政学なども考慮すべきではないだろうか。

3．大陸国家と海洋国家の比較

（1）大陸国家と海洋国家との政治・経済・軍事体制の比較[13]

　論を進めるに先立ち、最初に北東アジアの安全保障に大きな影響を与える「海の帝国」の米国と、「陸の帝国」の中国の政治体制や価値観、経済的優劣、軍事思想などの相違を海洋国家と大陸国家の視点から比較してみたい。

　海洋国家は海洋が天然の城壁の役割を果たし、他国の侵略を受けることも少なく、さらに第三国の領土を経由することなく比較的自由に外国と交易し、必要な物資や文化を導入してきたためか、社会システムや思想は開放的で、自由主義的となる傾向が強く、議会制民主主義の国が多い。また、船を操るのには特別の知識と技能を必要とするところから、兵制は志願兵制度をとり海軍を重視する国が多い。さらに、海洋国は海上交通路を維持し制海権を握っていれば、貿易によって国家の生存発展に必要な資源を取得することができるため、国際関係は相互に立場を認め平等視する水平な関係で結ばれる場合が多い。

　さらに、海洋国の利点の一つが安価大量の輸送力であり、海洋の存在する処はどこへでも自由に多量の物資を安価で運べることから、有無相通じる国際貿易や国際分業化を促進し、海洋国家間を相互依存の関係として相互に結びつく傾向が強く、貿易により繁栄が維持されることから戦争を好まず、努めて武力戦を避け「砲艦外交（Gunboat Diplomacy）」に表徴される外交交渉や、威嚇に

より目的を達する傾向が強く、戦争も大陸国間で戦わせ自らの犠牲を避け、漁夫の利を得る傾向がある。また艦艇が自由に行動できることから、戦い方は相手の弱い所を突く傾向が見られ、協調体制が取りやすいことから古来「海洋国は同盟国とともに戦う」と言われてきた。

　一方、大陸国家は国境を挟んで隣国とは緊張関係にあり、侵略を受ければ多量の国民を動員しなければならなかった。このため国家の性格は専制的・閉鎖的で、一般に中央集権的で軍国主義的にならざるを得ず、軍制は概して徴兵制度を採る国が多く、陸軍が重視されている。また、大陸国家にとって国土の広さは国土防衛上のみならず、資源の有無が国家の生存発展上に不可欠なことから領土に対する執念が強く、この傾向はロシアのツアーやフランスのナポレオン、ドイツのヒトラー、そして現在の中国にも見受けられる。

　また、大陸国家は常に自らを世界の中心と考える傾向があり、旧ソ連邦は共産主義を世界最高の政治形態と自負し、世界各地に共産主義国家を建設しようと他国に干渉し争乱を起こした。この傾向は中国も同様で、中国は自国文化の優越感から自国を「中華」「中国」と美称し、周囲の民族を「東夷」、「西戎」、「南蛮」、「北狄」と蔑視し、周囲の国々を「臣下の礼」をとる半独立国と考え、ピラミッド型の従属的「華夷秩序」しか認めず、貿易も中国の管制下の朝貢貿易しか認めなかった。なお、大陸国家と海洋国家の性格の相違を図表化すれば下表のように要約できるのではないか。

表1−1　大陸国家と海洋国家の性格の相違

	海 洋 国 家	大 陸 国 家
代表的国家	米英NATO	ソ連・中国（仏・独）
政治体制	開放的で民主主義	閉鎖的で専制主義
国防体制	海軍重視（専門化・志願兵）	陸軍重視（大量動員・徴兵）
世界観	共存共栄	華夷体制
国際関係	平等な国際関係	隷属的国際関係
貿易・経済	自由競争	国家管理・計画経済
軍事戦略	リデルハートの戦略	クラウゼビッツの戦略

(2) 大陸国家と海洋国家の盛衰の比較[14]

　紀元前480年のサラミスの海戦の勝利がギリシャに、紀元前264年から260年のポエニの海戦の勝利がローマに覇権を確立させ、1571年のレパントの海戦がヨーロッパをイスラム（トルコ）の「くびき」から開放するなど、古来、国際政治の変動はシーパワーの盛衰で大きく変化してきた。これをアジアについて見てみると、ヨーロッパのシーパワーが最初にアジアに達したのは1498年で、ポルトガルのバスコダ・ガマ（Vasco da Gama）がインドのカリカット港に入港したことに始まる。その後ポルトガルは1509年にディウ沖でアラブ艦隊を破りインド洋の制海権を確立すると、1510年にゴア、1511年にマラッカ、1518年にはセイロン（現在のスリランカ）を占領した。しかし、1521年にスペインに敗れ1655年にセイロンをオランダに奪われ、1661年にはボンベイを英国に割譲し20世紀にはマカオしか残らなかった。

　ポルトガルに次いでアジアに覇権を確立したのはスペインで、1565年にフィリピンの征服に乗り出し1571年に完了した。しかし、1588年にスペイン艦隊が英国艦隊に敗れると、オランダがアジアへの進出を加速し、1624年に台湾、1908年にバリ島、1910年にセレベス島を奪った。

　一方、英国は1637年にマドラスをポルトガルから、1762年にはマニラをスペインから奪い（7年戦争の講和会議で1764年にスペインに返還）、1788年にはオーストラリアを囚人の植民地とし、1795年にはナポレオン戦争の一環としてセイロン、マラッカとパンダ諸島をオランダから奪った。さらに、1805年のトラファルガー海戦の勝利がアジアの歴史を変えた。海洋覇権を獲得した英国は1840年には中国にアヘン戦争を仕掛けて、1842年の南京条約で香港の割譲と上海や天津などの5港を開港させ、1898年には威海衛を租借し、ここにヨーロッパからアジアまで「陽の没することなき」海の大英帝国が誕生した。

　フランスは1862年にコーチシナ（ベトナム南部）を獲得、1893年にカンボジャとラオスを保護国とし、1853年にはタヒチ、1880年にはニューカレドニアを奪取し、1899年に広州湾一帯を租借した。米国は米西戦争に勝利すると1898年にフィリピンとグアムを、1898年にハワイを併合し、1899年に東サモアをドイツと分割支配した。また、ドイツは1884年にニューギニアを占領、

1886年にマーシャル群島をスペインから購入、1899年にカロリン、マリアナ群島を占領、1898には宣教師殺害を理由に膠州湾一帯を租借し青島に海軍基地を建設した。

　一方、北方から陸路アジアに進出したロシアは、アムール河を南下して1860年にはウラジボストクに海軍基地を建設し、1898年には大連・旅順を租借して念願の不凍港をアジアに獲得した。このようにアジア諸国はいずれも西欧帝国主義諸国の支配下に置かれたが、日本が西欧列強の植民地にならなかったのは、ヨーロッパ諸国のシーパワーから最も離れた位置にあったこと、アジア諸国と異なり国内が統一され精強な武士団が各地に存在し、日本を征服するには多額の戦費や犠牲を覚悟しなければならないことなどにあった[15]。

　その後、米国はモンロードクトリンや門戸開放政策を旗印に、マハンの理論に従い大海軍を建造し、第一次世界大戦でドイツ海軍、第二次世界大戦で日本とドイツ海軍を破り、世界第一の海軍国に成長し世界に君臨した。しかし、第二次世界大戦が終わると大陸国家のソ連が台頭し、マッキンダーのハートランドの理論はドイツの代わりにソ連が主人公となった他は予言どおりに実現されるかと思われた。ソ連は巨大な外向力を持って着々と内側三日月地帯を勢力下に収め、その勢力はアフリカなどの外側三日月地帯にも及んだ。ソ連は東欧を制してマッキンダーの警告の第1段を達成し、第2段の世界島の支配に乗り出しリムランドにある中国やアフガニスタンを影響下に収め、海洋超大国の米国は力を失い海洋一国支配の歴史が閉じられたかに見えた。

　しかし、大陸国家のソ連は安価大量の物資を運び得る海洋国家、経済的には有無相通ずる国際分業と国際的自由貿易による相互依存関係で結びつく海洋国家群に対し、その地理的制約や専制的な国家体制が災いして経済的に破綻してしまった。ソ連や東欧圏の崩壊は政治的にはデモクラシー国家の勝利であり、経済的には自由経済制度の勝利であったが、地政学的には海洋国家の大陸国家に対する勝利であった。現在、マハンの海上交通路（Sea Line of Communication）は、シーレーン（Sea Lane）と呼称が変わり、科学技術の発達からエアー・パワーの空軍力や大陸間弾道ミサイルなどが出現したが、海洋を制した国家が世界を制するというマハンの理論に代わる理論は未だ生まれて

いない。しかし、採掘や輸送技術の進歩などにより、凍土帯からの石油やガスの掘削が可能となったロシアが、豊富なエネルギー資源を武器に強硬な力の外交を展開しているが、マッキンダーの「ハートランドを制する者が世界を制する」との予言は再び甦るのであろうか。

4. 地政学と歴史から見た中国の特徴

(1) 中華海洋生存圏思想

　中国の領土観で注目すべきことは国境線を意味する言葉は「辺疆」というフランス地政学者が主張する「政治等圧線（Isobare Politique）[16]」、あるいはドイツ語の「圏（Raum）」の概念で、英語の「国境（Boundary）」という明快な国境線の概念がないことである[17]。

　これは除光裕が『解放軍報』に発表した「合理的な三元的戦略的国境を追求する[18]」との論文を見れば理解できるのではないか。すなわち、除光裕は「国境を地理的国境と戦略的国境との2つの概念で分類し、地理的国境とは領土、領海、領空で規定される。しかし、戦略的国境とは国家が実際に支配している地理的範囲の限界で、両国境の相違は地理的国境とは国際的に公認された国境であるが、戦略的国境は国力によって変化し、地理的国境を出て戦略的国境を長期間有効に支配し続ければ、地理的国境を拡大することができる。戦略的国境は国家と民族の生存空間を決する」と論じているからである。また、蔡小洪も「戦略競争はすでに大気圏外・海洋に向かっている[19]」との論文で次のように主張している。

　「海洋は豊富な生物資源・鉱物資源・科学資源・動力資源の宝庫であり、西暦2000年までに世界の海洋開発総生産は、世界総生産量の15から17パーセントに達するであろう」。「20世紀末期から21世紀初頭にかけて世界は海洋経済の時代に入り、海洋は世界の主要な軍事競争の対象になる」。「中国は人口が多く、1人当たりでは資源の少ない国であり、新しい戦略資源を開発し国力や軍

事力を強化できるか否かが、中国が21世紀に挑戦できるか否かを決する」。「資源は国家経済の血液であり国防発展の基礎である」。「新たな戦略資源は宇宙空間と海洋にある」。「われわれは強固な意志と軍事力を含むパワーを備え、国際資源の共同開発に加わり、われわれの国益を擁護するとともにわが国の現代化建設を促進しなければならない」。

このように中国の領土観には「国家は生きた組織体」であり、「必要なエネルギーを与え続けなければ衰弱し死滅する」。衰亡したくなければ「暴力をもってしてでも阻害要因を排除しなければならない場合がある」。「生存発展に必要な物資を支配下に入れる」のは成長する国家の「権利」であるというラッツェルやチェーレンの生存圏思想が強く感じられる。この領土観が西沙・東沙群島の武力占領、南沙群島をめぐるフィリピンとの抗争、台湾解放宣言、東シナ海のガス油田開発、尖閣諸島の領有権の主張、さらには沖の鳥島は「岩で日本に領土権はない」などとの発言となり、国際関係で最も重要な領土の現状維持という国際秩序を乱し、アジアの脆弱な安定を覆す可能性を高めている。さらに、この領土観は主権が曖昧な太平洋の公海や経済水域にも向けられ、多額の援助を与えて太平洋島嶼諸国12か国中6か国と国交を結び、バヌアツ、パプア・ニューギニアなどとは軍事協力協定を締結し[20]、ミャンマー海軍との共同使用を条件にシットウエ港を建設し、ホルムズ海峡に近いパキスタンのグワダル港の使用を確保するなど、インド洋・ペルシャ湾を押える橋頭堡を築こうとしている。

(2) 領土への執着と戦争

中国軍事科学院が編纂した『第二次世界大戦後　戦争全史[21]』には、第二次世界大戦後の戦争が説明されているが、中国が行った戦争や紛争のほぼすべてが領土をめぐるものであった。ベトナムが領有していた西沙群島を武力で占領した時は、南ベトナム反動当局が「神聖な中国領土」を不法に占領したので、「自衛反撃を行い占領された島嶼を回復した」と「西沙群島自衛反撃作戦」と命名し、1979年のベトナム領内への侵攻も「対ベトナム自衛反撃作戦」と命名さ

れている。また、インドとの国境紛争は「対印度自衛反撃作戦」、チベット併合は「チベットは中華人民共和国の神聖な領土の一部である」。進駐した人民解放軍は「真剣に『三大規律八項注意』を実行し、広汎なチベット族人民の支持と熱情あふれる歓迎を受けた」が、「チベット上層部反動集団が反革命武装反乱を起こしたので鎮圧した」と「チベット反乱平定作戦」との名称が付されている。

また、中国は中華意識から自己正義感が強く、「華夷秩序」に従わない国が出現すると武力に訴えて懲戒する傾向があり、1979年のベトナム領内への侵攻作戦は「祖国の国境を守るために、ベトナムの地域的覇権主義に対して自衛反撃作戦を行った」。この戦争によって「ベトナムへの侵略者を処罰する目的を達し、中国人民解放軍の歴史上に壮麗な一章を加えた[22]」と記されているが、この「処罰する目的」を達したとの記述から、ベトナム侵攻作戦が華夷体制破壊者への懲戒であったことが理解できるであろう。

表1－2　中国が行った戦争・紛争

回次	中国が呼称する戦争名	戦争期間	対象国
1	朝鮮戦争	1950年6月－53年7月	韓国・国連
2	東山島上陸抵抗作戦	1953年7月16日－17日	台湾
3	江山島開放作戦	1955年1月18日－19日	台湾
4	金門島砲撃	1958年8月23日－78年12月	台湾
5	チベット反乱平定作戦	1959年3月－61年12月	チベット
6	対印度自衛反撃作戦	1962年10月20日－12月21日	インド
7	南シナ海の86海戦	1965年8月6日	ベトナム
8	中ソ「珍宝島」事件	1969年3月2日－17日	ソ連
9	西沙群島自衛反撃作戦	1974年1月17日－20日	ベトナム
10	対ベトナム自衛反撃作戦	1979年2月－3月	ベトナム
11	南沙群島紛争	1994年－1995年	フィリピン

このような世界観から華夷体制の支配者として、中国は夷狄を圧倒する軍事力を保有しなければならないとの考えが強く、中国との国際関係は共存共栄の平等な関係ではない。また、中国の平和はBalance of Powerの平和ではない。中国の平和は中国の覇権下の「中国の正義」に服する「華夷体制」下の平和であり、周辺諸国が安全を得るためには、李王朝や琉球王朝のように臣下の礼を尽くし、膨大な朝貢を奉る事大主義国家とならなければならなかった[23]。

5. 北東アジアの国際関係

(1) 地政学と歴史から見た日中関係

中国はすでに東沙・西沙・南沙列島を占領して南シナ海を抑え、日中中間線を無視してガス油田を開発して東シナ海を抑えたが、地政学的に見れば中国の太平洋進出を阻止しているのが、尖閣列島を含む南西諸島であり台湾である。特に中国から見れば台湾は東シナ海と南シナ海を二分する障害物に見えるであろう[24]。尖閣列島を含む南西諸島の安全は沖縄に米軍が駐留する限り侵されることはないであろうが、台湾の平和と安全は台湾国民の覚悟と米国のコミットメントに左右される。しかし、長期的には中国得意の「孫子の兵法」の「武威を用いた心理的手段」で、1930年代のような国共合体が実現し、香港のような過程を経て併合されてしまうかもしれない。

次に歴史的視点から日中関係を見ると、現在の日中関係は1930年代に極めて類似している。すなわち、1930年代にも過激なナショナリズムが高まり、不法行為が続発して対日関係を悪化させ、ワシントン体制を崩壊させたが、現在も軍事的には潜水艦の領海侵犯、不法な海洋調査、大使館や日系商店の破壊、企業の乗っ取りや日系企業に対する突然の立ち退き要望、特定商品や物資の突然の輸入禁止や突然の輸出入税の値上げなど不法行為は後を絶たない。しかし、歴史を見てみると驚くにはあたらない。今から80年前にも同様の反日暴動や不法行為が続発し、1928年に蒋介石の北伐軍が北京に入ると、すべての不平等条約の破棄を宣言し、国際条約を次々と不法に解消し、事業中止要求、日貨不買の営業妨害、在留邦人に対する暴行傷害などが急増し、1927年には南京の領事館が襲撃された南京事件、1928年には被害者約400名（死者14名）、略奪家屋

表1－3　排日・利権侵害件数（1927年－1930年）

権益の侵害	20	邦貨搬入阻止	6	軍隊・軍人の攻撃	18
不当課税	6	邦人の不当抑留・不当没収	33	艦船攻撃	11
邦船不法臨検	6	立ち退きや事業中止要求	10	営業妨害	15
邦人への暴行傷害	31				

136戸の斉南事件があった[25]。

　この中国の日本に対する不法行為について、中国勤務が長く駐華公使を体験し米国一の中国通といわれたマクマレー（John Van A.Mcmurry）は、1935年に次のような「極東情勢の展開と米国の政策[26]」との覚書を国務省に提出したが、この覚書は現在の中国にも当てはまるのではないか。

　中国人は過去も現在も未来も、外国人を野蛮な敵と常に見なしており、外国を競り合わせて利を得ようとしてきた。外国のうちで一番成功している国が尊敬されるが、その次にはたちまち引きずり落とされてしまう。また、国内政治では常にある特定の指導者と組んで権力を握った連合勢力は、そのリーダーに忠実な少数派と、そうでない多数派とに分裂する。多数は新しい勢力を結集して指導者が力を持ち過ぎる前に失脚させ入れ替えるのである。中国は国内の諸勢力がナショナリズムを自らの勢力延長の手段として、不平等な国際条約を無視し、破棄してワシントン体制の存続を危なくした。国際法や条約は各国が順守し、その変更はルールに則って行われなければ、安定した国際社会を築くことは不可能である。関税主権の回復や治外法権の撤廃のためであれ、領土保全のためであれ、ナショナリズムを口にして国際法や条約を蹂躙することは許されない。

　マクマレーが指摘したように、中国はあらゆる機会を利用して現状維持を攻撃した。顧維均に代表される中国の外交官は、ワシントン体制を支えていた条約や国際法を「事情変更の原則」などを最大限に利用し、革命派は条約の破棄を実力で実現した。過度のナショナリズムが行き過ぎた行動となり、現状維持を規定したワシントン体制を掘り崩していったのである。

　現在の中国もマクマレーが指摘した時と変わらず、西欧的な安定した政治システムを持っていない。権力闘争は今も昔も個人であり派閥であり、1930年代の軍閥時代と同じように権力闘争が行われ、社会秩序は法律による「法治社会」でなく、権力を握った人による「人治社会」である。また、中国市場の商業的規定の曖昧さも以前と変わらず賄賂が支配している。現在の中国も「愛国無罪」

などとウィーン条約で定められた大使館や外交官の不可侵権を無視したり、貿易関税協定を破り突然に輸入停止や輸出禁止を命じるなど、中国の対応は1930年代と変わっていない。戦争責任を対日外交カードとして使用することを指示した江沢民が去り[27]、靖国批判や歴史攻勢が突然収まり、対日政策は友好維持へと変わりつつある。しかし、これは反日暴動から日本からの投資が減少し、現在の高い成長率が維持できなくなったからであり、環境破壊が限界に達し日本の公害防止技術の導入が必要となったからである。過去の歴史を見ても中国が日本に擦り寄るのは、日本を必要とする時だけであった。愛国主義教育基地（反日博物館）を150か所も建設し、十数日の反日記念日を制定し[28]、反日教育を行っているのは共産党政権の正当性の維持と、日本に贖罪意識を強制して「中国の正義」に服従させ、中華体制下に従属させるという中国の国家目標が変わっていないことを示す証拠であり、日中関係の好転は今後とも期待できないであろう。

　しかし、この「やっかいな隣国」との関係をいかにすべきであろうか。歴史を見ると中国と友好関係を維持できたのは、朝貢外交を展開していた遣唐使・遣隋使の時代と、昭和に入ってからは社会党などの野党代表が時々訪れ、「日米安保条約は日中共同の脅威」などと、中国の主張にオウム返しに同調していた時と、中国がソ連の脅威を感じていた冷戦期の一時期しかなかった。大正日本も昭和日本も中国に魅力を感じ資源を得ようと資金資材を投入し、利権擁護を叫ぶ国内世論に流されて中国の泥沼に引き込まれ、中国の日米離間に乗ぜられ、日独伊三国同盟の締結、仏印への進駐が太平洋戦争へと導いてしまった。歴史は中国とはやや距離を置いて接していた時の方が、日中関係は平穏であったことを教えている。

(2) 地政学と歴史から見たロシア（ソ連）

　明治期には伊藤博文、大正期には後藤新平、昭和期には松岡洋右などが日露の連携を主張し、日露協商や日ソ中立条約を締結したが、これらの協定や条約はすべて破棄され日本に衰退や破局を招いて終わった。日露戦争前に日本はロシアを選ぶべきか、英国を選ぶべきかで分裂したが、明治の先人はロシアは信

頼できないと日英同盟を選択した。確かにロシア政府や外交官の発言や公式文書を並べてみると、ロシア政府は平和を欲し周辺諸国を侵略するとか、戦争などは極力避けようとしていると明言し文書も手交する。しかし、100年単位でロシアの歴史を見てみると、ロシアの近代史は領土拡張の歴史であり、ロマノフ王朝（1613-1917年）が崩壊するまでの300年間に、ロシア帝国はシベリア、中国、日本（樺太・千島）、アラスカと領土を拡張してきた。このロシアの侵略のパターンをキッシンジャー（Henry A. Kissinger）国務長官は次のように述べている[29]。

　同じパターンが何度も何度も繰り返された。ロシア軍は中央アジアに奥深く進入する。そこで英国はロシアに説明を要求し、ロシアからはツアーには領土の1平方メートルといえども併合する意図はないというあらゆる形の保証を得る。最初はこうした言葉の宥和だけで問題は鎮静化した。しかし、ロシアが再び前進すると当然問題が再燃した。たとえば、1868年5月にロシア軍がサマルカンド（現在のウズベキスタン）を占領した際、ゴルチャコフ（Prince Aleksandr M. Gorchakov）外相は、ブキャナン（Sir Andrew Buchanan）英大使にロシアはこの町の占領を望んだわけではなく、むしろ遺憾に思っているので占領が無限に続けられることはないと保障した。しかし、サマルカンドは以後ソ連邦の崩壊まで120年間もロシアの支配下に置かれた。1872年にアフガニスタンに近いヒバ公国でも同じゲームが繰り返された。1875年にもアフガニスタンに隣接するコーカンド公国でも同じ手法が採られた。

　これらの史実から桂太郎総理や小村寿太郎外相が同盟国として英国を選択したことは正しかったといえよう。このロシアの侵略のパターンを英国のパーマーストン（Viscount H. J. T. Palmerstone）首相は150年も前に、「ロシア政府の方針とやり方は、常に他国政府の無関心や確固たる国家意志の欠如によって侵略が許容される限り速やかに、かつ遠方まで侵略を押し進める。だが、その侵略が断固たる抵抗に遭遇すると常に留まって狙っている獲物にさらに飛びかかるため、最も都合のよい機会を待つ」と見抜いていたが[30]、第二次世界大戦末

期に日ソ中立条約を破棄した満州や樺太への侵攻も、この予言どおりであった。また、日露戦争開戦前の日露交渉も小村・ウェーバー覚書（1896年2月）、山縣・ロバノフ議定書（1896年5月）、西・ローゼン協定（1898年4月）などの前約を覆すなど「力の外交」であったが、日ソ漁業交渉や北方領土の返還も前約の解消や歪曲解釈、最近では完成間近のサハリン2石油ガス油田開発の株式を強引に取得して経営権を奪うなど、力は正義の「力治国家」の本質も、政敵を暗殺する独裁政治の体質も変わっていない。

(3) 地政学と歴史から見た米国

　第5代モンロー大統領は1823年に、ラテン・アメリカの独立政府を圧迫するヨーロッパ諸国のいかなる干渉も米国に対する非友好的意志の表明と見なすと宣言したが、このモンロー宣言が米国外交の基軸となり、ラテン・アメリカ諸国への干渉権と拡大解釈され、米国の中南米諸国への干渉の正当性を主張する聖典となった。このモンロー主義と海軍力を結びつけたのがミリス（Walter Millis）教授に「アメリカ合衆国がマハンの著書をバイブルとした[31]」と指摘され、『アメリカを変えた本[32]』にも取り上げられた『海上権力史論』を書いたマハン少将であった。

　遅れて中国市場に参入した米国に許される方法は平和的商業的進出しかなかった。1899年9月にヘイ（John Hay）国務長官は、門戸開放・機会均等などの門戸開放宣言を列国に通知したが、列国の反応は冷たいものであった。一方、米国は中国北東部（満州）をロシアが占領しており、ロシアの南下を阻止するために日露戦争では日本を支援した。しかし、日本海軍が日本海海戦で米国の予想を上回る大勝をおさめ、ロシアの脅威が消えると日本は太平洋における唯一の仮想敵国とされ、ホーマー・リー（Homer Lea）の『日米必戦論』などに代表される日本の脅威を過大に扇動し、軍備増強を訴える本が多数出版されウォースケアーが発生した[33]。

　1920年には国際連盟が誕生し、1922年にはワシントン条約が締結され、1928年には不戦条約が締結され太平洋に平和が訪れた。ワシントン条約によりグアムやフィリピンの軍備現状維持を強いられ、フィリピンやグアムが緒戦で日本

軍に占領されると見積もらざるを得ない状況になると、米国は1933年にフィリピンの独立を認めるヘア・ホウズ・カッテング法案（Hare-Hawes-Cutting Act）を通過させた。陸軍は日本海軍の近代化や勢力増強に伴い日本海軍を対象に軍備を増強するのならば、海軍が軍事予算の75％を使用し米国の富を消耗し、そのうえ本国の防備には余り寄与しない。オレンジ計画（対日戦争計画）は戦略的には愚かな「狂気の計画」である。防衛線をアラスカ－ハワイ－パナマの線に後退すべきであるなどと主張した[34]。

しかし、海軍は戦争計画課の審議であれ、将官会議あるいは陸海軍統合会議であれ、議会であれ常にフィリピンだけを切り放して考えるべきではない。フィリピンは極東の自由主義の窓であり、米国の極東の権益や米国市民を守る基地として重要である。フィリピン放棄は極東からの撤退に連なるなどと強くフィリピン防衛を主張したが[35]、1930年代にはマハンやルーズベルトによって鼓舞された「国家の政策と通商を維持し、本国ならびに海外領土を防衛し、いかなる地域にも米国の意志を示し、米国外交を支えるという若き日の帝国主義的ヴィジョンが古参将校になった今日ではドグマに硬直した形で脳裏に刻印されていた」。そして、1937年9月22日にはアジア艦隊司令官ヤーネル（Harry Yarnell）大将は米国市民は直ちに引き揚げるようにとの政府の指示に反して、米国市民が残留を希望する限り保護せよとの指示を出すなど、ハイリンクス（Waldo H. Heinrichs, Jr）教授は海軍士官の方が国益擁護に関しては外交官より強硬であったと述べている。[36]

視点を変えれば米国海軍の歴史は排他的なモンロー主義を聖典とし、「ヘイ・ドクトリン」という錦の御旗を掲げた「西へ西へ」と市場を求めた海上開拓史であった。また、太平洋戦争とはインデアンを征服し、西岸に到着した米国が太平洋を西進し、遭遇したのがアパッチならぬ日本海軍であり、この「西へ西へ」の潮流が激突したのが太平洋戦争であった。そして、リムランドのアパッチが消えるとモンロー主義はリムランドの同盟国にまで拡大され、「平和のための即応戦力」をモットーに第7艦隊が朝鮮戦争、ベトナム戦争、湾岸戦争やイラク戦争などのホットな戦争から、プエブロ（Pueblo）事件、金門島砲撃事件、ラオス介入や台湾海峡危機などの低次元の危機にいたるまで、常にアジアや中

近東の海に派遣され米国の覇権を確立してきたのであった。

(4) 地政学と歴史から見た朝鮮半島の国々と列強

　朝鮮半島はユーラシア大陸と日本との「架け橋」であり、この橋を通って文化も渡来したが脅威も渡来した。有史以来、朝鮮半島の背後には元とか清とかロシアなどの強大な大陸帝国が存在し、日本の安全は朝鮮半島に親日的国家が存在するか否かで大きく左右されてきた。近代の朝鮮半島をめぐる日中の確執は日清戦争で清国を破って日本が、日露の確執は日露戦争に日本が勝利して米英仏ソに朝鮮における日本の優越権を認めさせ、1910年には大韓帝国を併合して日本の支配下に入れた。巨視的に見るならば朝鮮王国の併合により北東アジアのパワーバランスは安定し、日本が第二次世界大戦に敗北するまでの50年間、朝鮮半島の平和は日本の朝鮮支配という形で継続した。

　しかし、1945年8月に日本が敗北し朝鮮半島が日本の手から放れると、ソ連はこの真空地帯を埋めようと直ちに南下し38度線以北を抑えた。ソ連は朝鮮戦争では軍事顧問団を派遣し、「先制打撃作戦計画（南進作戦計画）」を作成し、空軍（最盛期には150機を派遣したが、パイロットには中国空軍の制服を着用させ、38度線以南と海上の飛行は捕虜となれば参戦の証拠となると禁止していた[37]）を送ったが陸軍部隊は送らなかった。それは安全保障上はソ連にとり朝鮮半島が死活的に重要な地域ではなかったからであった。ソ連としては米国の影響が朝鮮半島北部に達し、米国の一国支配が確立されることを好まない点では中国と利害が一致していたが、北朝鮮が中国に深く組み込まれパワーバランスが不利に傾くことを憂慮する点では米国と利害が一致していた。

　一方、中国は朝鮮戦争の半年前の1949年10月に建国したばかりで、国家基盤も脆弱なことから北朝鮮支援のために兵を派出することには消極的であった。しかし、国連軍が鴨緑江に迫ると台湾攻略用に準備していた20万（最終的には100万）の部隊を急遽派遣した。中国が軍隊を送り介入したのは朝鮮半島が親米政権によって統一されれば、朝鮮半島が中国侵略の策源地となることを恐れたからであり、「中華秩序」に服し国際政治力を発揮する上から「臣下の国」の北朝鮮を見捨てたのでは威信を失するからであった。また、現在の北朝鮮と中

国との関係は、北朝鮮と米国との対立が続く限り、仲介者として良好な米中関係を維持できる利点がある。しかし、北朝鮮が核軍備を保有すれば、中国の北朝鮮に対する政治力が低下し、さらに北朝鮮が人権無視や偽ドル、麻薬の輸出、拉致や武器輸出などの不法行為を続ければ、中国が国際社会から非難を受けるので好ましくない。とはいえ米国の北朝鮮に対する軍事行動や経済制裁なども、宗主国のメンツとアジアに米国の覇権を認めないという反覇権主義から黙認できないであろう。

一方、米国は朝鮮戦争以前には朝鮮に関しては明確な政策がなく、1947年5月には陸軍長官パターソン（Robert P. Patterson）が朝鮮半島は軍事的に重要でないと撤退を明言し、同年夏には蒋介石の軍事顧問団長ウェデマィアー（Albert C. Wedemeyer）中将も、朝鮮に軍隊や軍事基地を置く価値はないと米ソ両軍の同時撤退を進言した[38]。そして、米国は1949年6月には少数の軍事顧問を残して撤兵し、1950年1月にはアチソン（Dean G. Acheson）国務長官が、米国の防衛線はアリューシャン―日本―沖縄―フィリピンを結ぶ線であり、朝鮮と台湾は「攻撃を受けた国民の抵抗に待ち、国際連合の援助に依存すべきである[39]」と語ったように、朝鮮半島は米国にとり国防上不可欠な地域ではなかった。

韓国の反米感情は北朝鮮が祖国を統一しようと南進した「祖国解放戦争」に、「米帝国主義者が『国連軍』の帽子をかぶって公然と参戦した[40]」との北朝鮮のチュチェ歴史観を教え続けたことにあったが、さらに高まったのは1980年5月に北朝鮮の特殊部隊や共産党員、それにシンパが起こした光州事件の扇動者を、盧泰愚大統領や金大中大統領が祖国を統一しようとした「民主化闘士」として、名誉を回復したことにあった。この歴史の改竄から光州事件時に戦時作戦統制権を持っていた米軍司令官が、韓国軍のデモ隊攻撃を中止させなかったとして、盧武鉉大統領から作戦統制権の返還要望が出された[41]。この要求を受けると米国は、韓国内の反米感情の高まりや在韓米軍への各種行動規制の強化などから、2008年までに在韓米軍1万2,500人の削減と米軍駐留地のソウル以南への移動を韓国政府に通知し、さらに作戦統制権は韓国の要求期限より3年も前倒し、2009年に移譲すると文書で通知した[42]。このような重大な問題を文書で一方的

に通知するのは異例であり、米国は1950年代と同様に韓国からの撤兵を考えているのかもしれない。

朝鮮半島に建国した国々は強大な中国に対し事大主義外交を続けてきたが、日本に対しては中華世界に順応できない蛮族のチョッパリ（猪足―日本人が足袋を履いているので）「倭族」、「日本奴」と蔑視してきた[43]。日本より上位にあると自負する朝鮮人には、日本を対等な国とは認めがたい歴史的国民感情や、35年間も支配された屈辱感などから、今後の日韓関係は日本を必要とする時や、日本が韓国を上位と認め中韓中心の小中華秩序に従わない限り改善されることは期待できないであろう。

北朝鮮については金王朝の王権をめぐる勢力争い、軍部のクーデターなどから混乱が起きれば中国が介入するとの説や、平和的に統一されるとの希望的見解など多様であるが、いずれのシナリオでも北朝鮮には膨大な復興援助が必要であり、この復興援助を中国や韓国、北朝鮮が植民地の償いを口実に日本に求めることは確実で、この交渉で日本の回答に不満な時や、権力闘争に伴う内乱が収拾できずに行き詰まった時などには、国民の支持を得るために核恫喝、あるいは実際に攻撃することも独裁国家だけに考慮しておくべきであろう。

一方、南北朝鮮が平和的に統一されれば、韓国には北朝鮮の核を「共有財産」と考えている者もあり[44]、韓国が自動的に核保有国となり、中国、インド、パキスタンに次ぐ第4の核保有国としてアジアに於ける国際的地位を一挙に高め、中国―韓国―日本との小中華体制が確立し、この華夷体制下で日本は中国には遺棄化学兵器処理費、北朝鮮には植民地支配の償いなど、理不尽な要求に応じ朝貢外交を続けることになるのではないか。また米軍が韓国から撤退すれば、強者に靡く韓国人の国民性から韓国は中国に傾倒し、対馬海峡が新しい38度線となることを覚悟しておかなければならないであろう。

6. 日本の安全保障体制―地政学と歴史からの教訓

日本が採るべき安全保障政策の諸原則を地政学に求めると、第1の要件は朝

鮮半島に日本に敵対する国家が誕生した場合には、元寇の例をあげるまでもなく日本の安全は大きな影響を受けたが、このように朝鮮半島が日本の安全保障上死活的な存在であることは今後も変わらないであろう。第2の要件は日本は国土が狭く資源が乏しいため、エネルギーから原料まで厖大な資源を輸入し、原料に付加価値を付けて製品を造り、再び世界に輸出する通商国家の道を歩まなければならないことであり、資源を提供してくれる国々が好意的に提供してくれることである。第3の要件は日本が生産する製品を諸外国が購入してくれることであり、これらの資源や製品が輸送されるシーレーン上に紛争がなく、日本の製品を買ってくれる国々が平和で繁栄していることである。すなわち「日本ほど世界の平和を必要とする国はない」という通商貿易国家としての宿命である。

　次に歴史の遺訓を求めると、国連や多国間協議が機能しないことは、1920年に国際連盟が創設され、1922年には「太平洋に関する四か国条約（日英米仏）」や「中国に関する9か国条約（日英米蘭中仏伊ベルギー、ポルトガル）」が締結され、ここに国際連盟、4か国条約、9か国条約というワシントン体制と呼ばれた三重の多層的多国間安全保障体制が成立した。しかし、これらの多国間安全保障体制は太平洋戦争を防止することはできなかった。また、ヨーロッパに英仏伊独チェコ、ベルギーなどが相互に重層的に協調したロカルノ体制が誕生すると、国際連盟初代代表の石井菊次郎は、「連盟の蒔いた種がデュネバの空気が肥料となり、ロカルノ条約を生み出したのである」。「ロカルノ条約は能く之を吟味すればする程、その効果の偉大なるを見出すのである」と賛美したが[45]、このロカルノ条約体制も第二次世界大戦を阻止することができなかった。このように多国間協調体制が機能しないことは、北朝鮮の核開発をめぐる3年半の6か国協議や国連の非難決議がまったく効果なく、北朝鮮に核ミサイルの実戦配備への時間稼ぎにされてしまったことからも理解できるであろう。

　一方、世界が平和であったのは超大国が出現して君臨した時と、複数の国家が連合してパワーバランスを維持していた時に多いことを歴史は示している。すなわちヨーロッパで大国が君臨して平和であったのは、400年の近代史で30年を切り、残りの370余年間は各国が安全を得ようと同盟をめぐって離合集散

を繰り返していた。日本の歴史をたどっても国際情勢の変動に応じて、「昨日の敵は今日の友」とパワーバランスを求めて同盟を締結してきた。開国早々の日本は海洋国の英国と同盟し、海洋国の米国の援助を得て日露戦争に勝ち、海洋国の英国の同盟国として第一次世界大戦に参戦して勝利し、国際連盟の常任理事国になるまでに成長した。しかし、日露戦争で大陸に権益を保有してしまった歴史の皮肉などから、第一次世界大戦中に戦後の世界情勢を読み違えて海洋国の英国との同盟を形骸化し、1916年には大陸国のロシアと事実上の軍事同盟（第四次日露協商）、1918年には中国と日華共同防敵協定を結んでシベリアに出兵、さらに日中戦争から抜け出そうとして大陸国のドイツと結んで第二次世界大戦に引き込まれ、海洋国の英米を敵として敗北してしまった。しかし、日本は第二次世界大戦後に海洋国の米国と結んだ日米安保条約で平和が保障され、世界第二の経済大国へと空前の発展を遂げた。このように日本は海洋国との同盟で繁栄の道を歩み、大陸国との同盟では苦難の道を歩まなければならなかったことを歴史は教えている[46]。

　次に同盟国選定の基準を求めれば、英国の名宰相パーマーストンの「大英帝国には永遠の友も敵もない。存在するのは永遠の国益だけである[47]」との言葉を引用するまでもなく、同盟の第1の目的は国益であり正義でも理想でもなく、「勝ち馬に乗れ」のパワーポリテックスである。これは第二次世界大戦で米英が不倶戴天の敵としてきた全体主義国家のソ連を同盟に加えたこと、冷戦時代には非民主主義国家を自己陣営に加えてきた西欧諸国の外交を見れば明らかであろう。同盟国選定の第2の要件はパワーポリテックスを支える軍事力、強大な軍事力を支える経済力を保有する国、世界の価値観と世界の報道を牛耳る品格のある大国との同盟が望ましい。しかし、国益で結ばれている同盟関係は、国際情勢の変化によって急変することに留意しなければならない。日本だけに限っても日独伊防共協定は独ソ中立条約で、日独伊三国同盟はドイツのソ連攻撃で裏切られ、イタリアには戦局が不利となると連合国に荷担して宣戦を布告され、ソ連には日ソ中立条約を破棄されて満州や樺太の悲劇を生んだ[48]。このように同盟国に過度に依存した場合には、国際情勢の変化や戦局が不利になった時に裏切られることも覚悟しておかなければならない。

7．おわりに──21世紀の日本の選択

　日本のとるべき安全保障政策を考えてみよう。日本は日米中のトライアングルの中で、国連には「旧敵国条項」を課せられた「敵国」として、また「米国のポチ」として、あるいは「中国の狆（チン）」として安全を確保して生き続けるのであろうか。日本にとり最も望ましい国家戦略は、明治以来唱えてきた「アジアはアジア」の東アジア共同体の指導権を握り、アジア唯一の先進民主主義国として、「平和主義」、「人権尊重」、「民主主義」などの日本の理想を追求することである。しかし、軍事力なき国家は国際社会では指導権を握れない。とすると軍備を充実して自主独立の安全保障体制を確立し、米中両国に影響力を発揮することが必要であり、そのためには中国と対等な軍備、インド程度の核抑止力が少なくとも必要である。

　フランスの人類・歴史学者トッド（Emmanuel Todd）は『朝日新聞』の記者とのインタビューで、アジアで中国だけが核を保有している「核兵器の偏在」こそが危険である。冷戦が熱戦にならなかったのも、インドとパキスタンが和平のテーブルに着いたのも、両国が核兵器を保有したからである。「核兵器は安全のための避難所」であり、日本も核装備に踏み切るべきであると語っている[49]。また、米国の政治評論家クラウトハマー（Charles Krauthammer）も、「日本は膨張する中国を平和的に封じ込め、無法な北朝鮮政権への反対、民主主義の拡散など」、「米国にとり英国に次ぐ同盟国である。太平洋地区で安定し信頼でき、民主主義の同盟国である日本の核武装により、米国自身も負担が軽減できるのに、なぜ日本の核武装に反対するのか」と、日本の核保有を奨励すべきであると『ワシントン・ポスト』の「コラム欄」に書いている[50]。このように国防省や共和党支持者などには、中国は共産主義国家であり、不確実・不透明な中国にはヘッジ（防護措置）が必要であり、この「対中国ヘッジ戦略」を遂行する同盟国として日本に期待し、日本の軍備増強を支持する意見も少なくない[51]。

　しかし、歴史を見ると米国が日本を中国より重視し、親日政策を展開したの

は日露戦争期と冷戦期の短い期間だけで、太平洋戦争に至る米国の対日政策は日本をライバル視し、中国を重視するものであった。特にルーズベルト政権の対日政策は大統領自身の親中国感情と、政治家、学者、宣教師やジャーナリストなどの親中国派の策動により、日本を太平洋戦争へと追い詰めて行った側面を見逃すことはできない[51]。しかも、この傾向は現在も変わらず、民主党支持者や国務省関係者などには、日本より中国を重視する者が多い。ニクソン政権では国家安全保障担当補佐官、フォード政権では国務長官を務めたキッシンジャーは、田中角栄総理がキッシンジャーの先を越して日中国交正常化に動くと、「油断も隙もないゲス野郎どものなかで、ジャップが一番だ（Of all the teacherous sons of bitches, the Japs take the cake）[52]」と怒りをむき出しにしたという。

　一方、カーター政権の国家安全保障担当のブレジンスキー（Zbigniew K. Brzezinski）も、キッシンジャーと同じく対日警戒心、対日不信感が強く中国をアジアの政治経済の中心と位置づけ、中国との戦略的パートナーシップを高め、中国が日本と友好関係（中華体制下でも可）を維持するならば中国にアジアを任せ、軍国主義に走りやすい「米国の保護国」の日本を強国とならないよう抑制すべきであるとの考えが強かったが、[53] このような対日観を正直に、在日米軍は日本の軍国主義化を抑制する「ビンの蓋」と言ってしまったのが、沖縄駐留海兵隊司令官スタックポール（Henry C. Stackpole）少将であった[54]。

　中国とのバランスを維持するために、民主主義が発達しているオーストラリアやインド、シンガポール、韓国や台湾などと連携するアジア版NATO構想や[55]、NATO諸国との連携論なども聞かれるが、これらの組織は人種も宗教も歴史体験もまったく異なる国々からなる多国間連合であり、死活的な問題となると各国の思惑や国益から機能しないことを銘記しておくべきであろう。

　一方、米国依存を離脱し東アジア共同体の一員として日本の価値観を主張する方策もあるが、中国の軍事力に怯えるASEAN諸国の賛同が得られず、日本自身も中国の「核恫喝」や「孫子の兵法」の謀略を受けて国内世論が分裂し、最終的には「中国の正義」、「中国の価値観」に服し、東アジア共同体の華夷体制下の一国家として、欧米諸国との対立を深めることになるのではないか。ア

ジア太平洋地域には東南アジア諸国連合（ASEAN: Association of South-East Asian Nations・10か国）や、ASEAN＋3（日中韓を加えた13か国）、ASEAN加盟国に加えて日本、米国、欧州連合（EU）、ロシア、パプアニューギニアなどが参加するアセアン地域フォーラム（ARF: ASEAN Regional Forum・23か国）、アジア太平洋経済協力会議（APEC: Ssia-Pacific Economic Co-operation・21か国）、東アジア首脳会議、ASEAN拡大外相会議があるが、さらに2007年1月には2015年に東アジア共同体を発足することを決め、アジアの安全保障体制は一歩前進した[56]。しかし、この米国を排除した東アジア共同体に期待するには、経済的格差だけでなく歴史や宗教、民主化度などがあまりにも大きい[57]。「アジア人のアジア」という言葉は美しい。しかし、この欧米の価値観に対抗した「アジア人のアジア」というかっての日本の偏狭な理想が、70年前には東亜新秩序声明となり、大東亜共栄圏となり日米の対立を深め、日本を大東亜戦争へと導いてしまった歴史の遺訓を忘れてはならないのではないか。

　一方、日米同盟を強化しコミットメントを確かなものとすべきであるとの主張もある。確かに日米同盟が確固たる同盟となるならば、中国の日米分断策や対日強硬策は制限され、日本のぶれも少なく日米中のトライアングルは安定し、平穏な日中関係も構築できるので、この選択はアジア諸国にも望ましいであろう。しかし、米国には中国重視の底流が強く、最近はイラク政策の失敗から内向的になっており、大統領選挙で民主党が勝利すれば、ロシアや中国との協調を日本より重視し、アジアの問題を中ソ両国に委ねる可能性も考えておかなければならないであろう。米国の対日離反を防ぎ核の傘の信頼性を向上させるには、日本自身の核装備から米軍の核持ち込みの容認などの非核三原則の見直し、集団的自衛権、専守防衛態勢、共同運用態勢の構築など日米同盟の実効性・一体性を英国程度まで高め、日本の同意がない限り米国がアジアで軍事行動ができない程度まで、日米共同作戦の双務性を高める努力が必要であろう。

　敵視政策を止めない軍事大国の中国、核ミサイルを保有する北朝鮮、反日感情が強く北朝鮮に「太陽政策」を継続する韓国、石油やガス資源の値上がりから経済力を回復し再び軍事力を強化して「力の外交」に転換したロシアに囲まれ、さらに日本の安全保障の柱であった米国の軍事力が兵力再編成計画により

アジアからの撤退が進むなど、日本の安全保障環境は大きく変わりつつあるが、日本はいかなる外交・軍事戦略を構築すべきであろうか。外交・軍事戦略の選択は21世紀の日本にとり死活的に重要であり、あらゆる選択肢を議論し最善の政策を練り上げ、国民の理解を得て進めなければならないが、中川昭一自民党政調会長が北朝鮮の核実験を受け、核保有問題についても議論すべきであると問題を提起し、額賀福志郎防衛庁長官が北朝鮮のミサイル基地を攻撃するための「最小限の敵基地攻撃能力」の保有を提起すると、与党内部からさえ「誤解を招きかねない発言」との反対が起こり、議論することを本務とする新聞までもが「近隣諸国に誤解を招く」と、これらの議論は封印されてしまった。

本論を終わるに際し、英国ロンドン大学キングス・カレジに戦争学部を創設したリデルハート（Basil H. Liddell Hart）教授の「もし平和を欲するならば戦争を知れ[58]」との言葉と、日本海軍の戦略戦術の基礎を確立した『坂の上の雲』の主役である秋山実之の自戒の言葉の一つ、「一身一家一郷を愛するものは悟道足らず。世界宇宙等を愛するものは悟道過ぎたり。軍人は満腔の愛情を君国に捧げ、上下過不及なきを要す」を紹介したい。この秋山真之の言葉は自国の平和や安全保障を軽視し、地球市民の安全保障などとを上位に置く平成の日本人への自戒の言葉ではないであろうか。[59]

注
1) 和辻哲朗『風土　人間学的考察』（岩波書店、1938年）18頁。
2) 地政学への関心は以前よりは高まったが、未だ地政学の功罪を論ずる傾向が強く、推薦できる基礎的な参考図書は見当たらない。最初は太田晃舜『海洋の地政学』（日本工業新聞社、1981年）、松村清二郎『イスラム・パワー』（サイマル出版会、1989年）、畑中美樹『石油地政学』（中公新書、2003年）など、特定の項目から学ぶか、外国語の文献に当たるのが効率的であり地政学の本質が理解できるのではないか。
3) 川野　収『地政学入門』（原書房、1981年）23-24頁。
4) 同上、河野、24-27頁、ジョン・オロッコリン（滝川義人訳）『地政学事典』（東洋書林、2000年）244頁。
5) 同上、河野、28-34頁、同上、オロッコリン、124-129頁。
6) 同上、河野、35-46頁、同上、オロッコリン、164-167頁、曽村保信『地政学入門　外

交戦略の政治学』（岩波書店、1984年）86頁、日本語版は『太平洋地政学』（日本青年外交協会、1940年）。

7) 前掲、河野、49-55頁、前掲、オロッコリン、221-223頁、Alfred Thayer Mahan, *The Influence of Sea Power upon the History* (Boston, Little Brownm1890), pp. p.71, p.138.日本語版は北村謙一訳『海上権力史論』原書房、1982年）。なお、最近のシーパワー論の概説書としてはGeoffrey Till, *Sea Power: A Guide for the Twenty-first Century* (London: Frank Cass, 2004)、アジアについてはJurgen Schwarz, Wilfried A. Herrmann & Hanns-Frank Seller, eds., *Maritime Strategies in Asia* (Bangkok: White Lotus Co.,2002)などが参考になろう。

8) Philip A. Crowl, "Alfred Thayer Mahan: The Naval Historian", Peter Paret, eds., *Makers of Strategy: From Machivelli to Nuclear Age* (Princeton: Princeton University Press, 1941), p.465.フィリップ・A・クロール「海軍戦史研究家アルフレット・セイヤー・マハン」（ピーターパレット編・防衛大学校「戦略・戦術研究会訳『現代戦略思想の系譜—マキャヴェリから核時代まで』（ダイヤモンド社、1989年）408頁。

9) 前掲、河野、55-65頁、前掲、曽村、29-34頁、前掲、オロッコリン、221-224頁、日本語版はマッキンダー（曽村保信訳）『デモクラシーの理想と現実』（原書房、1985年）。

10) 前掲、河野、66-75頁、前掲、曽村、167-170頁、前掲、オロッコリン、220-221頁、英語版はNicholas J. Spykman, *The Geography of Peace* (New York: Harrcourt Brace, 1944)。

11) 前掲、オロッコリン、90-91頁、英語版はSaul.B.Cohen, *Geography and Politics in a Divided World* (London: Oxford University Press,1963).

12) サミュエル・ハンチントン（鈴木主悦訳）『文明の衝突』（集英社、1998年）21-22頁。

13) 佐藤徳太郎『大陸国家と海洋国家の戦略』（原書房、1973年）11-47頁、浅野祐吾『軍事思想入門—近代西洋と中国』（原書房、1979年）18-26頁などを参考とした。

14) 青木栄一『シーパワーの世界史　海軍の誕生と帆船海軍の発達』（出版共同社、1982年）、海軍有終会編『太平洋二千六百年史』（同会、1940年）19-169頁および各種年表をもとに作成した。

15) 英国支那艦隊では日本との戦争には1万5,175名の兵と馬1,000頭を必要とし、戦費は月10万2,600ポンドと見積もっていた（ハーミッシュ・アイオン「開国前後の日英軍事関係」平間洋一・イアン・ガウ、波多野澄雄編『日英交流史　1600-2000　3軍事』（東京大学出版会、2001年）14-15頁。

16) 前掲、オロッコリン、82-83頁。

17) 平松茂雄『台湾問題　中国と米国の軍事戦略』（勁草書房、2005年）14-17頁。

18) 徐光祐「追求合理的三維戦略辺疆　国防発展戦略之九」（『解放軍報』（1987年1月2

日）」平松茂雄『中国の戦略的海洋進出』（勁草書房、2002年）15-18頁。
19）蔡小洪「戦略競争已経伸向外層空間和海洋：国防戦略思考之八」（『解放軍報』（1987年4月3日）」平松茂雄『甦る中国海軍』（勁草書房、1991年）171-172頁。
20）森久男「中国の太平洋政策」、玉井昇「太平洋をめぐる中国・台湾の外交競争」（『太平洋学会誌』第80／81号、1998年10月および第95号2005年10月）、『読売新聞』2006年4月5日によれば、これらの島嶼国への援助額は3億豪ドル（250億円）である。
21）中国軍事科学院・張聿法他（浦野起央他訳）『第二次世界大戦後 戦争全史』（刀水書房、1996年）133-154頁、157-164頁、182-189頁、286-1291頁、301頁、304頁、319-321頁、394-397頁、424-428頁。
22）同上、185、424頁。
23）1637年3月30日に調印された「献納物の規定」によれば、毎年金100両、銀1000両、白米1万包、絹布2,000匹、苧布300匹、普通の亜麻布1万匹、大麻布400匹、精大麻布100匹、大紙2,000匹1,000巻、小紙1,000巻 鋭刀2,000振、水牛角1,000本、花延50張、染料2,000斤、胡淑10桝、虎皮100張、海狸皮400張、青鼠皮200張などを朝貢していた（出典：シャルル・ダレ（金容権訳）『朝鮮事情』東洋文庫・平凡社、1979年）。また、文久の役に軍船300隻、兵士5,600人、漕ぎ手6,700人、弘安の役では軍船900隻、兵士1万人、漕ぎ手1万6,000人を出させられたが（出典、佐藤和夫『海と水軍の日本史』（原書房、1995年、5-6,27-28頁）当時の人口が350万人から400万人であったことを考えると、大きな負担であったであろう。
24）前掲、平松『台湾問題 中国と米国の軍事戦略』14-32頁。
25）前掲、広瀬『太平洋二千六百年史』600頁及び奏郁彦・佐瀬昌・常石敬監修『世界戦争犯罪事典』（文芸春秋社、2002年）61-63頁。
26）ジョン・A・マクマレー（アーサー・ウォルドロン編著、北岡伸一監訳）『平和はいかに失われたか』（原書房、1997年）92-208頁。
27）江沢民は1998年8月に外交関係者との会議で「日本には永遠に歴史問題を突きつけよ」と訓話した（『江沢民文選』全3巻、『産経新聞』2006年10月12日）。
28）抗日絡みの記念日としては、5・4運動記念日（5月4日）、重慶大爆撃（6月5日）、共産党創立記念日（7月1日）、廬溝橋事件記念日（7月7日）、建軍記念日（8月1日）、上海事変（8月13日）、抗日戦争記念日（8月15日）、公式の抗日戦争勝利記念日（9月3日）、柳条湖事件（満州事変）（9月18日）、上海事件（11月11日）、12,9運動記念日（12月9日）、南京大虐殺の日（12月13日）などがあり、各種の記念行事が行われているという（『産経新聞』2005年4月14日）。
29）ヘンリー・A・キシンジャー『外交』（日本経済新聞社、1998年）118頁。
30）デニス・ウォーナー、ペギー・ウォーナー（姉尾作太郎訳）『日露戦争全史』（時事通信社、1978年）637-638頁。

31) Walter Millis, *Arms and Men: A Study in American Military History* (New York P.G.Putnam's Sons, 1936), p.171, 163.
32) Robert B. Downs, *Books that Changes America*（New York: Macmillan, 1970）、（斉藤真・本間長世他訳）『アメリカを変えた本』（研究社、1970年）ではマハンの『海上権力史論』に1章を割いている。
33) ホーマー・リー（望月小太郎訳）『日米必戦論（原題名：無知の勇気（Valor of Ignorance）』（英文通信社、1911年）、当時の反日論については秦郁彦『太平洋国際関係史』（福村書房、1972）85-93頁を参照。
34) ラッセル・F・ワイグリー「アメリカ陸軍と極東政策」（細谷千博他編『ワシントン体制と日米関係』（東京大学出版会、1978年）32-38頁。
35) ウオルド・ハイリンクス「アメリカ海軍と対日戦略」（細谷千博他編『日米関係史 2 開戦に至る10年 陸海軍経済官僚』（東京大学出版会、1971年）174-175頁。
36) 同上、180頁。
37) 韓国国防軍史研究所編『韓国戦争』第一巻（かや書房、2000年）107-111頁、秦郁彦『昭和史の謎を追う』（文藝春秋社、1993年）277-278頁。
38) 平間洋一・杉田米行編『北朝鮮をめぐる北東アジアの国際関係と日本』（明石書店、2003年）244-245頁、なお、日韓関係については拙論「北東アジアに於ける日本の安全保障」（東アジア研究会編『新しい東アジアが見えてくる』、春風社、2001年）を参照。
39) 神谷不二『朝鮮戦争』（中央公論社、1966年）28-29頁。
40) 方鋭柱『朝鮮概観』（平壌、外国文出版社、1987年）のネット版「朝鮮民主主義共和国の歴史認識」Http://www.eeyo.net/cnt/NK/history/rekisi.html」）。
41) 李度珩「韓国『左傾化』の現状と日本」（『明日への選択』2006年11月）6-7頁。
42) 「戦時作戦統制権　米韓の神経戦」、「戦時作戦統制権　米、09年韓国移譲へ」（『産経新聞』2006年8月8日、8月30日）。しかし、2006年2月に訪米した金章洙国防大臣とゲーツ国防長官との会談で2012年4月とすることが合意された。
43) 黒田勝弘『韓国人の歴史観』（文藝春秋、2002年）50-53頁。
44) 西尾幹二・金完燮『日韓大討論』（扶桑社、2003年）35頁。
45) 石井菊次郎『外交余録』（岩波書店、1930年）
46) 拙著『日英同盟　同盟の選択と国家の盛衰』（PHP研究所、2000年）194-229頁。
47) 前掲、キッシンジャー、206-207頁。
48) 拙書『第二次世界大戦と日独伊三国同盟　海軍とコミンテルンの視点から』（錦正社、2005年）162-164頁を参照。
49) 「風考計　核兵器『帝国以後』のエマニュエル・トット氏との対談」（『朝日新聞』2006年10月30日）。

50) チャールズ・クラウトハマー「日本に核武装奨励を　中朝抑止、東アジア安定」(『産経新聞』10月22日)。原文は"World War II is Over"(Washington Post: 2 October, 2006) http://www.washingtonpost.com/wp-dyn/content/article/2006/10/19/AR2006101901271.html
51) 「膨張中国　第5部　米国との攻防」(『読売新聞』2006年1月13日)。
51) 拙書『第二次世界大戦と日独伊三国同盟』第3章「独ソ開戦と日米関係」を参照。
52) 石井修「ニクシンジャーと日本」(『外交史料館報』第20巻、2006年10月) 8頁。
53) スビグニュー・ブレジンスキー「ユーラシアの地政学(A Geostrategy for Eurasia)」として、*Foreign Affairs*(1997年9-10月号)に掲載したが、日本語版は『中央公論』1997年11月号にある。なお、その原典は『ブレジンスキーの世界はこう動く―21世紀の地政戦略ゲーム』(日本経済新聞社、1998年) である。
54) 田久保忠衛『新しい日米同盟』(PHP研究所、2002年) の第2章を参照。
55) デービッド・フラム「アジア版NATOを」(『産経新聞』2006年11月16日)。
56) ASEANの安全保障、中国に対する対応については、坪内淳「OSCEプロセスとASEAN」、佐藤孝一「ASEAN諸国の対中国認識」(国際政治学会編『国際政治 ASEAN全体像の検証』第116号、1997年10月) 64-79頁、130-146頁を参照。
57) 英国の『エコノミスト　別冊2007年の世界』から「アジア諸国の民主化度」を示すと下表のとおりである(『読売新聞』2007年1月3日)。

国　名	平均	選挙の公正度	政府の機能	政治参加度	選挙風土	自由度
日本	8.15	9.17	7.86	5.56	8.75	9.44
韓国	7.88	9.58	7.14	7.22	7.50	7.94
台湾	7.82	9.58	7.50	6.67	5.63	9.71
モンゴル	6.60	9.17	6.07	3.89	5.63	8.24
フィリピン	6.48	9.17	5.36	5.00	3.75	9.12
インドネシア	6.41	6.92	7.14	5.00	6.25	6.76
香港	6.03	3.50	5.71	5.00	6.25	9.71
マレーシア	5.98	6.08	5.71	4.44	7.50	6.18
シンガポール	5.89	4.33	7.50	2.78	7.50	7.35
タイ	5.67	4.83	6.43	5.00	5.63	6.47
カンボジア	4.77	5.58	6.07	2.78	5.00	1.18
中国	2.97	0.00	4.64	2.78	6.25	1.18
ベトナム	2.75	0.83	4.29	2.78	4.38	1.47
ラオス	2.10	0.00	3.21	1.11	5.00	1.18
ミャンマー	1.77	0.00	1.79	0.56	5.63	0.88
北朝鮮	1.03	0.83	2.50	0.56	1.12	0.00

58) 奥村房夫『戦争の論理』(学陽書房、1986年) 8頁。
59) 秋山真之「天剣漫録」: http://www.z-flag.jp/sakakumo/saneyuki/index.html

第2章

「人間の安全保障」と東アジアの言語社会

1. はじめに

　本稿は、東アジアの言語社会を「人間の安全保障」(Human Security) の見地から考察するものである。

　「人間の安全保障」は1994年に国連開発計画（UNDP）が提唱した概念である。ケンブリッジ大学教授でノーベル経済学賞を受賞したインド出身の経済学者アマルティア・センの開発理論に基づき、UNDPが新しい人間開発のあり方を提唱する中に位置づけられた。人口爆発、経済的不平等、人口移動（難民流出）、環境悪化、薬物、国際テロなどが持続可能な人間開発に対する脅威と位置づけられ、経済、食糧、健康、環境、個人、地域社会、政治の7つの分野別安全保障が提起されている。従来の国家安全保障（National Security）を相対化して、個人レベルの安全を重視する視点を導入した点で画期的といえる。

　日本政府もこの概念の普及に積極的に取り組んでおり、国連に「人間の安全保障」基金を設置したほか、2000年まで国連難民高等弁務官を務めた緒方貞子とアマルティア・センを共同議長とする国連「人間の安全保障委員会」の運営を2001年の設置当初から支援している。同委員会は、「人間の安全保障」概念の重点として「人間の生にとってかけがえのない中枢部分を守り、すべての人の自由と可能性を強化すること」、「人が生きていく上でなくてはならない基本的自由を擁護し、広範かつ深刻な脅威や状況から人間を守ること」、「人間に本来備わっている強さと希望に拠って立ち、人々が生存・生活・尊厳を享受するために必要な基本的手段を手にすることができるよう、政治・社会・環境・経

済・軍事・文化といった制度を一体として作り上げていくこと」などを挙げている。また、その意義について、緒方とセンは、「国際社会は安全保障の新しい理論的枠組みを早急に必要としている。なぜなら、17世紀に国家の安全保障が提唱されて以来、安全保障をめぐる議論は現在までに大きな変容を遂げたからである」と指摘する[1]。つまり、国家が国民を守る権限と手段を独占し、国家権力と国家の安全保障を確保することによって秩序と平和を維持するという従来の考え方では捉えきれない問題が世界に広がっているという基本認識によっている。「国家はいまでも人々に安全を提供する主要な立場にある」が、国家がその責任を果たせない場合、あるいは国家が自国民の安全を脅かす根源となっているような場合も考え合わせるならば、「人間を中心にした安全保障概念」、すなわち、「人間の安全保障」という概念を補完的に用いる今日的な意義がある、という説明である。

　以上のような理念と実践経緯を持つ「人間の安全保障」の安全保障理論上の位相について付記するとすれば、「人間の安全保障」は国際政治における「安全保障」の概念は、「人間」の安全を保障し得ていないという現状認識を出発点としていると言える[2]。素朴な問いとして、われわれが「安全保障」と言うとき、それが「われわれ人間」の安全を保障するというのでなければ、果たして何の安全を保障するというのだろうか？　従来の国家安全保障論においては、複数の主権国家の関係が主に扱われ、「人間」は通常、国家を単位として（つまり「国籍」をもった「国民」として）把握されてきたが、かような安全保障論が人間関係や人間性、すなわち人間の生そのものの安全を視野に入れてきたかという疑念が残る。また、国民の安全の基本は、個々人の人権保障措置や国民の福祉の充実という「社会保障」制度の枠組みで把握されがちなものであり、しかもそれは第一義的に当該国の政府が責任をもつべき国内管轄事項とされる。そうなると、人間の安全の国際的な保障は内政干渉にならない範囲内においてのみ可能であるが、現実問題として、国民を抑圧する強権的な国家（政府・体制・政権）や国民の福祉に無為・無策の国家、さらに統治機能が破綻して国家としての責任を果たせない国家（いわゆる「破綻国家」）は、国家安全保障を実現しても、「人間の安全保障」を実現し得るものとは必ずしも言えない。

このような限界を持つ国家安全保障の概念に対して、「人間の安全保障」は、開発援助の方法の再考を促したり、医療など人道援助を取り巻く問題点を指摘したり、人権思想の流れのなかに「人間の安全保障」を位置づけたりする成果をもたらそうとするものである。

「人間の安全保障」概念の登場は、従来の安全保障の議論において、「人間」そのものを必ずしも直接の対象となっていなかったこと、また人間の「安全」を脅かす諸々の要素が主権国家や国民だけを単位としていては把握しきれない現実を示しているといえる。安全保障の議論に「人間の安全保障」概念が加わったことにより、これまで十分に捉えきれなかった事象を把握でき、人間の安全の総合的な保障に向けた政策的な地平が広がったことには重大な意義がある。

いうまでもなく課題もある。「人間の安全保障」は極めて広い概念で、この概念が内包するものやその外延について、明確な合意や共通の理解が確立しているわけでなくその解釈や用法は多種多様である（この問題については後述する）。また、理論的・思想的な成果を、地域、社会、文化のダイナミズムに関連づけて、現実の事態への指針を提示するような研究は依然として欠落したままだと言わざるを得ない。

「人間の安全保障」という概念は、それ自体若く、理論的に高度な完成度があるわけではない。一口に人間性の安全といっても、その内容は論者や時代・背景によってさまざまであるため、従来の安全保障との接点を見いだしにくい。そこで本稿では、「人間の安全保障」という問題について、国際関係上の利害関係によってもたらされた人間の生活や人間性への脅威の問題としてひとまず位置づけておきたい。その上で本稿では、「人間の安全保障」の基盤をなす要素としての言語に注目し、特に東アジアの言語政策が関係する諸問題を考察する。人間は言語によってのみ思考でき、人間の営みの多くの領域が言語によるコミュニケーションなくしては成立し得ないという観点に立脚し、「人間の安全保障」と言語政策の関係を概観した後、「人間の安全保障」と東アジアの言語社会の性格と、その政策的課題を展望する。その際、それが国際関係上のハード／ソフト・パワーの問題と密接に関連する、複雑性を持つ問題であるとの認識に基づいて考察を進めていく。

2.「人間の安全保障」と言語政策

「人間の安全保障」に関して、言語の問題が認知されるようになったのは実にここ数年のことである。アマルティア・センは、「人間の安全保障」にかかわる問題として、経済、食糧、健康、環境、個人、地域社会、政治の安全保障を挙げていたが、そこに言語の問題は含まれていなかった。しかしその後、UNDPの『人間開発報告書2004』が、文化的に多様な社会の建設の問題を取り上げ、文化的自由や多言語の使用に関する政策についても論じるようになり、言語政策は「人間の安全保障」の取り組みにおいて、無視できない論点となりつつある。

「人間の安全保障」にとって言語問題が重要となる事由としては、次の点が考えられる。

▽ある国家・地域社会に、異なる言語をもつ複数の部族・民族が属している場合、公用語や教育言語の指定・選択により、支配者／被支配者、各領域のマジョリティ／マイノリティが規定され得る。そのため、言語の選択が地域紛争の種になることもある。

▽言語は人間の思考や価値観を規定するものであり、母語の使用は何にも拘束されるべきでないとの考え方が今日有力となっている。また、伝統的な知識体系と、それが記号化されている言語の保全は、持続可能な開発の問題を解決する上で有益であると考えられている。

▽アマルティア・センによれば、基礎教育の充実こそ「人間の安全保障」の基本的条件であり、基礎教育には識字率の向上が不可欠である[3]。どの言語の識字率が問題なのかという言語選択の問題が基底にある。

▽医療や災害救済などにおけるコミュニケーションは、人間としての基本的生活（つきつめて言えば生存そのもの）にかかわる。また、コミュニケーション基盤が充足している社会の方が、耐性が強いと一般的に考えられている[4]。

たとえば、1995年の阪神・淡路大震災以来重要性が認識されている緊急時の

コミュニケーションは、2004年10月の新潟県中越地震でも話題になり、被災した市町村に住む約5,000人の外国人に翻訳で情報を流すなどの対策が講じられた。これは、言語が「人間の安全保障」に果たす役割として、医療を受ける権利や災害からの保護を受ける権利の基盤に言語があるということ、そして地域協力や治安の維持といった社会的紛争の防止にも言語コミュニケーションが不可欠であることを示す事例だといえる。

「人間の安全保障」の概念と言語政策の関連について概説してきたが、もちろんここにも問題がないわけではない。

上で述べたように、伝統的な安全保障概念では、すなわち国民の安全の基本が、個々人の人権保障措置や国民の福祉の充実という「社会保障」制度にあり、それは第一義的に当該国の政府が責任をもつべき国内管轄事項として扱われる。その場合、人間の安全の国際的な保障は、内政干渉にならない範囲内においてのみ可能となる。

また、言語問題は、実務においては主に言語教育の問題に収斂されてしまう傾向にある。この点は強調して余りある。言語政策とは本来、広義の、そして本質的な意味において文化政策の範疇に属するべきものであるが、現実の公共政策においてそのような視点は軽視される傾向にある。「人間の安全保障」の提唱者センもまた、言語政策にかかわる問題を主に「識字率」の問題ととらえており、言語選択の問題や、言語の生存—死滅の問題への注目度は相対的に低いのである。

次節で検討する東アジアの言語社会に関する諸問題は、このような問題点を浮き彫りにし、政策的課題としてわれわれに突きつけるものである。特に、東アジアにおける多言語社会化と言語多様性の保全をめぐる葛藤状況は、「人間の安全保障」の論理に対する重大なチャレンジを体現している。

3. 東アジアの言語社会をめぐる論点

(1)「国語」政策

　一般に東アジアといわれる地域の言語政策面での特徴として、単一の「国語」への志向性が極めて強いこと、それを政府の強大な権限によって担保してきたこと、そのプロセスにおいて漢字および漢字語の機能と限界をめぐる葛藤を常に経験してきたことが挙げられる。

　近代国民国家の形成において、「国民」概念の創出は不可欠である。「国民」としての自覚を促し、「国民」の一体性を認識させて国民国家を形成する手段が言語である。単一の、あるいはいくつかの国家公用語を選定し、「国民」となる人々に普及させる言語政策が、このことゆえに必要とされる。また、国家を運営する制度を効率的かつ効果的に運用していくためには均質的な言語が普及することが望ましいとされ、法治国家の形成においては、その法が国民に等しく理解される言語で制定されることが求められる。

　しかし他方で、このような意味での「国語」政策においては、特定の言語を強制によって普及させ、ほかの言語を排斥するということも起こり得る。ここで、一口に言語と述べたが、これは「標準語」と「方言」の関係においても同様である。近年の社会言語学の潮流において、「国語」の思想は批判的に論じられることが多い。しかしいうまでもなく、国語の確立と普及は、法治国家の形成に密接に関わっており、東アジア諸国の近代化ないし現代化において、国語の制定は不可避の選択であったとも考えられる。

　それでは、東アジア諸国における「国語」関連の政策は、具体的にどのようなものであっただろうか。以下に、日本、韓国、中国、香港、台湾の例について、いささか羅列的になるが、後の項における論点の考察にもかかわるため、その言語政策を概括する。

①日本

　日本の国語政策は、1900年に発足した国語調査会およびその後身として1902

年に発足した国語調査委員会を淵源とし、大きな潮流としてはこれが現代まで継続している[5]。国語調査委員会は、次の基本方針を掲げていた。

(a) 文字は音韻文字(「フォノグラム」)を採用することとし仮名羅馬字等の得失を調査すること
(b) 文章は言文一致体を採用することとし是に関する調査を為すこと
(c) 国語の音韻組織を調査すること
(d) 方言を調査して標準語を制定すること

これを見ると、日本の国語政策においては、当初から「標準語」の制定に焦点が当てられていたことがわかる。また、(a) は将来的な漢字廃止の意向を示すものであり、これは戦後まで国語政策を拘束するものとなった。実際、日本の国語政策の主要課題は日本語の表記法にかかわるものであり、戦後のアメリカ占領下において国語審議会が真っ先に取り組んだのも漢字制限問題であった。

いうまでもなく、このような国語政策は、沖縄や北海道にも適用されている。大日本帝国憲法発布以前に領有された沖縄や北海道は、日本の正規領土とされ、住民には日本国籍と参政権を与えられ、内務省が管轄した。言語については、「国語」教育のみが行われた[6]。

沖縄は明確に国民統合の対象地域として位置づけられた。沖縄では置県制度適用(1879年)後、経済開発や制度的平等の実現が遅れる一方で、「日本人」育成教育の一環として、民衆のための言語教育が普及した。沖縄側でも、日清戦争における清の敗北によって、日本から分離する指向が希薄化し、日本国内での社会的上昇と差別脱出のために、日本語を修得する指向が高まった[7]。

北海道では人口の大半を本土出身の植民者が占めており、少数の先住民族であったアイヌが言語政策の対象となった。アイヌは本土出身者から分離された特殊学校に入れられ、「国語」教育が推進されたが、教育政策に投入された予算や熱意は沖縄よりは低かったとされる。ただし沖縄の場合と同様に、アイヌにおいても、やがて日本国内での社会的上昇と差別脱出のために、日本語修得の意識が高まったことは沖縄と同様である。

②韓国

　1945年8月の日本統治からの解放以降、韓国（解放当時、南朝鮮地域）では、それまでに流入した日本語の排除と漢字語の整理、それに伴う新たな語彙の査定が、言語政策上の課題とされた。解放後間もない時期より、南朝鮮に進駐した米軍が開設した米軍政庁や、日本統治期以来の研究者グループである朝鮮語学会（1949年にハングル学会と改称）などが、漢字の使用をやめてハングルだけで記述する「ハングル専用」運動を主導した。具体的な言語政策としては、1945年11月に軍政庁の諮問機関である朝鮮教育審議会が、新しい学校教科書の記述をハングル横書きとすると定めたところから始まった。1946年6月には米軍政庁編修局が、日本式の用語を朝鮮語に代える案を作成し、1948年6月には『言語の取り戻し』という朝鮮語復元の冊子も刊行された。また、朝鮮語学会は軍政庁の文字政策方針と歩調を合わせ、機関紙『ハングル』を復刊、解放前から作成されていた原稿を元に『大辞典』を完成させた。

　1948年8月に大韓民国が成立すると、同年10月、国会で「ハングル専用法」が制定され、公文書と教育における漢字廃止が法律で定められた。しかし、膨大な漢字語を受容している朝鮮語において、公文書における漢字の使用の是非を決めるだけでは、全般的な漢字使用の問題を解決することは不可能であった。また、この法律には反対も多く、漢字の補記併用が認められていたこともあり、大きな効力を発揮することはなかった。その後、「ハングル専用実践要綱」（1958年）なども作成されたが、大きな成果を見ることはなく、1970年からハングル専用5か年計画が実施されたのを機に、ようやく漢字廃止が進んだ。以降の韓国ではハングルの完全定着と漢字の忘却が進み、漢字を知らない世代が確実に増加している。新聞や学術論文などでも漢字は使用されなくなってきており、将来的には漢字の使用がさらに減少し、漢字文化自体が「異文化」視されるといった事態も考えられるまでに至っている。

　また、その後、1995年改正の文化芸術振興法が、「国語の発展および普及」に関する規定を置き、国語発展計画の樹立、国語審議会、語文規範およびその遵守などを定めた。さらに、これらの趣旨・内容を受け継いで2005年に制定された国語基本法は、「『国語』とは大韓民国の公用語としての韓国語を指す」（第

3条）と規定し、初めて法律レベルで韓国語が韓国の国語であり、公用語であることが明示された。

このように、韓国の言語政策の体系化・法制化は、1990年代中盤にその必要性が認知されて、発展してきたわけであるが、それまで半ば自明であったことがこの時期に言語政策が法制化される（その必要性が認知される）に至った理由は、グローバル化が進む韓国社会において、「国語」文化を防衛しなければならないという意識が醸成されたことにあると思われる。この点は、韓国における言語ナショナリズムと、「国語」の脆弱な実態の相克を示しているといえよう。しかし、韓国の言語政策は時の為政者の方針に左右されるものであり、政策の安定という点については今後の推移を注視する必要がある[8]。

東アジアのなかでも民族的・言語的同質性が高い韓国で、問題となりつつあるのが、南北の言語異質化の問題である。分断60年を経て、語彙や発音など南北で言語が異質なものになり、相互に通じ合わなくなっている[9]。この問題は、将来の南北統一への備えにおける問題であるだけでなく、近い将来確実に1万人を超えると見られている脱北者の言語使用をめぐって、まさしく「人間の安全保障」にかかわる喫緊の課題になっているといえる[10]。

③中国

中国では、「漢語普通話」が標準語とされ、共産党政権樹立後、中国全人口の90％以上を占める漢族の標準語とすることが定められた。しかし、生活習慣や方言の地域差が大きく、標準語普及運動から50年余り経過した現在も、「普通話」を相応に話せる人は人口の半分程度とされる。年齢が若く、高学歴であるほど標準語習熟率は高まるが、男女差はさほどない。標準語が使えないと公共の場での発言権を失い、その能力を欠く農民や少数民族、低学歴層は、政治的、経済的な弱者になる確率が高い[11]。

文字改革については、清朝末期からその必要性が訴えられた。魯迅は「漢字が滅びなければ中国は必ず滅びる」と述べ、漢字のもつ欠陥を批判した。魯迅は、漢字習得の難しさが非識字率の高さをもたらし、中国社会の後進性の要因になっているとして、漢字にかわる平易なラテン化新文字の採用を提唱してい

たほどである。

　ラテン化新文字は採用されなかったが、共和国成立後間もなく、文字改革プロジェクトが開始された。毛沢東は、文字の属階級的性格を強く認識し、プロレタリアートと農民の文化を創出すべく、文字改革を推進した。当時の国務院総理・周恩来をはじめとする政府の指導のもと、漢字の簡略化、共通語の普及、中国語表音案の制定および実施という3つの改革が実施され、この改革を通じて今日の中国語の体系が整備された。このうち、漢字の簡略化は、簡体字の採用によって字形を簡便なものにすること、また同音同義で書き方だけが違う異体字を整理することなどより字数を減らすことによって進められた。

　現在、中国で正式に使用されているのは、1956年に公布された簡体字である。従来の繁体字に比べ、簡体字は筆画が少ないため、覚えやすく記述も容易となっている。

　少数民族の言語については、新中国成立後間もなく、漢字以外の民族文字のローマ字化が推進された。少数民族語（典型的にはウィグル語、カザフ語など）のローマ字表記化は、漢民族知識人からの抵抗が少なかった分、表面上は順調に進んだ。1959年に制定されたこれら言語のラテン字母は、1965年（文革の前年）から施行された。1976年、この字母は唯一の正書法とされ、伝統的なアラビア文字は、その使用が全面禁止された。その後、文化大革命の時代が終焉し、改革開放時代が到来すると、少数民族言語における文字改革にも、伝統文化再評価の動きが起こった。モンゴル文字のローマ字化は実現しないまま立ち消えとなり、ウィグル語、カザフ語でもローマ字が廃され、アラビア文字が復活した。

　その後、中国の言語文字の基本政策として、2001年1月1日から施行された「中華人民共和国国家通用語言文字法」で、「普通話」は、「国家通用言語」と定められた。同法は中国の初めての言語文字法である。

　中国の少数民族の言語問題の難しさは、民族的独自性を強く主張する民族が存在する一方（たとえば、ウィグル族や朝鮮族）、生活様式や言語に独自の特徴を有していながら漢族意識を持つ人々まで、その民族意識が多様であることにもある。

たとえば、「マージナルな漢族」と呼ばれる中国の水上居民は、主に華南の河川や海上に浮かぶ船の上を生活の場とし、陸上に家を持たず、漁業や水上運搬を生業とする。祖先祭司や親族組織も華南の陸上の漢族に比べると極めて簡素であり、独自の言語を持たないが、一部の語彙や装身具などに独特のものが見られ、それゆえに華南の先住民族の子孫だと主張する民族学者もいる。それでも、彼らは中華人民共和国の民族政策において「少数民族」とは分類されず、あくまでも漢族の一部として見なされており、何より彼ら自身が「中国人」、「漢族」の一員としての帰属意識を有している[12]。

④香港

香港は1997年の中国返還を経て、現在では中華人民共和国の「一国両制（1国2制度）」の下で特別行政区となっている。特別行政区は返還後も独自の立法・行政・司法の3権を有することになっており、公用語の制定をはじめとする言語政策も独自のものを採用している。

香港の公用語は引き続き英語と中国語であるが、香港で通常使用されている中国語は、文章語では「白話」、口語は広東語であり、多くの香港人の日常生活において「普通話」が学習・使用されることは少ない。また、依然として英語が香港社会に占める影響力は極めて大きい。香港基本法では、返還後の香港の司法制度のあるべき姿として、裁判における中国語と英語の2言語使用（バイリンガリズム）が明記されている。

しかし現実には、法律自体が1989年まで英語だけで書かれ、香港の司法制度は英語が主体となっていた。ただ、1960年代後半以降、香港中国人の民族意識が高まるなか、中国語教育の衰退を憂慮する学生や知識人のグループが中国語の公用語化を求める「中文法定運動」を展開した結果、香港の立法評議会は1974年、「法定語文条例」（Official Language Ordinance）を可決し、これにより中国語が英語と並んで香港の公用語として認められた。以来、公務員の中国語使用が奨励され、立法や司法などの場においても同時通訳や中国語翻訳の住民サービスが実施されるようになった[13]。

また、香港では、中国返還以前は英語教育が主流であった。この状況に対し

て、香港政庁が1998年から主に英語で教育する「英文中学校」を半減し、中国語主体の「中文中学校」を半ば強制的に増やす方針を発表したところ、教育界に波紋が広がった。

現在、香港政府は「両文三語」（英語と中国語、中国語については広東語と普通話［＝北京語を指す］）政策を実施している。香港立法会が普通話推進動議を可決（2002年）したのを受け、香港政府は小・中・高等学校での普通話教師の不足問題の早期解決を目指している。

⑤台湾

台湾は近年、母語教育が実施され、「多言語社会」としての様相を呈しているが、以前は国民党政権による長年の国語推進政策があった。台湾は1945年に日本統治を脱した後、国民党政権は台湾を中華民国の一省として編入したが、その際、台湾人は日本語から中国語（北京語）へという「国語」の転換を経験した。台湾人は日本統治下において「国語」の概念を理解しており、初等教育就学率も7割を超え、さらに台湾人一般が中華民国編入を「祖国復帰」として歓迎していたことから、国民党政権の国語（中国語）普及、日本語排除の政策は一定の成果を収めた[14]。

しかし、教育を含む公的領域と、台湾人の日常生活との間では顕著な差異が見られた。教育機関が文化的ヘゲモニー注入の中心機関であっただけに、学校での国語教育は方言使用に対する懲罰も相俟って順調な発展を遂げた。しかし、一般大衆にとって新たな言語習得は決して容易なものではなく、社会的に通用していた方言を国語に完全に代替させることは極めて困難であった。このことから、「国語運動の停滞」を憂慮する雰囲気が生まれ、「方言」が国語推進の障害物と見なされる時期もあった。

かような台湾の言語政策は主として国語イデオロギーに基づく国語推進政策によって進められ、その国語普及政策は、「方言」（閩南語・客家語）抑圧政策であった面は否定できない。若林正丈の言葉を借りれば「近代国民国家建設を追及する中国ナショナリストの立場からすれば、台湾において国語を日本語から中国語に入れ替えるのは理の当然」であったが、「問題はそこに一種の植民地

性が生じてしまったこと、いわば中国語ナショナリストにとっての脱植民地化が、台湾人から見れば再植民地化と思えてしまう状況が生じたことである」[15]。

しかし、1990年代の民主化以降、このような状況は大きく転換した。今日、原住民の権利回復運動が勃興しており、台湾原住民は今日、かつて研究者などが残した記録や日本の調査研究成果を利用して自らの文化や言語の復興を企図している。ただし、この動向には、近年の為政者の意向が大きく影響していると見られ、言語政策の安定性および正統性の面から論点になっているといえる。

(2) グローバリゼーションと「英語化」

東アジアにおけるかようなモノリンガルな言語環境は今日、グローバリゼーションの潮流によって大きく動揺している。東アジア諸国で自明とされてきた統一的な「国語」の地位が、グローバリゼーションを契機とする外国語の流入・需要拡大を背景として、近年、大きく揺らいでいるのである。

特に注目すべき現象として、現在の東アジアでは「英語化」が急速に進んでいる[16]。たとえば、東アジアのなかでも、特に民族的、言語的同質性が高い韓国においても、「英語化」現象は顕著である。今日の韓国に見られる（特に90年代後半のIMF危機以降一層顕著となった）英語教育熱と欧米留学熱の高まり、英語公用語論[17]、企業内英語公用語化、高等教育における欧米学位取得者優先主義、初等学校英語教育などは、韓国人の英語および欧米的価値観に対する必要性の自覚、母（国）語悲観主義の現れでもあり、またそれらを再生産している。かような韓国社会の「英語化」の問題は、いわゆる「英語支配」に対する認識の問題にとどまらず、韓国の社会階層構造の変容、対外認識をめぐる分裂、さらには南北朝鮮の言語異質化（また、それによる北朝鮮の言語ナショナリズムの硬化）をどう読み解くかという論点をも内包している[18]。

要するに、このことは現代韓国の労働市場・知識社会の再構成や、南北統一を企図する際における「意識・精神の統一」の困難という長期的な問題にかかわるものである。また、従来の（前述した）「国語」創出の問題が、近代国民国家的言語観の形成にかかわるものであるとすれば、現代東アジアの「英語化」の問題は、近代国民国家的言語観の変容の問題だといえる。

たとえば、翻って香港人の言語選択の自由ないし権利をいかに考えるべきであろうか。香港において、英語は官庁や大手企業の業務に不可欠なものであり、教育や技術習得の面でも浸透している。しかし、相対的に見ると、今日のシンガポールにおける英語や、日本統治下の台湾における日本語ほどの「第2言語」として定着しているとは見なしがたい。香港人口の大多数を占める中国人にとって英語は母語ではなく、英語が堪能な中国人は職業や社会層により偏在している[19]。

また、1997年に香港が中国に返還されて以降、香港社会では急速に「中国化」が進んでいる。しかし、この「中国化」の基底にある香港人の思考方式や行動様式はアンビバレントというべき様相を呈しており、かつて中国返還を望み、祝賀した香港人は、現在、子弟の教育をめぐって一種の言語葛藤を抱えているのである。

広東語を学び、使用するのは、母語話者である香港人にとっての言語権であるといえるかもしれない。しかし、香港において英語の習得が知識・技術の習得に結びつき、結果的に英語エリートの形成に結びついている現実において、英語を学び、使用し、英語の教育を受けることは、言語選択の自由にかかわる問題である。このように大言語（特に英語、中国語）は、各地域の近代化や経済発展、国民統合のツールと位置づけられ、それらを選好・習得した人々は、従来とは異質の社会階層において上昇移動を実現し、新たなアイデンティティを獲得している。また、その状況が、従来の社会階層のあり方にも大きな影響を与えているのである。そして、このような様相は、域内において自立的な英語習得の認知度が高まるほど、言い換えれば、域内の「英語化」の論理が非強制化、脱植民地化（ディコロナイゼーション）するほど、深化するものだといえる。東アジアの英語化は、内的な近代化要求に基づくものであり、文字どおりポストコロニアルな性格を有するという点において、「英語支配」という植民地主義的な視角からは見えにくく、扱いにくい問題を内包しているのである。

中国でも、一部領域において注目すべき事象が見られる。中国では伝統的な官僚制とは別に、欧米留学を経験して知識や財産を得た「富豪」が大きな影響力を持つようになっている。中国共産党もこの状況を無視できず、現在、国家

指導者・閣僚のなかに多くのアメリカ留学組を抱えている。本稿の執筆時点（2006年12月）における代表的な例を挙げるだけでも、中国人民銀行の周小川行長（総裁）、易綱行長助理（総裁補佐）、教育部の周済部長、章新勝副部長、科学技術部の程津培副部長などがアメリカ留学経験を持つ。アメリカ以外の留学経験者を含めると、現政権に閣僚・準閣僚級に多くの欧米留学経験者がいる。このような潮流は、今後、ほかのアジア諸国においても確として顕在化するだろうと考えられる。

ここまでの論考を整理すると、東アジアの言語選択をめぐっては、①「国語」を制定することで法治国家を確立し、社会の近代化を実現する②現代のグローバル化のなかで進行する英語化の波に乗り、英語によって知識や技術を獲得する③国語でも英語でもない言語を使用する言語マイノリティが、自らの母語を自由に使用し、発展させる（時には政治的に台頭する）——という、いずれもが「人間の安全保障」の概念においては論理的に正当化され得るという難しさを孕んでいるのである。

(3) 外国人住民の言語

東アジア（特に日本や韓国）のモノリンガル志向の言語政策環境は、外国人住民の言語にかかわる諸問題を孕んでいる。

第1に、モノリンガルな環境に身を置くマイノリティの言語の問題がある。

日本では、在日コリアンの言語問題はつとに論じられてきているが、在日コリアン1世らの言語問題と福祉面での困難については広範な社会的認知が得られているとは言いがたい。高齢化が進む1世たちは言葉の問題に関連して「社会的排除」を被ることも少なくなく、大阪市生野区で2003年に70歳以上の在日コリアン（有効回答数300）を対象に行われた調査によると、所得水準「5万円未満」は全体で55人（19.9％）だったが、識字状況で日本語の文章もハングルも読めない場合には28人（33.7％）と3割を上回っている。また、識字状況別に暮らし向きを見ると、「大変苦しい」は全体で74人（25.8％）であるのに対し、日本語の文章もハングルも読めない場合には33人（39.8％）と約4割に達している[20]。たとえば、日本の介護保険制度では在日外国人も日本人と同

じサービスを受けられるが、現実には、情報不足や生活習慣の違い、厳しい経済環境などから、サービスを受けていないことも多い。

韓国では、中国系（華僑）の処遇が長らく韓国の少数民族政策を象徴してきた。典型的には、かつて「外国人土地法」（1961年）が外国人（現実的には華僑）の土地取得を禁止し、生業活動を著しく制限したことが挙げられよう[21]。1968年の同法改正で外国人でも住宅地200坪、商用地50坪まで所有が可能になったが、このような制限によって華僑は経済活動の主流から阻害されたばかりか、注目すべきことに言語コミュニティの存続の困難にも陥った。かような土地政策のもとでは、日本やアメリカに点在するようなチャイナタウンの形成も困難であり、ソウルのような大都市においても、中国語書籍を扱う書店や言語教育機関はほとんど見られないのが現状である。

第2に、言語サービスの問題がある[22]。たとえば、日本の在日外国人の数は、グローバリゼーションの進展により加速度的に増加しており、法務省の外国人登録者統計によると、2005年末（平成17年末）における外国人数は約201.2万人（総人口の約1.57%）で、10年前の1995年に比べ約65万人（47%）増加している。日本語を解さない外国人も多く、住居や日本語学校の探し方、年金など社会保障制度、さらには火事や急病の際の連絡方法、ゴミの出し方などの生活情報に至るまで、言葉の問題で苦労することが多い[23]。好むと好まざるとにかかわらず、日本社会は「多文化社会」「多言語社会」に向かいつつあり、そのための制度的・意識的準備が求められるようになっている。これを政策的に補完するのが、自治体などによる「言語サービス」である[24]。具体的には、多言語や平易な日本語による生活情報の提供（パンフレット、道路標識など）、緊急時の情報提供、相談窓口の設置、生活において必要な日本語の教育などを指す。国語、公用語、義務教育としての外国語教育のような言語政策的問題は通常、国家レベルの議論である一方、言語サービスは外国人の生活に直接かかわるものであることが多く、むしろ自治体独自の施策が構想・整備される。しかしそれゆえに、広範な言語生活のグランドデザインとしてはとらえられにくい。「国語」を扱うものでないゆえに、教育政策や文化政策との連携もなく、自治体や民間ボランティアなどの自主的な取り組みに依拠しているのが現実で

ある。しかし、阪神・淡路大震災の際に、多くの外国人住民がまさしく言語の問題によって十分な情報を収集できなかったという経験もあり、この面での言語政策の確立は、外国人住民の生存の権利や財産権にかかわる問題と見なされつつある。

(4) 危機言語

　一部の国際語が世界各地に浸透しているなか、先住民族の言語は急速に衰退している。世界の言語の数を正しく計測する術があるとは考えられないものの、一部の研究者は21世紀末までに約6,000現存すると見られる言語の90％が死滅すると警告している[25]。それに対し、1990年以降、先住民族の権利を擁護しようとする国際的な潮流のもと、アメリカ言語学会が1991年にシンポジウム「危機に瀕した言語」を開催したのをはじめ、英国の「危機言語基金」（Foundation for Endangered Languages = FEL）など危機言語の保全を主唱する団体が世界各地で設立されている。

　先に見たように、近代国民国家形成にあたり「国語」の創出と、それに伴って方言や先住民族語、少数民族語の排除を進めてきた東アジアにおいても、この問題は免れるものではない。

　日本においてはアイヌ語や沖縄の諸方言の問題がよく知られている。沖縄では、ラジオ沖縄が首里方言を用いた「方言ニュース」がラジオの本放送開始（1961年）以来、ほとんど途絶えることなく続いており、最近は、民間の学習講座や市町村主催の文化講座などで沖縄語教育運動が行われている。沖縄方言普及協議会事務局長の宮良信詳（琉球大教授）が指摘する「方言を話せるお年寄りは少なくなっており存続は困難。手遅れになってはいけない」という危機意識がある[26]。

　アイヌ語の状況も厳しい。1980年代以降、萱野茂らアイヌ語を残そうとするアイヌ自身の努力の結果、アイヌ語教室が各地に開設されているほか、アイヌ文化振興財団主催のアイヌ語弁論大会（イタカンロー）には毎年多くの人が参加し、アイヌ語による弁論や口承文芸の披露が行われている。また、アイヌ語の辞典も各種出版されている。しかし、1996年の調査では、アイヌ語を流暢に

話せるのはアイヌ約1万5,000人中15人という推計もある[27]。

このほかにも、たとえば小笠原の言葉などは一種の危機言語と言ってよい。

小笠原の最初の定住者たちの出身地は、米マサチューセッツ州や、インド、中国、アゾレス諸島、バミューダ、ポルトガル、スペイン、イタリア、フランス、ドイツ、デンマーク、北マリアナ、グアム・ミクロネシア、ソロモン、タヒチ、キリバス、ハワイなど極めて多様であり、1853年のペリー上陸の頃の共通語は英語だったとされる。その後、1870代後半から日本人も居住し始めたが、第二次世界大戦後の米軍占領経験もあり、英語の影響が残っている。これに日本語の八丈方言、日本語標準語が混合した「小笠原方言」と呼べるものが存在するが、最近は急速に日本語標準語化が進んでいる[28]。

一方、東アジアの危機言語の保全・復権をめぐり、比較的確実な具体的成果を示しているのは台湾の事例であろう。

台湾原住民族は現在45万人強（2006年現在の台湾人口は約2,283万人）。台湾原住民族は、言語学的にオーストロネシア語族（中国語では南島語族）と呼ばれる。

台湾の1994年憲法は、これまで「山地同胞」と呼ばれてきた台湾先住民の呼称を「原住民」と変更した（中国語では「先住民」とすると「先」に「すでに滅んでしまったもの」という語感が生じるため、「もともとの」という意味をより強く持つ「原住民」が広く使われている）。これは先住民自身による「正式名称要求運動」（正名運動）の成果であった。憲法改正後、1995年に「姓名条令」が修正公布され、原住民族名での戸籍登録が可能になった。1996年には、中央政府レベルの原住民族専門の行政機関「行政院原住民委員会」が設置され（後に原住民族委員会と改称、1998年には「原住民族教育法」が公布された。2001年には「原住民身分法」が公布され、原住民身分の父母どちらかの姓を名乗ることによって、原住民の身分が得られるようになった。また同年、「原住民族の民族言語能力の認定に関する法律」が発布され、民族語能力認定試験が、この年以降毎年実施されている。さらに2005年1月には、「原住民族基本法」が公布され、原住民族の権益が明確かつ概括的に保障されるようになっている。

危機言語をめぐっては、その保全が話者（人間）のためか言語それ自体のた

めか、という問題がある。前者はいわゆる「言語権」にかかわる問題であり、後者は文化遺産としての言語観の問題となるため、議論の利益（何を守り実現するための議論か）がわかりにくくなる場合が多い。

4. 考察

　東アジアの言語社会の状況が「人間の安全保障」に提起しているのは、今日のグローバリゼーションと国際的パワーゲームのなかで、それらを支える言語の集中化が進む一方、言語と人間性充足の関係が多様になっているということである。東アジア地域諸国は、近代以前から今日に至るまで、基本的にモノリンガル志向であり、各々の為政者は域内の言語マイノリティに対して支配ないし非尊重の態度を維持してきたが、言語帝国主義への批判が進み、少数民族の用語と危機言語保全が世界的に叫ばれているのは東アジアも例外ではない一方、「英語化」するアジアのアイデンティティや中国の水上居民のような漢族志向性も存在する。

　「人間の安全保障」という観点から考えた場合、問題は日本語、韓国語、中国語という、国民国家によって「国語」化した言語でさえ、英語のような巨大言語との相克において排除されつつある現在、危機言語や少数民族言語コミュニティに対する「切り捨て」の危機が現実化しており、それを一部の当事者も（場合によっては積極的に）受け入れる動きがあるということである。

　先に国民の権利の国内管轄の問題について述べたが、「人間の安全保障」に関する問題にも、いうまでもなく自決権ががかかわってくる。たとえば、島田周平の次の議論は、言語の選択の問題にも援用され得るものである。

　　「いままでアフリカの人にとって国家は安全の保障たりえたかと考えると、いろいろ議論がありますが、ポストコロニアルの家産制国家として議論されてきたようなアフリカの国家が、個人の安全保障に役立ってきたとは思えないわけです。」

「それとは逆に貧困や食糧不足というところから考えてみると、アフリカの人たちは『人間の安全保障』自体を非常に強く日常的に考えてきた。国家が守ってくれる安全保障なんか考えたこともなかったと言う人が多いかもしれません。このことが、これから『人間の安全保障』といった議論が一般化して、それがアフリカに『適用』すべきだといった形で覆い被さってくるときに少し問題が起きるのではないかと考えます[29]。」

　グローバリゼーションの進展によって、低開発国におけるさまざまな不安要素・要因が即座に先進国に伝播するという「相互脆弱性」をめぐる問題がある。すなわち、低開発国のガバナビリティが脆弱であることでの負荷が先進国にも波及することを抑止すべく、低開発国のガバナビリティを確立するために先進国は介入してもよいという議論であるが、これは、「アフリカの人たちや社会の安全保障は、先進国の安全保障のために必要なのだという発想が背後にあるように思える」との批判を免れ得ない[30]。島田自ら指摘するように、この議論は、現地の人のためではなく先進国の二酸化炭素の消化のために熱帯雨林を保全しなければならないという論法に似ている。
　また、保健開発協力計画、アフリカの地域保健の現場に携わる在仏医師、重光哲明は、「人間の安全保障」概念について「『人間』という概念が無前提」で「誰にとっての誰のための『安全保障』なのかが抽象的」とし、「南の現場では、抽象的で一般的な『人間』から出発して、運動や組織に参加してくる者など誰もいない」、「地域社会の具体的な関係のなかで、日々生活し生きている南の人々は、外から定義される抽象的かつ普遍的な『安全保障』の内容の決定過程とは、実際には無縁であり、その過程から完全に排除されている」と指摘する[31]。重光はさらに、次のように論ずる。

　「『人間の安全保障』という発想の限界は、対象とする社会（他者）の内在的な生成変化への能力という可能性を否定して、地域住民を欠如や不足を前提とした受身で下位の存在に固定しようという、抑圧的で限定的、ネガティブで悪意に満ちた支配のイデオロギー（強者が弱者を哀れむ、アーレントの

いう『君主に哀れみを請う』）の表現と、とれてしまう点にある」。

「『人間の安全保障』概念は、自分たちと異なる他者の能力に対する不信、異なる社会への敵対を暗に前提としているだけでなく、自分たちの予期しない出来事、問題解決法、自分たちが定義できない組織や運動の逸脱や不測の展開をあらかじめ排除し、ダイナミズムを封じ、それを予防し、防衛（だから安全保障）しようとする意図が組み込まれている」。

重光の辛辣な批判は、頷ける点も少なくない一方、東アジアの言語社会の状況に照らして考えてみると、その「英語化」や危機言語軽視の風潮を批判することの難しさを示しているといえなくもない。重光の立場からすれば、東アジアの言語問題は、東アジアの言語共同体に属する人々が構築してきた言語文化と言語政策を基礎に考えられるべきだとの主張に解釈できるが、東アジアの「英語化」や危機言語軽視の風潮が実用主義によるものだとしても、それが当事者の言語選択に基づくものであるならば、その選択もまた言語への権利に属するものであることも事実なのである。

「人間の安全保障」の見地から言えば、東アジアの言語社会における課題は、合意形成プロセスと法的安定性の確保にある。日本を含め、言語政策（外国語教育を含む）は為政者の意向に依拠する度合いが大きい。言語をめぐる深刻な域内コンフリクトを経験していない東アジア諸国では、民主主義の成熟度如何にかかわらず、為政者の言語政策決定が独断的で技術本位になる傾向にあり、国家のグランドデザインとの連関を見失いがちであるという弊害がある。言語政策に関して、言語の権利と選択をめぐる個人と共同体の関係を規定するプロセスへの域内構成員の広範な参加を実現することが不可欠であろう。そして、言語能力が交換困難なものである以上、そのプロセスに基づいて決定された一連のルールについては、法的安定性が担保される必要がある。

また、「人間の安全保障」が広域的な共通了解性を擁する概念であるにもかかわらず、それを政策の機軸に据えている日本政府の国際的アプローチが極めて限定的である点も、今後再考が求められよう。日本政府の主たる「人間の安全保障」提唱領域は開発援助分野であるが[32]、東アジアに対する言語的支援とし

ては、わずかに中国などに対する日本語教師派遣が目立つ程度である。それも、日本語知識の浸透による開発関連の知識・技術の浸透が主眼であり、言語実用主義に対する疑いも十分に包含されていない。もちろん、日本語の「輸出」はそれ自体、日本の国家戦略として必要であるとの主張は首肯され得るが、「人間の安全保障」という政策の機軸との調整は今後の課題である。また、いうまでもなく、現状のままでは、開発援助の対象外となっている韓国、香港、台湾といった国・地域に、その理念が浸透しない。言語問題という「人間の安全保障」上の問題が、東アジアといういわば足元にあるにもかかわらず、それを黙過して「途上国」に支援をするという状況が作り出されているのではないか。この課題を解決する上では、開発援助の既存フレームワークの再構成も一案だが、より現実的には、「人間の安全保障」政策を、法務、警察、厚生、労働など広範な領域に開放して言語政策のモデルを提示し、学術・実務両面で諸外国との交流を推進することが必要であろう。

同時に、言語問題という個別具体的な政策課題の評価を通じて、「人間の安全保障」概念の不断の再検討を行っていく努力も不可欠である。前出の重光の批判は、「人間の安全保障」の議論が拡大し複雑化したことで、「人道主義」が「人道的介入」を正当化し、結果的にその人道性に多くの疑念がもたらされた人類の経験を想起させるものである。そうではなく、「人間の安全保障」は従来の国家安全保障を補完し、国家安全保障においては見落とされたもの、実現できなかったものを、国家安全保障とは異なる観点・手法・評価によって発見し、実現するという当初の政策理念を確認していく必要があろう。

注

1) Commission on Human Security, *Human Security Now*, New York: Commission on Human Security, 2003. 日本語版は、人間の安全保障委員会『安全保障の今日的課題——人間の安全保障委員会報告書』朝日新聞社、2003年。
2) 星野俊也「人間の安全保障の理論と実践」、東アジア研究者フォーラム「アジアにおける信頼醸成と平和構築」（早稲田大学21世紀COE『現代アジア学の創生』主催、2005年9月24日、於・早稲田大学）報告論文（http://www.waseda-coe-cas.jp/news/hoshi-no-j.pdf）。

3) アマルティア・セン（東郷えりか訳）『人間の安全保障』集英社、2006年、参照。
4) この点については、拙稿「文化政策としての言語サービス」、『比較文化研究』（日本比較文化学会）No.67. 所収、67 - 75頁を参照されたい。
5) 倉島長政『国語100年』小学館、2002年、10頁以下、参照。
6) この後、日本に併合された台湾、朝鮮については、住民に日本国籍が付与されたものの、参政権は与えられず、内務省ではなく総督府が管轄した。言語教育では、「国語」重視だが現地語教育も併用されている。さらに、第一次大戦後に支配された南洋群島、「満洲国」、華北および南方の占領地域などでは、言語教育でも「日本語の普及」にとどまっている。沖縄と北海道、台湾や朝鮮では、それらが日本語の正規領土の一部であることを意識させるため、「国語」という名称が正式とされ、「日本語」という名称は禁じられていた。
7) この点については、拙稿「米国統治下における沖縄の言語政策──「沖縄の言語サービス」研究のための予備的考察」、『社学研論集』第3号（早稲田大学）、所収、を参照されたい。
8) 解放後韓国の言語政策史に関する筆者の総論的見解は、拙稿「解放後韓国の言語政策」、山本忠行編著『続・世界の言語政策』くろしお出版、2007年刊行予定、所収を参照されたい。
9) 社会言語学者のなかには、多文化主義の視点から、言語異質化を言語多様化として肯定的に捉える者もいる。キム・ハス（イ・ヨンスク訳）「南北朝鮮間の言語問題」、三浦信孝・糟谷啓介編『言語帝国主義とは何か』藤原書店、2000年、所収、参照。
10) 脱北者に対しては、韓国の公的な教育施設で資本主義社会の習慣を身につけるなど一定の対策が取られているが、実際の生活においては差別や社会不適応の問題もある。日常の生活やコミュニケーションにおいて顕在化する言語の相違はその要因の一つとみられ、韓国の書店では脱北者向けの韓国語教材が販売されている。
11) 砂岡和子「セキュリティ資源としての中国のことばと文化」、砂岡和子・池田雅之編著『アジア世界のことばと文化』成文堂、2006年、所収、64-71頁参照。なお、この項の記述は田島英一「中国の言語政策──文字改革運動を中心に」『KEIO SFC REVIEW』No.5、所収、58-63頁に依拠するところが大きい。
12) 瀬川昌久「中国の漢族──世界最大の『民族』とその内部的多様性」、原尻英樹『世界の民族──「民族」形成と近代』放送大学教育振興会、1998年、所収、145-163頁；木内裕子「香港水上居民をめぐる漢族意識」『季刊・文化人類学』第5号、所収、164-171頁。
13) 辻伸久「香港の言語問題」、可児弘明編『香港および香港問題の研究』東方書店、1991年、所収、160-161頁。
14) 若林正丈「台湾の近現代と二つの『国語』」、村田雄二郎、C・ラマール編『漢字圏の

近代』東京大学出版会、2005年、所収、27頁参照。
15) 若林「前掲論文」28頁。
16) 東アジアの「英語化」に関する概括的な解説ついては、See: Braj B. Kachru, Asian *Englishes: Beyond The Canon*, Hong Kong University Press, 2005. また、マレーシアを事例にアジアの「英語化」とポストコロニアルなアイデンティティについて考察した吉野耕作「『英語化』とポストコロニアルなアジア――マレーシアの現場から見えた傾向」『思想』2002年1月号、所収、162-180頁が大変参考になる。
17) 日本と韓国の英語公用語論については、拙稿「日本と韓国の英語公用語論・再検討」、『社学研論集』第5号（早稲田大学）、2005年、所収において仔細に論じているので参考にされたい。
18) 韓国社会の「英語化」についての概説および筆者の見解については、拙稿「韓国の英語」、河原俊昭・川畑松晴編『アジア・オセアニアの英語』めこん、2006年、所収を参照されたい。
19) 辻伸久「前掲論文」156頁。一口に「アジア英語」と言っても、その実際の様態は多様であり、今後の研究深化が待たれる。社会の各セクターにおける二重言語併存の度合いと、個人レベルでの複数言語習熟水準は必ずしも比例するものではない。
20) 在日高齢者調査委員会編『在日コリアン高齢者生活実態調査』2004年。また、垣田裕介「介護保険制度下の在日コリアン高齢者――2003年大阪市生野区調査から」、『社会問題研究』（大阪府立大学）、第54巻第2号、所収、77-90頁。
21) 土佐昌樹『変わる韓国、変わらない韓国』洋泉社、2004年、161-163頁。
22) この論点については、河原俊昭編著『自治体の言語サービス』春風社、2004年；河原俊昭・野山広編著『外国人住民への言語サービス』明石書店、2007年、所収の拙稿および各論稿で論じているので参照されたい。また、慶應義塾大学が文部科学省選定の21世紀COEプログラム「日本・アジアにおける総合政策学先導拠点――ヒューマンセキュリティの基盤的研究を通して――」において、研究グループ「『ヒューマンセキュリティの基盤』としての言語政策」（代表・平高史也慶應義塾大学大学院政策・メディア研究科教授）を設置している。同グループは「言語がヒューマンセキュリティに資する大きなリソースであるという立場に立ち、多言語多文化社会において、社会の安定に貢献する人・ことば・ITによるネットワークがどのように構築されるかを探ること」を目的に掲げ、自治体の外国人住民への言語サービス政策の研究を推進していることは、本稿の関心から注目される。日本以外の東アジア諸国でも類似の問題が存在すると考えられるが、本稿では触れることができなかった。
23) 外国人の言葉の面での困難は、自己負担や自助努力（日本語社会に適応するための日本語学習や通訳の手配など）によって解決されるべき点も多い。しかし一方で、"在日外国人は日本語を学び、使うべきだ"といった一般論では解決しがたい問題も少なく

ない。たとえば、いわゆる「外国人集住都市」は、有力メーカーが主力工場を置く「モノづくり」の拠点となっている場合が多く、現在では外国人抜きの発展は考えられない。一定数の外国人は、日本に長期滞在し、工場やコンビニエンス・ストアのジャスト・イン・タイム（JIT）のような、現代日本の製造業や日本人の日常生活に深くかかわる局面にいる。このことを否定するなら、日本の産業構造や日常生活のあり方まで根本的な再検討が求められようが、外国人に一様に日本語能力を要求することは現実には不可能である。この点については、前掲拙稿「文化政策としての言語サービス」を参照されたい。

24) 日本における言語サービスは「外国人住民の理解可能な言語による日本社会の制度等に関する情報提供と相談活動」などと位置づけられているが（大学英語教育学会（JACET）言語政策研究会『日本の地方自治体における言語サービスに関する研究』（報告書）2000年、2頁）、厳密な定義や共通の政策・行動指針などが確立しているとはいえない。

25) Michael Krauss, "The World's Languages in Crisis", *Language* vol.68, no.1.

26) 『琉球新報』2002年6月3日付。方言の保存・継承に向けた活動を続けている沖縄方言普及協議会（宮里朝光会長）は、2002年6月から「沖縄方言新聞」（季刊）をスタートさせた。ラジオ沖縄の「方言ニュース」を担当する小那覇全人氏ら会員の文章や、地域における方言保存・継承の取り組みなどを紹介している。

27) *Ethnologue* による (http://www.ethnologue.com/)。*Ethnologue* は、SIL Internationalが世界3万9,000以上の言語、方言に関するデータをインターネット上で公開している巨大データベース。

28) この点については、ダニエル・ロング「小笠原諸島における言語接触の歴史」、『日本語研究センター報告』第6号（大阪樟蔭女子大学日本語研究センター）、1988年、所収、など参照。

29) 島田周平「地域概念の多重性と『人間の安全保障』」、東京外国語大学「地域研究による『人間の安全保障学』の構築」第1回国際シンポジウム「人間の安全保障　地域研究の視座から――いま『現地』に立ちもどって考える」2004年1月10日報告（http://www.aa.tufs.ac.jp/humsecr/report/040110shimada.html）。

30) 島田、同報告。

31) 重光哲明「南の市民社会による保健医療活動――『人間の安全保障』概念を考え直す」、勝俣誠『グローバル化と人間の安全保障――行動する市民社会』日本経済評論社、2001年、所収、260-261頁。

32) 日本の具体的活動としては、開発・人道援助の分野において、政府開発援助（ODA）各事業の実施機関である国際協力機構（JICA）が、機構改革の一環として「現場主義」、「効果・効率性、迅速性」とともに「人間の安全保障」を掲げている。ODAを

じめとする国際協力は、教育、保健、農業といった分野ごとに、あるいは専門家派遣や調査などの援助形態ごとに、細分化されて援助が行われる傾向にあったが、実際に援助を必要とする人々を取り巻くのはより複合的な課題・領域であり、その現実に人間中心の立場に立って対応してこそ援助の実効性を向上できるとの認識ある。また、冷戦構造の崩壊を契機として、「開発」と「平和」に対する包括的な取り組みが一層必要となっているということもある。

第3章

日米安全保障体制における「極東条項」と「同盟のディレンマ」
—— 現代日本の安全保障政策における「空間概念」の変容 ——

1. 問題の所在

　日米安全保障条約第六条には、「極東における国際の平和および安全の維持に寄与するため（for the purpose of ... the maintenance of international peace and security in the Far East）」という文言が掲げられている[1]。この文言は「極東条項」と呼ばれており、在日米軍が日本の施設・区域を使用する目的を規定する、日米安全保障体制の核となる概念である。

　戦後日本の安全保障政策において、極東条項はこれまで幾度となく政治問題化してきた。1960年2月、安保条約改訂をめぐる国会審議において「極東」の範囲が政治問題化したことから、日本政府は「フィリピン以北並びに日本及びその周辺の地域であって、韓国及び中華民国の支配下にある地域もこれに含まれている」とする統一見解を発表した[2]。以後、ベトナム戦争や日中国交正常化、日米安保再定義などをきっかけに、日米安全保障体制の適用範囲がこの「極東」の範囲から逸脱しているのではないかという議論が国会では繰り返されてきたである。

　なぜ、極東条項は政治問題化しつづけてきたのだろうか。先行研究は一次資料に基づいて、極東条項の成立プロセスを実証的に明らかにしてきた。豊下楢彦は、米国政府が旧安保条約に極東条項を挿入させた背景に統合参謀本部の対日不信感があったことを明らかにした[3]。また安保改訂期においても、坂元一哉は日米交渉で極東条項が再び採用されたプロセスを明らかにし、原彬久は「極東」の範囲が政治問題化したプロセスを明らかにした[4]。

本研究は先行研究を土台にしながら、極東条項が政治問題化してきた背景に「同盟のディレンマ」と呼ばれる現象があることに注目している。ミシェル・マンデルバウム（Michael Mandelbaum）は、非対称な同盟関係において、小国は大国が引き起こした戦争に「巻き込まれる恐怖」（entrapment）と自国が危機に瀕したときに大国に「見捨てられる恐怖」（abandonment）に苛まれることを指摘した[5]。グレン・スナイダー（Glenn H. Snyder）はゲーム理論によってこの現象を「同盟のディレンマ」として論理づけており、日米安全保障体制についても土山實男による先行研究がある[6]。

　あらゆる国家は国益に基づいて行動しており、たとえ同盟関係にある国家同士であっても、同盟の意義や役割に関する認識は必ずしも完全に一致しているわけではない。日米安全保障体制においても、日本政府は国際情勢の変化によって、米国の戦争に巻き込まれるという恐怖と米国に見捨てられるという恐怖の間を逡巡してきた。「同盟のディレンマ」はそのような同盟政治の現実に斬新な視点を提供した点で意義深いといえよう。

　しかし、先行研究は現在のところゲーム理論に基づく理論研究であり、「同盟のディレンマ」が日本の安全保障政策においてどのように影響を及ぼしてきたのか、さらには、現代日本の安全保障政策においてどのような意味合いを持っているのかについて、必ずしも十分な検討は行われていない。

　本稿では、極東条項が政治問題化するプロセスを通して、日米安全保障体制における「同盟のディレンマ」という現象を明らかにする。戦後日本の安全保障政策では、極東条項や空間概念が国会で政治問題化するたびに、日本政府が場当たり的な政策修正を行うということが繰り返されてきた。本稿では、このようなプロセスを「同盟のディレンマ」が日本の安全保障政策に影響を及ぼすパターンとして論じる。

　最初に、旧安保条約から新安保条約にかけて、極東条項が変容したプロセスを取り扱う。新安保条約の極東条項は、旧安保条約と文面上はほぼ同様であるものの、その意味合いは全く異なっていた。そのような極東条項の変容プロセスに「同盟のディレンマ」が影響を及ぼしていたことを明らかにする。

　第二番目に、日米安保再定義に伴って、極東条項に代わる新たな「空間概念」

が提起されるプロセスを取り扱う。日米安全保障共同宣言で「アジア太平洋地域」という新たな空間概念が使われ、また、周辺事態法において「周辺事態」という新たな空間概念が提示される中で、日米安全保障体制が「同盟のディレンマ」に苛まれる様子を明らかにする。

　最後に、9.11テロ後、米軍再編に伴って空間概念が「大きな転換」に差し掛かっていることを論じる。2004年、米軍再編に伴って米軍第一軍団司令部が座間へ移転するという計画に関して、外務省と防衛庁は鋭く対立した。このような「同盟のディレンマ」は依然として見られながらも、2005年の日米安全保障協議委員会（「2+2」）が「大きな転換」となる可能性があることを論じる。

2．日米安全保障体制における「同盟のディレンマ」の原点―極東条項の成立

(1) 旧安保条約における極東条項の挿入

　日米安全保障体制における「空間概念」の原点は、1951年に調印された旧安保条約における「極東条項」である。旧安保条約第一条には、在日米軍が「極東における国際の平和と安全の維持（international peace and security in the Far East）」および「日本国の安全（the security of Japan）」に寄与すると明記されており、新安保条約第六条とほぼ同じ論理構成となっている。

　しかし意外なことに、51年2月9日、日米交渉で初めて仮調印された安保協定案では極東条項に相当する文言はなかった[7]。在日米軍の役割は「専ら外部からの武力攻撃に対する日本国の防衛を目的とする（would be designed solely for the defense of Japan）」と定義されており、在日米軍が「日本国」以外の地域の安全に寄与することは規定されていなかったのである[8]。

　なぜ、極東条項は挿入されたのだろうか。豊下によれば、その背景には米統合参謀本部の強いイニシアティブがあったという[9]。本稿では、米国政府が極東条項を挿入することによって、日米安全保障体制が関与する範囲を拡大するという意図を持っていたことを指摘する[10]。

問題の端緒となったのは、2月9日の安保条約草案と共に合意された「日本国連合国間平和条約及び国際連合憲章第五十一条の規定に従い作成された集団的自衛のためのアメリカ合衆国および日本国間協定の補遺（以下、補遺と略す）」という文書だった。この補遺では「国際連合の軍隊が朝鮮でなおも作戦行動中の場合、本条約発効後も依然と同じく、（中略）日本を通過することを引き続き支持するものとする」と記されていた[11]。

　しかし、統合参謀本部は朝鮮戦争が中国本土などに拡大する可能性を憂慮して、この補遺を厳しく批判した。統合参謀本部は同年4月9日に作成された「中間報告」の中で、「補遺によって極東における現在の軍事作戦を不当に制限される」ことは問題であるとして、「紛争が中国本土（満州を含む）、台湾、ソ連、および公海に拡大する可能性を考慮に入れていない」ならば、「統合参謀本部は軍事的観点から、いかなる場合においても補遺を受け入れることはできない」と論じたのである[12]。

　以後、統合参謀本部は朝鮮戦争が「朝鮮以外の極東区域に拡大する可能性を考慮に入れていない」として、「中国本土（満州を含む）、台湾、ソ連、および公海を含む極東での軍事作戦」において在日米軍基地が使われるべきだという主張を行っていった[13]。そして、米国政府は同年7月17日、「極東—中国本土（満州を含む）、ソ連、公海上での作戦を含む—」の軍事作戦のために、旧安保条約に極東条項を挿入するという勧告を承認したのである[14]。

　このような過程を経て、同年7月30日、サンフランシスコ講和会議（9月4日〜8日）をわずか1ヶ月後に控えて突然、米国政府は極東条項の挿入を主張することとなった[15]。日本政府がこの提案を承諾したことによって、旧安保条約第一条には、在日米軍の目的として、「日本国の安全」とともに「極東における国際の平和と安全の維持」が追加されることとなった。これが極東条項の挿入である。

　この日米交渉において、極東条項が具体的にどのような範囲を指すかについて協議されることはなかった。しかし、統合参謀本部は朝鮮戦争が他の地域に拡大する可能性に言及しながら、「極東」を「中国本土（満州を含む）、ソ連、公海上での作戦を含む」と定義していることから、極東条項は米国政府にとっ

て日米安全保障体制が関与する範囲を拡大する意味合いだったと言えるだろう。

　他方で、日本側は極東条項の挿入を重大な変化であるとは認識していなかった。当時の西村熊雄条約局長も「十分な考慮を払わないで、『同意あって然るべし』との結論を総理に上申したことは、今日に至ってなお事務当局として汗顔の至りである」と証言しており、政府の認識が希薄であったことを認めている[16]。このような認識の相違が、安保改訂に伴って「同盟のディレンマ」を生むこととなるのである。

(2) 新安保条約をめぐる「同盟のディレンマ」

　極東条項は新安保条約において、全く異なる意味合いへと変化することとなる。日本政府は新安保条約をめぐる日米交渉において、米国政府が主張した「太平洋地域」を受け入れず、極東条項を再び採用することを主張した。そして、日本政府が米国政府と協議することなく「極東」の範囲を定義したことによって、極東条項は日米安全保障体制の適用範囲を制限する意味合いへと代わったのである。

　米国政府が日米安全保障条約の改訂に踏みきった背景には、日本国内の反米感情の高まりがあった。重光葵外相は55年8月にジョン・フォスター・ダレス（John Foster Dulles）国務長官と会談を行い、日米安全保障条約は米国が他国と締結している条約と比べて不平等だとして、安保条約を改訂しなければ、国内の左翼勢力や野党が反米感情をあおるだろうと主張した[17]。

　この日米交渉では重光外相の提案は拒否されたものの、57年1月30日、相馬が原演習場で米兵が農婦を射殺するというジラード事件が発生したことから、米国政府内では徐々に反米主義に対する危機感が高まっていった。そして58年1月12日、那覇市長選で反米的な民主主義擁護連絡協議会の兼次佐一が当選したことから、ダグラス・マッカーサーⅡ世駐日大使（Douglas MacArthur Ⅱ）が安保条約の改訂を国務省に打診し、米国政府に受け入れられることとなったのである。

　このような過程を経て、米国政府が同年10月4日、日米交渉で提出した新安保条約の草案では、旧安保条約で使われていた「極東」の代わりに、新たにハ

ワイやグアムなどを加えた「太平洋地域」という新たな空間概念が採用されていた[18]。

しかし、日本政府は「極東」の代わりに「太平洋地域」を受け入れることを頑なに拒否した。日本政府は同年11月26日、米国政府に「太平洋地域」を用いることは困難であるとの見解を伝えている[19]。このような日本政府の方針は以後も一貫しており、藤山愛一郎外相は59年6月9日にも、「太平洋地域」を入れれば日本の義務が無制限に拡大したと攻撃されかねないとマッカーサー駐日大使に訴えている[20]。

このような状況で最終的に米国政府が譲歩し、日米両国は同年6月18日、空間概念を「太平洋地域」ではなく「極東」とすることで合意した[21]。その結果、新安保条約第六条では「日本国の安全に寄与し、並びに極東における国際の平和及び安全の維持に寄与するため、アメリカ合衆国は、その陸軍、空軍及び海軍が日本において施設及び区域を使用することを許される」と規定されたのである。

この日米交渉では極東条項が再び確認されたものの、日米両国は「極東」が具体的にどの範囲を指すのかについて議論を行うことはなかった。しかし、新安保条約をめぐる国会審議で「極東」の範囲が政治問題化することとなる。

60年2月8日の衆議院予算委員会において、社会党の横路節男議員は極東条項が具体的にどの地域を指すのかという質問を行った。藤山愛一郎外相は極東の範囲を「フィリピン以北、日本の周辺を『極東』と考えている」と答弁したものの、横路議員は59年11月に藤山外相が行った答弁から「中国の沿岸、沿海州」が抜け落ち、食い違っている点を厳しく追及したのである[22]。この問題はメディアでも大きく取り上げられ、野党のみならず与党内からも批判が噴出した[23]。

そこで、日本政府は同年2月26日、最終的に極東の範囲を「フィリピン以北並びに日本及びその周辺の地域であって、韓国及び中華民国の支配下にある地域もこれに含まれている」とする統一見解を発表することとなったのである[24]。この「極東」の範囲には共産主義国は入っておらず、日本政府は日米安全保障体制によって米国の戦争に巻き込まれることはないという論理付けを行おうと

したのである。

　このように、日本政府の場当たり的な政策によって、極東条項は「フィリピン以北並びに日本及びその周辺の地域であって、韓国及び中華民国の支配下にある地域もこれに含まれている」という具体的な定義を与えられ、極東条項は日米安全保障体制の適応範囲を拡大する意味合いから、制限する意味合いへと大きく転換させられたのである。

　以後も、極東条項が政治問題化したことによって、日本政府が場当たり的な政策の修正を行い、その結果、日本の安全保障政策に重大な齟齬が残る、という「同盟のディレンマ」のプロセスは繰り返し現れることとなる。

3. 冷戦終結後の日米安全保障体制における新たな空間概念

(1) 新ガイドラインにおける「アジア太平洋地域」と「周辺事態」

　冷戦の終結は国際関係を大きく揺るがすと共に、日米安全保障体制の「空間概念」にも重大な影響を及ぼした。日米両国は冷戦終結後も日米安全保障体制を維持することに合意し、日米安全保障体制はソ連という脅威を前提とした「五条事態」から、極東の平和と安定という「六条事態」へとその重点を移し、地域の安全保障に主たる役割を担うこととなったのである。

　しかし、日米安全保障体制が地域の安全保障を担う上で、「極東」が「フィリピン以北並びに日本及びその周辺の地域であって、韓国及び中華民国の支配下にある地域もこれに含まれている」と定められていることは、中国との関係から問題化する可能性があった。そこで、日米両国は「極東」に代わる新たな空間概念を提示することとなる。

　96年4月17日、橋本龍太郎首相とビル・クリントン（Bill Clinton）大統領は日米安全保障共同宣言を発表し、日米同盟が冷戦期において「アジア太平洋地域の平和と安全」に役立ち、今後も「この地域の力強い経済成長の土台であり続ける」ことを高らかに宣言した[25]。そのうえで、「日本周辺地域」で発生した事態について「日米間の協力に関する研究」や「日米間の政策調整」を促進

するために、旧ガイドラインの見直しを行うことを明らかにしたのである。

　この共同宣言で最も注目されたのは、「アジア太平洋地域」という概念が提起されたことであった。日米両国は「アジア太平洋地域」という新たな空間概念を使用することによって、日米安全保障体制がもはや「極東」の範囲に制限されないことを明確に示したのである。

　このような空間概念の変化に対して、マスコミの反応は大きく割れた。『読売新聞』は、共同宣言を「長期的視点を踏まえた第二の安保改定」であると高く評価し、「日米両国の将来の安全と繁栄がアジア太平洋地域の将来と密接に結びついている」ため、「国際社会は歓迎」するだろうと論じた[26]。

　他方『朝日新聞』は、日米安保共同宣言を「安保体制の広域化と、極東有事の協力態勢の整備を二本の軸」とする「安保条約の実質的な改定」であるとして、「安保体制はいつの間に『アジア太平洋』という、広大で、範囲があいまいな地域に在日米軍を展開させ、それを日本が支援するという仕組みに変わってしまったのか」として、「首相は、宣言文書の詳細な意味と、これまでの日米協議の経過を、国民の前に明らかにすべきである」と主張している[27]。

　これら報道においては、日米安全保障共同宣言が空間概念の変化という点で「第二の安保改訂」だったとの認識で共通しており、新ガイドラインで新たな空間概念が具体的にどのように取り扱われるのかが焦点となっていったのである。

　その後、日米両国は実務レベルで作業を進め、97年9月、日米安保協議委員会で「日米防衛協力のための指針（新ガイドライン）」の最終報告が了承された[28]。新ガイドラインでは、日米同盟が「日本の安全の確保にとって必要不可欠なものであり、また、アジア太平洋地域における平和と安定を維持するために引き続き重要な役割を果たしている」ことが確認されるとともに、日本有事のみならず日本の領域外において、日本が米国に支援・協力する仕組みが作られたのである[29]。

　このような中で問題になったのは、周辺事態法だった。周辺事態法は日本の領域外における日米の防衛協力を規定した法律であり、これまで使われてきた「極東」ではなく、「周辺事態」という新たな概念を用いていた[30]。この「周辺事態」は「日本の平和と安全に重要な影響を与える事態」であり、「地理的なも

のではなく、事態の性質に着目したもの」であると規定されており、この説明が野党から厳しい批判を受けることとなる[31]。

社民党の及川一夫議員は、同年10月3日の参議院本会議で、「周辺事態が、政府説明によると、地理的概念ではなく性質に着目した概念であると言い、ではどんな性質かと問うと、日本の平和と安全に重要な影響を与える事態などの説明が返ってきます。これでは何か隠していると言わざるを得ない」とした上で、「新ガイドラインが日米安保条約の枠内であることをうたっている以上、日本周辺とは、政府がこれまで地域の概念として何回も説明してきた極東ではないのでしょうか。これでは自衛隊の行動範囲がどこまで広がるのか、国民が不安を感ずるのは当然」であると論じている[32]。

このような批判はマスコミでも展開された。同年10月4日の『朝日新聞』社説は、「『周辺事態』とは何か。自衛隊の米軍への協力は具体的にどこまで認められるか。橋本首相は『周辺事態の認定は、日米それぞれが主体的に判断する』と答弁したが、それで問題が解消されるわけではない。来年の通常国会にかけ、特別委員会を設けるなどして、徹底した討議が必要だ」と論じている。また、同年10月21日の『毎日新聞』社説も、「新指針は周辺事態について『日本の平和と安全に重要な影響を与える事態』と規定している。しかし、ではだれが周辺事態と認定して、どんな事態になれば日米防衛協力が具体的に始まり、どの程度まで日本は協力するのか−などは依然として不透明だ」と論じている[33]。

そして、この「周辺事態」は奇しくも、安保改訂の際に中国が「極東」の範囲に入るかが問題になったのと同じように、中国との関係で再び政治問題化することとなる。

(2) 周辺事態をめぐる「同盟のディレンマ」

日米安保再定義のプロセスにおいて、日米両国は中国を刺激しないことを強く意識していた。日米安保共同宣言では、「この地域の安定と繁栄にとり、中国が肯定的かつ建設的な役割を果たすことが極めて重要である」として、「中国との協力を更に深めていくことに関心を有する」ことが強調されていたのである。

しかし、97年8月、梶山静六官房長官が「（新ガイドラインに中国と台湾の

紛争は）当然入る。われわれは中国が台湾を武力解放することには大変な懸念を持っている」と発言したため、中国外交部は厳しく抗議し、この問題は懸案事項となっていった[34]。

このような懸念は高野紀元北米局長の「周辺事態」に関する発言によって現実のものとなる。98年5月22日の衆院外務委員会で、民主党の玄葉幸一郎議員が米軍に対する後方支援の活動範囲は極東及び極東周辺と考えてよいのかという質問を行ったところ、高野北米局長は極東あるいは極東周辺を「概念的に超えることはない」と発言した上で、「周辺事態というのは日本の平和と安全に重要な影響を与える場合でございますから、いわゆる安保条約でいう極東の範囲で起きたことが、ではすべて周辺事態に当たるかというと、それはそうはならない」と答弁したのである[35]。

この高野北米局長の発言は、従来の政府見解を覆すものではなかった。確かに、高野北米局長がこの答弁を行ったことによって、新ガイドラインがその範囲に制約を持つと受け止められる可能性はあった。『読売新聞』はこの点を「新ガイドラインの対象範囲をある程度限定する政府の見解を公式に示したもの」であると報じており、高野北米局長の答弁は一歩踏み込んだ内容となっていたのである。

しかし重要なのは、高野北米局長が「概念的に極東と極東周辺を超えることはない」と発言したのは、日米安全保障体制の適用範囲が拡大しないことを示すためだったことである。高野北米局長は答弁の中でも、極東や極東周辺で起きたこと全てが周辺事態にはなるわけではないと明確に述べており、日米安全保障体制の範囲が拡大しないことを強調している。

ところが、この点についてメディアの報道は必ずしも適切なものとはいえなかった[36]。『朝日新聞』は「政府はこれまで、周辺事態について『日本の平和と安全に重要な影響を与える事態であり、地理的概念でない』と説明してきたが、今回の見解はこれを変更し、地理的な範囲に初めて言及するものだ」と論じ、「政府は『極東』には台湾も含まれるとの見解をとっている」ため、「新見解は、『台湾問題は内政問題だ』とし、日米安保の対象範囲とすることに反対してきた中国の強い反発を招く可能性がある」と報じたのである[37]。

このような報道によって、高野北米局長はあたかも、周辺事態は「極東」とほぼ同じであり、台湾問題にも周辺事態法が適用される、と述べたかの印象が強まっていった。当初、中国政府は江沢民国家主席が9月に訪日を控えていたこともあり、高野北米局長の発言について論評することはなかった。また、全国人民代表大会の李鵬常務委員長が同年5月25日に村山富市前首相と会談した際もこの問題に言及することはなかった。

しかし翌26日、『解放軍報』では、高野北米局長の発言は「中国の主権と内政に関するほしいままの干渉であり、絶対受け入れることはできない」との社説が掲載されたあと、中国側の批判は次第に強くなっていった[38]。同日、朱邦造報道局長が定例会見で「日本側が公然と中国の内政に干渉したことに強い憤慨の意を表す」と批判し、同年5月27日には、徐敦信駐日大使が自民党の山崎拓政調会長との会談で「わが国は高野紀元北米局長の国会答弁に非常に反発している。（周辺事態の範囲に）台湾および台湾海峡が含まれるなら断固、反対する。あいまいにせず、はっきり除外すると言ってほしい」と述べている[39]。

このような状況下において、日本政府内でも高野北米長官の発言に対する批判が強まっていった。久間章生防衛庁長官が同年5月26日、「極東はわかっているが、極東周辺はどこなのか答えられるのかどうか。答えられないような、あいまいなところを超えるとか超えないとか言うのは不正確だ。正確には日米安保条約の枠を超えることはないと言うべきだ」と発言したのである[40]。

同年5月28日、このような事態を受けて、谷野作太郎駐中国大使は王毅外務次官補と会談し、周辺事態については「地理的概念ではなく事態の性質に着目した概念である」と述べ、高野北米局長の発言は「それを何ら変更するものではない」と説明した[41]。日本政府は結局、98年7月の人事で高野氏を外務省研修所所長に異動させて事実上更迭することで、事態の収束を図ったのである[42]。

以上より、周辺事態法の審議過程においても、「周辺事態」が国会で政治問題化することによって、日本政府が場当たり的な政策の修正を行い、その結果、日本の安全保障政策に重大な齟齬が残る、というプロセスが展開された。そして、本来責任はないはずの高野北米局長が更迭されたことによって、この問題に取り組むハードルは徐々に上がっていったのである。

4. 9.11テロ後の日本の安全保障政策における「同盟のディレンマ」

(1) 米軍再編と極東条項

2001年9月11日に米同時多発テロ（9.11テロ）が発生した後、新たな空間概念が米軍再編に伴って再び政治問題化することとなる。ジョージ・ブッシュ大統領（George W. Bush）は就任直後から、冷戦終結後の新たな戦略状況に対応して、国防政策を包括的に見直す作業を進めさせてきた[43]。一貫して重視されたのは、北東アジアと欧州の主要基地を維持しつつ、機動的かつ柔軟的な米軍配備を目指すことであり、同年10月に発表された「4年毎の国防計画の見直し（QDR）」では、「中東から北東アジアにかけての不安定の弧（Arc of Instability）に沿う、特にベンガル湾から日本海にかけての地域」において、「強大な資源基盤を有する軍事的競争相手が出現する可能性」があり、また、「大量破壊兵器を所得する可能性を有する国などが存在している」との新たな脅威認識が指摘されたのである[44]。

このような脅威認識に基づいて、2003年11月24日にブッシュ大統領が発表した「全世界的な軍事態勢の見直し」では「ならず者国家、グローバルなテロ、大量破壊兵器の拡散といった新たな脅威」に対応するために、米国では「全世界的な軍事態勢を再編することが課題になっている」ことが指摘された。その上で、「米国では、議会や同盟国と海外における米軍の体制見直しに関する協議を強化する」ことが高らかに宣言されたのである[45]。

日米間では米軍再編に伴う協議は継続して行われてきた。2002年12月16日に行われた日米安全保障協議委員会（2+2）の共同発表では、「新たな安全保障環境での日米両国の防衛態勢を見直す必要性を踏まえて、両国の役割・任務、兵力と兵力構成といった問題を議論する」ことが確認された[46]。再編の具体的な計画として、在沖縄海兵隊の移転や、横田基地所在の第5空軍司令部とグアム所在の第13軍司令部の統合、在厚木海軍基地の岩国移転など、様々な計画が報道されたものの、これらの中でとりわけ注目されたのが、ワシントン州フォートルイスの陸軍第一軍団司令部を座間へ移転させるという計画だった。

この時期、日米関係は「これまでにない最高の状態」と評されるほど良好であり、日本政府は米軍が機動性や柔軟性を確保する上で座間への司令部移転が重要であるとの認識は共有していた[47]。しかしにもかかわらず、日本政府は2004年9月20日にワシントンで行われた日米の局長級会談で、司令部を移転させることは政治的に困難であると米国政府に伝えたのである[48]。なぜ、日本政府は司令部の移転を拒否したのだろうか。その背景には、極東条項の整合性の問題がある。

　日本政府内では、新しい国際環境の下で新たな日米安全保障共同宣言を採択して極東条項を乗り越えるべきだとする防衛庁と、極東条項を見直すことは政治的に困難であるとする外務省との認識に大きなギャップがあった[49]。防衛庁は今後も極東条項の枠内で日米安全保障体制を運用していくことは不可能であり、極東条項を柔軟に対応すべきだとの認識を持っていた。大野功統防衛庁長官は同年10月15日の記者会見で、極東条項について「柔軟に解釈してもいいのではないかという意見も分からなくない」と発言していた[50]。

　しかし、外務省や内閣官房はそのような認識を持っていなかった。内閣官房は「極東」の範囲が制限されていることを重視し、司令部の座間移転は極東条項との整合性から困難であるとの見解を米国側に伝えたのである。細田博之官房長官は同年10月19日に行われた記者会見で「極東条項についても見直すことは考えていない」として、極東条項を「変更しなければならないような条件下での交渉は行っていない」ことを明らかにしていた[51]。また、小泉純一郎首相も同年10月14日の衆議院代表質問で、在日米軍の再編問題について「見直しは日米安保条約第六条を含め、同条約の枠内で行われる」と述べており、極東条項を改正する意図がないことを明らかにしていたのである[52]。

(2) 米軍再編と「同盟のディレンマ」

　このような状況で、極東条項は再び政治問題化することとなる。同年10月20日の参議院予算委員会において、舛添要一議員が「極東条項に背反するんじゃないかという批判も出ておりますけれども、防衛庁長官、極東条項についての政府の統一見解をお示しください」と質問したところ、大野防衛庁長官は「私

の個人的な見解」としながらも極東条項の見直しを示唆する答弁を行った[53]。この答弁をマスコミがいっせいに報じたため、政府は混乱を避けるために、翌21日の参議院予算委員会で統一見解の発表を余儀なくされたのである。

この統一見解では「在日米軍の兵力構成の見直しは安保条約、関連取り決めの枠内で行われるのは当然であり、極東条項の見直しは考えていない」ことが明示され、極東条項における極東の範囲についての見解は60年2月26日の政府統一見解と同一であることが確認された[54]。

このようにして、政府内では極東条項について議論しないことが合意されたものの、司令部の座間移転を認めるかについては、依然として見解の相違があった。福島みずほ議員はこの予算委員会で「日本政府の態度が極東ということについて概念を変えないのであれば、日本の中に米軍の司令部を持ってくることは日米安保条約の極東条項を超えて、許されない」と述べたのに対して、細田官房長官も「基本的にはそう考えています」と答弁し、陸軍第一軍団司令部の座間移転は認めないとの見解を示したのである。

しかし、細田官房長官は同年10月21日の記者会見で見解を修正した。米軍司令部の受け入れについて「司令部が具体的にどのような活動を行うかについては様々な可能性があり得るため、安保条約六条との関係を一概に申し上げることはできない」と述べ、司令部の活動内容が極東条項に抵触しなければ、座間への移転を受け入れる可能性があることを示したのである[55]。

このような過程を経て、米国政府は同年11月の日米審議官級協議において、司令部を座間に移転させた場合、司令部機能は極東有事に限定するという方針を提示したため、極東条項は変更しないで司令部を座間へ移転させることが決定された[56]。

以上より、極東条項が政治問題化することによって、日本政府が場当たり的な政策の修正を行い、その結果、日本の安全保障政策に重大な齟齬が残る、というプロセスは新ガイドライン以後も変わることはなかったのである。

(3) 基盤的防衛力構想と日米安全保障協議委員会

このように現代日本の安全保障政策は依然として「同盟のディレンマ」に苛

まれているといわざるを得ないものの、近年、状況は変化しつつある。例えば、これまで日本の安全保障政策は「軍事的脅威に直接対抗するよりも、自らが力の空白となって我が国周辺地域の不安定要因とならないよう、独立国としての必要最小限の基盤的な防衛力を保有する」という「基盤的防衛力構想」に基づいてきた[57]。しかし、2004年12月に発表された「平成17年度以降にかかる防衛計画の大綱について」(新防衛大綱) においては、今後の防衛力は「新たな安全保障環境の下、『基盤的防衛力構想』の有効な部分は継承」しながらも「新たな脅威や多様な事態に実効的に対応」できるものにする必要があると明記されたのである[58]。大野功統防衛庁長官は「基盤的防衛力構想」からの脱却について「従来型の抑止力は必要最小限必要」であるものの、脅威がミサイルやテロなどと多様化しているため新たな対処が必要であると述べている[59]。

このような状況を日本の安全保障政策の大きな変化であると見る専門家も多い。神保謙は、それまでの基盤的防衛力構想の見直しに踏み切ったことについて、「かつての限定された空間での静的な防衛構想から、地域及びグローバルな安全保障環境と日本の安全保障政策が動的な結びつきを深めていくことを意味している」と論じている[60]。

こういった視点を重視すれば、2005年2月19日に開催された日米安全保障協議委員会 (「2+2」) の意味合いは非常に大きいといえるだろう[61]。日米安全保障協議委員会の最大の特徴は、日米両国の「共通の戦略目標」を明確に示したことであった。委員会後の共同発表では「日米安全保障体制を中核とする日米同盟関係が日米両国の安全と繁栄を確保し、また、地域及び世界の平和と安定を高める上で死活的に重要な役割を果たし続ける」ことを確認するとともに、両国が「共通の戦略目標を追求」するために緊密に協力する必要があると論じたのである[62]。

このような「共通の戦略目標」という言葉はこれまで使われたことはなく、国会やマスコミでもこの点が大きく注目された[63]。各メディアが注目したのは、「共通の戦略目標」に「中国が地域及び世界において責任ある建設的な役割を果たすことを歓迎し、中国との協力関係を発展させる」ことや「中国が軍事分野における透明性を高めるよう促す」ことに加えて、「台湾海峡を巡る問題の対話

を通じた平和的解決を促す」ことだった[64]。

しかしより重要なのは、この「共通の戦略目標」は「地域」に言及したものと「世界」に言及したものに分けられており、後者を強調することでグローバルな問題関心が明確に示されていた点である。「世界の共通の戦略目標」には、「日本の安全を確保し、アジア太平洋地域における平和と安定を強化するとともに、日米両国に影響を与える事態に対処するための能力を維持する」ことに加えて、「国際社会における基本的人権、民主主義、法の支配といった基本的な価値を推進する」ことや、「世界的な平和、安定及び繁栄を推進するために、国際平和協力活動や開発支援における日米のパートナーシップを更に強化する」ことなどが戦略目標として示されており、これまでよりも具体的にグローバルな問題関心が示されていた。これは、日米安全保障体制の規定する「極東」や日米安全保障共同宣言で示された「アジア太平洋地域」を越えて、日米両国がよりグローバルな問題関心を共有することを確認したものといえるだろう。

このような流れを受けて、2005年10月29日、米国防省で日米安全保障協議委員会が開催された。この委員会では同年2月19日に合意された「共通の戦略目標」を達成する上での中間報告として、「日米同盟：未来のための変革と再編」が提示されている[65]。この文書は、日米同盟が「日本の安全とアジア太平洋地域の平和と安定のために不可欠な基礎」であることを強調しながら、「新たに発生している脅威が、日本及び米国を含む世界中の国々の安全に影響を及ぼし得る共通の課題」であるとして、日米同盟が今後「日本及び世界を含む世界中の国々の安全」に取り組むことが確認されたのである。

各新聞社は、この日米安全保障協議委員会を詳細に報道した。これら報道の最大の特徴は、この委員会がグローバルな問題関心という点で「大きな転換」になるという点を論じていることである。『読売新聞』は、「日米同盟の進化へ大きな転換点となるだろう。日本周辺での有事への対処や国際平和協力活動を進める日米協力の具体的な体制を確認したものだ。日米が緊密に連携し、効果的な作戦行動を展開するうえで、情報共有、共同運用など一体的な活動は欠かせない」と論じている[66]。

他方で『朝日新聞』は、「単なる米軍基地の移転や再配置にとどまる内容では

ない。内実は日米同盟のさらなる拡大、強化を目指すものだ。冷戦の終結後、日本防衛の比重が薄れ、アジア太平洋地域における日米安保の意義が強調されるようになった。自衛隊は『周辺事態』なら日本の領域以外の公海上でも米軍の後方支援ができるなど、役割が広がった。今回の中間報告は、こうした路線をさらに進めようというものだ。世界規模で展開される米軍の活動を支える。結果として、自衛隊が米国の世界戦略に組み込まれていく。これは日米安保の基本を変えるものであり、安保条約の改定に匹敵するほどの内容変更ではないのか」と報じたのである[67]。

5．結論

　これまで、日本の安全保障政策は「同盟のディレンマ」に苛まれ、グローバルな問題関心を持つことはできるだけ避けられてきた。そして、極東条項や周辺事態が国会で政治問題化することによって、日本政府が場当たり的な政策の修正を行い、その結果、日本の安全保障政策に重大な齟齬が残る、というプロセスは幾度となく繰り返されてきたのである。
　このような状況に冷や水を浴びせたのが北朝鮮の核実験だった[68]。2006年10月14日、北朝鮮が地下核実験の実施を発表した際、日本政府が周辺事態法を適用するかが注目された[69]。外務省は当初、北朝鮮の核実験を周辺事態に認定し、米軍が船舶検査を実施した場合、船舶検査活動法に基づいて米軍への後方支援を行うことを検討していたのである。
　外務省は既に同年10月11日の幹部会で、北朝鮮の核実験が統一見解で示された六類型のうち、「ある国の行動が国連安保理で平和に対する脅威と決定され、安保理決議に基づく経済制裁の対象となる場合」であるとして、周辺事態が認定できると判断していた[70]。このような判断から、麻生太郎外相は同年10月15日、NHKや民放の討論番組に出演し、北朝鮮の核実験発表によって周辺事態に認定することが可能だと主張し、周辺事態では米軍の後方支援や船舶検査への参加が可能になるとの見解を示した[71]。

しかし結果的に、日本政府は北朝鮮の核実験を周辺事態と認定するには至らなかった。なぜ、日本政府は周辺事態法の適用を見送ったのか。その背景には、これまでの議論に見られたような「同盟のディレンマ」によって、周辺事態法の適用は、政治的なハードルが高くなってしまったことがあるといえよう[72]。

先に述べたように、日本のマスコミは2005年10月の日米安全保障協議委員会がグローバルな問題関心という点で「大きな転換点」となると報じている。しかし重要なのは、現在の日本には日米安全保障協議委員会の合意を「大きな転換」にすべきという期待感と、「大きな転換」になってしまうという不安感とが共存していることである。

日本の安全保障政策にとって重要なのは、日米安全保障体制を地理的に縛り付けることではなく、グローバルな問題関心に対して、どのようにシビリアン・コントロールを働かせるかであろう。日本の安全保障政策は「同盟のディレンマ」に苛まれ、そのような議論が十分になされてこなかったのである。

日本の安全保障政策は不毛な定義論争を繰り返すのだろうか、それとも、グローバルな問題関心に基づく新たなグランド・デザインを提示するのだろうか。日米安全保障協議委員会の合意を本当の意味で「大きな転換」にすることができるかが問われている。

注
1) 日米安全保障条約に関連して調印された文書については、細谷千博・有賀貞・石井修・佐々木卓也編『日米関係資料集1945-97』(東京大学出版会、1999年)、460-503頁。
2) 『第三十四回衆議院日米安全保障条約等特別委員会議録第四号』(1960年2月26日)。
3) 豊下楢彦『安保条約の成立ミ吉田外交と天皇外交-』(岩波新書、1996年)、豊下楢彦『安保条約の論理―その生成と展開』(柏書房、1999年)を参照されたし。
4) 坂元一哉『日米同盟の絆―安保条約と相互性の模索』(有斐閣、2000年)、坂元一哉「安保改訂に於ける相互性の模索」日本国際政治学会『国際政治』第115号、1997年。原彬久『戦後日本と国際政治-安保改定の政治力学』(中央公論社、1988年)。
5) Michael Mandelbaum, *The Nuclear Revolution* (London: Cambridge University Press, 1981), pp.151-152.
6) Glenn H. Snyder, "The Security Dilemma in Alliance Politics," *World Politics*, Vol.36,

No.4, July 1984, pp.461-495. 土山實男「アライアンス・ディレンマと日本の同盟外交」『レヴァイアサン』第13号（1993年）、土山實男「同盟の終焉？－日米関係のゆくえ」猪口孝,P.グレヴィッチ,C.プリントン編『冷戦後の日米関係』（NTT出版、1997年）。

7) 仮調印された文書については、The Consultant to the Secretary (Dulles) to the Secretary of State, WASHINGTON, February 10, 1951, *Foreign Relations of the United States* (hereafter *FRUS*) *1951*, vol.6 (Government Printing Office (hereafter G.P.O.), 1977), pp.874-883.

8) 外務省条約局法規課『平和条約の締結に関する調書―1951年1～2月の第1次交渉』（1967年10月。以下、調書、等と略す）、65、207頁、Draft U.S.- Japan Security Treaty , July 10, 1951, *FRUS* 1951, vol. 6 (G.P.O. 1994), pp.1187-1188.

9) 豊下『安保条約の成立』を参照されたい。詳細については、明田川融『日米行政協定の政治史―日米地位協定研究序説』（法政大学出版局、1999年）。

10) この点については、拙稿「日米安全保障体制における「極東条項」の起源（1945－1951）―日本政府はなぜ、「極東条項」の挿入を受け入れたのか？―」『民主主義研究会紀要第30号』（民主主義研究会、2001年12月）、87－123頁。

11) J. C. S. 2180/11, Interim Report by the Joint Strategic Survey Committee to the Joint Chiefs of Staff on Japanese Peace Treaty,, (April 9, 1951), *Records of the Joint Chiefs of Staff*, Part2: 1946-53, The Far East (hereafter *RJCS 2*) [microform] (Washington D.C. : University Publications of America, 1979).

12) *Ibid.*

13) Memorandum for the Security of Defense, subject : Japanese Peace Treaty, 17 April 1951, CCS 092 (12-12-50), Section 2, JCS.

14) The Secretary of State to the United States Political Adviser to SCAP (Sebald), Washington, July 27, 1951-noon, *FRUS* 1951, vol.6, Part1, pp.1226-1227.

15) 西村熊雄『日本外交史27　サンフランシスコ平和条約』（鹿児島出版会、1971年）、149-150、172-173頁。新条文案は、United States- Japanese Draft of a Bilateral Security Treaty, *FRUS 1951*, vol.6, pp.1233-1234. 吉田・ダレス会談の全容については、『読売新聞』1982年9月20日を参照されたい。

16) 西村熊雄、前掲書、174頁。近年刊行された研究書でも、極東条項の評価として西村の発言を引用するものが多い。例えば、外岡秀俊・本田優・三浦俊章『日米同盟半世紀―安保と密約』（2001年、朝日新聞社）、76-77頁。

17) 重光ダレス会談については、坂元『前掲』、140-179頁。*Treaty of Mutual Cooperation and Security between Japan and the United States*, State Department, Central Files, 794. 5/2-1858, RG 59, National Archives.

18) 坂元『前掲』、237-239頁。新安保条約草案には、「太平洋地域において他方の行政管

理下にある領域又は地域に対する武力攻撃が、自国の平和と安全を危うくするものであることを認め、自国の憲法上の手続きに従って共通の危険に対処するように行動することを宣言する」と記されていた。Draft Treaty of Mutual Cooperation and Security between JAPAN and the United States, *FRUS* 1958-1960, vol.18, p.87.

19) Telegram From the Embassy in Japan to the Department of State, Tokyo, November 28, 1958, 6 p.m., *FRUS* 1958-1960, vol.18, pp.100-104.

20) *FRUS* : 1958-1960, Vol. 18, pp.120,133,137.

21) Telegram From the Department of State to the Embassy in Japan, Tokyo, June 16, 159, 7:30 p.m., *FRUS*, 1958-1960, vol.18, pp.196-197; Telegram From the Embassy in Japan to the Department of State, Tokyo, June 18, 1959, 8 p.m., *FRUS 1958-1960*, vol.18, 99. pp.196-200

22) 『第三十四回国会衆議院予算委員会議録第四号』、(1960年2月8日)、11頁。日本側の要求が受け入れられ、極東条項の意味内容は大きく変化した背景には、日本国内の「巻き込まれる恐怖」があった。59年3月9日には、社会党の浅沼稲次郎が中国で「米帝国主義は日中両国人民共同の敵」と挨拶し、3月28日には、社会党・総評などが日米安保改定阻止国民会議を結成するなど、日本国内では社会党が中立主義の度合いを高めていた。また、3月30日、東京地裁において、砂川事件に「米軍駐留は違憲」との判決(伊達判決)が下されるなど、日本における「巻き込まれる恐怖」は徐々に浸透していったのである。

23) 『朝日新聞』(1960年2月9日)。この点については、原『前掲』、338 - 378頁。

24) この点の論証としては、拙稿「安保改訂をめぐる『極東条項』の再確認・定義化―「巻き込まれる恐怖」の勃興 (1955-1960)」『湘南藤沢学会第1回発表大会論文集』(慶応義塾湘南藤沢学会、2003年2月)、55 - 68頁を参照されたい。『第三十四回衆議院日米安全保障条約特別委員会議録第四号』(1960年2月26日)。

25) 「日米安全保障共同宣言 - 21世紀に向けての同盟 - 」については、http://www.mod.go.jp/j/defense/policy/anpo/j960417.htm.

26) 『産経新聞』(1996年4月18日)。

27) 『朝日新聞』(2005年4月18日)。

28) 新ガイドラインでは、日本の行う活動は、日本領域外の「戦闘と一線を画する地域」においても実施されることが新たに盛り込まれており、旧ガイドラインでは日米安全保障条約第五条の日本防衛に重きが置かれていたのに対して、新ガイドラインでは第六条の「極東の平和と安全」に重きが置かれていると言えよう。「日米防衛協力のための指針」http://www.mod.go.jp/j/library/treaty/sisin/sisin.html.

29) この点については、森本敏「日米防衛協力ガイドラインと周辺事態法」『アジア地域の安全保障と原子力平和利用』(原子燃料政策研究会、1997年)。

http://www.qiuyue.com/gendai/guideline.htm。この新ガイドラインでは、日米の防衛協力を①平素から行う協力、②日本に対する武力攻撃に際しての対処行動等、③日本周辺地域における事態で日本の平和と安全に重要な影響を与える場合（周辺事態）の協力という三つのカテゴリーに分類して、それぞれの検討が進められた。そして、日本政府はこのガイドラインに沿って関連法の策定に取り組み、99年5月、「改正日米物品役務相互提供協定（ACSA）」「改正自衛隊法」「周辺事態法」が成立した。

30）周辺事態法によって、日米両国は（1）日米両国政府が各々主体的に行う活動における協力と（2）米軍の活動に対する日本の支援、（3）運用面における日米協力を行うことが定められた。具体的には、日米両国は被災地への救援活動や捜索・救難活動などを行うとともに、米軍は自衛隊施設及び民間空港・港湾の一時的使用が可能になり、日本政府は米軍に対して補給や輸送などの後方支援活動を行うことが規定されたのである。「周辺事態に際して我が国の平和及び安全を確保するための措置に関する法律」については、http://law.e-gov.go.jp/htmldata/H11/H11HO060.html。

31）周辺事態には中東は含まれないことが繰り返し説明されている。例えば、97年6月11日の衆議院外務委員会において、折田正樹北米局長は、周辺事態は「日本周辺地域における事態で日本の平和と安全に重要な影響を与える場合」であり、「日本周辺地域において日本の平和と安全に重要な影響を与えるような、実力の行使を伴う紛争を発生する場合」や、「国内の政治体制の混乱等により大量の避難民が発生している状況」、「日本の周辺地域内の特定国の行動であって、国際の平和及び安全の維持または回復のために経済制裁の対象となっているものが行われているような状況」が想定されており、「このような地域が例えば中東なんかを含むようなことは、現実問題としては想定されない」と発言している。『第140回衆議院外務委員会議録第19号』（1997年6月11日）。

32）『第141回参議院本会議会議録第3号』（1997年10月3日）。

33）その後もマスコミでは周辺事態の定義が問題であるとの議論が展開された。『朝日新聞』は「事後報告ではすまぬ　周辺事態」という社説を掲載し、「周辺事態とは何なのか。新規立法では、指針そのままのあいまいな表現を使い、どの地域の、どういう国々がかかわる紛争を対象とするかは、特定しないとしている。このことの危うさは、たとえば中台紛争に米軍が行動を起こしたときの日本の立場の難しさを考えれば、明らかである。多くの国民の懸念は、周辺事態の認定にあたって、日本政府が米政府の判断に引きずられ、なし崩し的に軍事協力が広がっていくのではないかということにある」と論じている。『朝日新聞』（1998年4月9日）。

この後も、『朝日新聞』は「『周辺事態』とは何だ―ガイドライン法案審議に」や同年4月21日の「修正は原点を踏まえよ『ガイドライン法案審議に』」などで、周辺事態の定義を問題であるとの社説を繰り返し掲載している。『朝日新聞』（1999年1月

26日)。

34) 97年8月17日テレビ朝日における梶山静六官房長官の発言については、『朝日新聞』(1997年8月18日)。また、これを受けた加藤紘一自民党幹事長の発言については、『朝日新聞』(1997年8月20日)。

　高野紀元北米局長の98年5月22日衆議院外務委員会における答弁に関しては、『第142回衆議院外務委員会議事録第十四号』。高野北米局長は中国の反発を受けたことから、このあと更迭されることとなる。この点については、伊奈久喜「ドキュメント 9.11の衝撃——そのとき、官邸は、外務省は」田中明彦編『『新しい戦争』時代の安全保障』(都市出版、2002年)、179-184頁。

35) 『第142回衆議院外務委員会議録第14号』(1998年5月22日)。

36) 『毎日新聞』は、日本周辺で有事が発生しても「日本の平和と安全に重大な影響を与えるもの」に該当しなければ、周辺事態には当たらないとする高野北米局長の発言も掲載している。『毎日新聞』(1998年5月23日)。

37) 『朝日新聞』(1998年5月23日)。

38) 『解放軍報』(1998年5月26日)。

39) 『朝日新聞』(1998年5月27日)。『産経新聞』(1998年5月28日)。

40) 『朝日新聞』(1998年5月26日)。

41) 『朝日新聞』(1998年5月29日)。

42) 『産経新聞』(1998年5月28日)。1997年8月17日テレビ朝日における梶山静六官房長官の発言については、『朝日新聞』(1997年8月18日)。また、これを受けた加藤紘一自民党幹事長の発言については、『朝日新聞』(1997年8月20日)。高野紀元北米局長の衆議院外務委員会における答弁に関しては、『第142回衆議院外務委員会議事録第十四号』(1998年5月22日)。高野北米局長は中国の反発を受けたことから、このあと更迭されることとなる。この点については、伊奈久喜「ドキュメント　9.11の衝撃——そのとき、官邸は、外務省は」田中明彦編『『新しい戦争』時代の安全保障』(都市出版、2002年)、179-184頁。

43) ブッシュ大統領は2001年2月13日、ノーフォーク海軍基地での演説でラムズフェルド国防長官に軍事戦略の見直しを行うように支持したことを明らかにしている。Remarks by the President to the Troops and Personnel, Norfolk Naval Air Statin, Norfolk, Virginia. (http://www.whitehouse.gov/news/releases/20010213-1.html) なお、この点については、川上高司『米軍の前方展開と日米同盟』(同文館出版、2004年)、112-113頁が詳しい。

44) 2001年10月に発表されたQDRでは、「中東から北東アジアにかけての不安定の弧 (Arc of Instability) に沿う、特にベンガル湾から日本海にかけての地域」において、「強大な資源基盤を有する軍事的競争相手が出現する可能性」があり、また、「大量破

壊兵器を所得する可能性を有する国などが存在している」ことが指摘されていた。このQDRが発表される直前に、世界貿易センタービルと国防省に対する9.11テロが発生していたこともあり、米国政府は、冷戦終結後の新たな戦略状況に対して、即座に対応する必要に迫られた。

45) Statement by the President (http://www.whitehouse.gov/news/releases/2003/11/20031125-11.html). November 2003 Military News (http://www.globalsecurity.org/military/library/news/2003/11/index.html)を参照されたい。

46) http://www.mofa.go.jp/mofaj/area/usa/hosho/kyogi_021216.html。

47) 陸軍第一軍団司令部を座間へ移転させるのかについて、リチャード・コーディ参謀次長は「日本を含めアジア太平洋地域における全ての米陸上部隊を総括的に指揮統制する『準統合軍司令部』機能を持たせる」ことを明らかにしている。米軍は、陸軍第1軍団、第7艦隊（母港は横須賀）、第5空軍（司令部は横田）、第3海兵遠征軍（司令部は沖縄）の司令部に対し、事態に即して編成される小規模な統合部隊を指揮する機能をもたせることを計画しており、陸軍第一軍団司令部の座間移転が実現すれば、司令部は広範囲にわたる「不安定の弧」全体の指揮運用を統括する見込みになっている。この点については、長島昭久『日米同盟の新しい設計図—変貌するアジアの米軍を見据えて（第二版）』（日本評論社、2004年）、129-132頁を参照されたい。

48) 局長級会談には、外務省の海老原紳北米局長と防衛庁の飯原一樹防衛局長が出席し、国防総省幹部らに伝えたと伝えられている。『朝日新聞』（2004年10月7日）。

49) 『日本経済新聞』は、このことを「米軍再編絡み議論、「極東」巡りズレ鮮明——防衛庁、枠超え協力、外務省、国内基本」と報じている。『日本経済新聞』（2004年10月21日）。

50) 『朝日新聞』（2004年10月15日）。『朝日新聞』（2004年10月17日）。

51) 『朝日新聞』（2004年10月10日）。

52) 『毎日新聞』（2004年10月15日）。

53) 大野防衛庁長官が実際に行った答弁は以下のとおり。「仮に日本のどこかに、例えばアメリカの本土から司令部が来る、こういう場合でも何らそれは問題がないんじゃないかということは、まだ統一見解としては出しておりませんけれども、これからそういう、私はもうそういう問題を、今申し上げるのは、申し上げたいのは、世界全体の中で日本はどうあるべきか、こういう問題であって、決して、それが日本のための安全であれば、安全ということであれば、私は、これは私の個人的な見解です、まだそういう点についてきちっと議論はできていないと思います、日本にあってもいいのではないか、これは正に私の個人的な見解として申し上げたいと思います」『第161回参議院予算委員会議録第2号』（2004年10月20日）。

54) 『第161回参議院予算委員会議録第3号』（2004年10月21日）。

55)『朝日新聞』（2004年10月22日）。
56)『日本経済新聞』（2004年10月18日）。コリン・パウエル国務長官は『朝日新聞』のインタビューで、極東条項について「米側はいかなる解釈変更も、求めてはいない」と述べた。『朝日新聞』（2004年10月25日）。その後、外務省が極東条項に関する見解をまとめたことが報道された。『朝日新聞』（2004年11月12日）、『産経新聞』（2004年11月14日）。『朝日新聞』が報道した「米軍再編巡る外務省見解」は以下を参照されたい。

1、基本は、実態として日本及び極東の安全に寄与しているか否かで判断される。
2、「実態として寄与している」とは、条約の規定上一義的に定まっているわけではない。個別具体的な活動を上記の基準に照らして判断するしかない。他方、政府はこれまでも（1）ＮＡＴＯ（北大西洋条約機構）向けの戦車の修理は認められない（2）太平洋全域の補給基地にはなれない。しかし、（3）（域外の）偵察、情報収集については（極東と）無関係とは言えないとの答弁を行っており、また、（4）極東と関係ない地域の安全確保を目的とする戦闘作戦行動を我が国の基地から行うことは認められない、との整理を行ってきている。しかし、（5）域外に及ぶ指揮命令については、第七艦隊等について、日本及び極東の安全に資するという実態がある以上、域外の指揮命令権限を持っていても問題ないとの答弁を行っているものの、その意味するところについては掘り下げられていない（6）逆に、域外を対象とする指揮命令活動は認められない、との説明は行ったことはない。
3、域外に及ぶ活動のうち移動に関連して、（1）ヒトとモノの移動、すなわち、兵員及び装備（艦船、航空機等）その他の物資の域外への単なる移動（戦闘作戦行動としてのものに対比して）は、軍隊の特性上問題ない、と説明してきている（2）移動後の活動については、日米安保条約の関知するところではない、と整理している（3）モノの移動と域外への補給との差異ないし関係については必ずしも明確ではないが、大量ないし恒常的に行うことは問題がある（散発的ないし少量であれば差し支えない）との整理を行ってきている。しかし、（4）ヒトや装備の移動も（第7艦隊のごとく）、定期的、恒常的に域外に出ていくのは認められないのか、ということについては問題とはなっていない。
4、以上の考え方を通じて言えることは（1）恒常的かつ大規模な形態で域外のための活動を行うことは認められない。しかし、散発的ないし小規模であれば域外のための活動も差し支えない。ただ、頻度や規模について基準があるわけでもなく、また、第7艦隊などのように、相当規模で相当期間にわたり定期的に域外活動を繰り返しているものは認められないのか、ということになりかねないが、要は、こうした答弁の趣旨は、在日米軍基地を使用して我が国及び極東の安全に寄与しているという「実態を実質的に損なわない限り」、域外のための活動も差し支えない、と判断していると説

明できると思われる (2) ただし、域外の安全を目的とする戦闘作戦行動を我が国から行うことは認められない。
5、以上を踏まえて、広域の指揮命令活動(極東を大きく超える地域における作戦を指揮する活動)について整理すると、以下のとおり。(1) 基本は、実態として日本及び極東の安全に寄与しているか否かで判断すべき問題である (2) 少なくとも、もっぱら、極東と無関係の地域の安全のための指揮命令活動のみを我が国で行うことは認められない (3) さらに、域外のための指揮命令活動を行う結果として、日本及び極東の安全に寄与する指揮命令活動が実質的に行い得なくなる、ないし大幅にその機能が損なわれるような場合には、そのような域外指揮命令活動は認められない (4) いずれにせよ、域外の安全確保を目的とする戦闘作戦行動であって、我が国から行うものの指揮命令活動は認められない。

57)『平成8年度以降に係る防衛計画の大綱』
http://www.mod.go.jp/j/library/archives/keikaku/dp96j.htm.
58)『平成17年度以降に係る防衛計画の大綱』
http://www.mod.go.jp/j/defense/policy/17taikou/taikou.htm.
59) 大野防衛庁長官の発言は以下のとおり。「従来型の抑止力は必要最小限必要でありますけれども、それに加えて、やはり所構わず抑止力なんか考えずに発生するテロ、こういう問題はきちっと対処していかなきゃいけない。この対処の仕方として、一つは国際協力の問題がありますし、もう一つは日本自体としてそういう脅威が出てきた場合はきちっと機能して対応していかなきゃいけない。ですから、脅威が、一つは脅威がミサイルからテロ、ゲリラに多機能、多様化している、それに対して多機能な防衛力が必要である」『第162回参議院外交防衛委員会会議録第4号』(2005年3月29日)。
60) 神保謙「『国際貢献』から『国際安全保障環境への改善』へ—日本の新しいグローバル・エンゲージメント」『世界週報』vol.86 no.43 (時事通信社、2005年11月)、14-17頁。また、このような空間概念の変化を取り扱った研究として、拙稿「米軍再編と『極東条項』のパーセプション・ギャップ (2004)—米陸軍第一軍団司令部の座間移転問題を中心に—」『国際情勢季報第75号』(国際情勢研究会、2005年2月)、177-192頁。
61) 米国側の出席者は、ラムズフェルド国防長官、ライス国務長官、シーファー在京米国大使、ローレス国防副次官、ライト在日米軍司令官など。日本側は、町村外務大臣、大野防衛庁長官、加藤駐米大使他など。「日米同盟:未来のための変革と再編」の内容については、
http://www.mofa.go.jp/mofaj/kaidan/g_machimura/usa_anpo05/kg.html.
62) 2005年2月19日の日米安保協議委員会後の共同発表は、
http://www.mofa.go.jp/mofaj/area/usa/hosho/2+2_05_02.html.

63) 2005年2月23日の衆議院外務委員会で日本共産党の赤嶺政賢議員がこの「共通の戦略目標」とは何かと質問したところ、町村信孝外務大臣は、日米が現在の国際的な安全保障環境をどのように理解し、今後どのような役割を果たしていく必要があるのかを明らかにしたものであると答弁している。『第162回衆議院外務委員会会議録第1号』（2005年2月23日）。

64) 例えば、『朝日新聞』（2005年2月21日）などを参照されたい。

65) 「日米同盟：未来のための変革と再編」については、
http://www.mofa.go.jp/region/n-america/us/security/scc/doc0510.html.（英語版）
http://www.mofa.go.jp/mofaj/area/usa/hosho/henkaku_saihen.html.（日本語仮訳）

66) 『読売新聞』（2005年10月31日）。

67) 『朝日新聞』（2005年10月31日）。また、『毎日新聞』は「日本にとって再編は、外交・安全保障政策の新たな方向を示すものになる。日米安保体制の大きな転換点であるとも言える。今回の再編では、在日米軍と自衛隊の役割、任務、能力を踏まえ、指揮、統制のための司令部間の連携や相互運用性を大きく高めるのが特徴である。陸上自衛隊中央即応集団司令部のキャンプ座間への移転の方針が示されたことも含め、日米の軍事一体化が大きく進むことになる」と論じている。『毎日新聞』（2005年10月31日）。

68) この点については、拙稿「『極東条項』のパラドックス──「巻き込まれる恐怖」の原点（1945-1951）」『民主主義研究会紀要第31号』（民主主義研究会、2002年12月）、81-99頁。

69) 本文はhttp://www.unic.or.jp/new/pr06-088-E.htm.
「国際連合安全保障理事会決議第1718号」（和訳）は、
http://www.mofa.go.jp/mofaj/area/n_korea/anpo1718.html.

70) 『毎日新聞』（2006年10月14日）。

71) 『産経新聞』（2006年10月16日）。

72) 防衛庁は周辺事態の認定に消極的だった。久間章生防衛庁長官は10月12日の参院予算委員会で、現状で周辺事態になるのかという質問に対して、「そのままでは周辺事態にならない」として、「国連の決議によっては周辺事態が発生することはありえる」と論じた。そして今後、北朝鮮が国際社会の非難にもかかわらず核実験を強行した場合には周辺事態法を適用すべきだと主張した。『第165回参議院予算委員会会議録第2号』（2006年10月12日）、『産経新聞』（2006年10月13日）。

また他方で、公明党も周辺事態の認定には消極的だった。翌13日に開かれた公明党の北朝鮮核実験対策本部の会合では、現時点で周辺事態と認定するのは「時期尚早」との意見が多数を占めた。また、斉藤鉄夫政調会長は15日の討論番組に出演し、「現時点で周辺事態とまで認定できるかどうか、もう少し様子を見る必要がある。2回目

の核実験をやるか、決議への反応をみる必要がある」と主張した。『朝日新聞』（2006年10月13日）、『産経新聞』（2006年10月15日）。

　冬柴国土交通相も同月17日、「核実験をしたということだけで、周辺事態ということにはちょっと無理があるのではないか」という見解を示している。『産経新聞』（2006年10月17日）。

第 4 章

米中接近と国際的孤立のなかの台湾
―― 国連脱退をめぐる政治過程 ――

1. はじめに

　国際社会における台湾[1]の存在をどのように位置づけるか。それは、20世紀以来今日に至るまで係争中の課題である。1949年に国共内戦に敗北した中国国民党は中華民国政府を台北に移し、同年中華人民共和国を成立させた中国共産党とはその後数度にわたる軍事的緊張を経験し、直接交渉をすることなく台湾海峡をはさみ対峙・競争・共生してきた。2005年4月、台湾の中国国民党主席連戦一行が訪中し、60年ぶりの国共会談が実現した。さらに続いて行われた台湾の親民党宋楚瑜の訪中など、中台関係が新たな展開をみせるかの印象を与えた。
　しかし、そこには、2005年3月の反国家分裂法の成立による対外、対台湾への悪影響を緩和し、野党に追い込まれている中国国民党と親民党を利用することによって、与党民進党と台湾の政府への圧力を強めようとする中国の政治的意図も見出せる。また、SARSを契機として高まった台湾のWHO参加をめぐる中台の争いのほか、90年代以来続いている国連への加盟運動など、国際舞台における台湾と中国の外交闘争が続いている。それはいわば、この問題を国内問題化しておこうとする中国と、逆に国際問題化しようとする台湾との時間をかけた闘いなのである。
　台湾の国際社会における位置づけを考えるとき、その1971年における国連からの脱退は決定的に重要な出来事であった。あのとき、何故台湾は国連を脱退することになったのか。他の選択肢は現実としてありえなかったのか。当時台

湾の中華民国政府の指導者であった蒋介石は、「一つの中国」と「漢賊並び立たず」という基本原則を堅持していた。その原則の下で、中国の合法的政府は中華民国政府であり中華人民共和国と外交関係を結ぶ如何なる国家に対しても、中華民国は直ちにこの原則を適用して断交するとみられていた。そして、71年の国連問題の時も、米国や若干の国交のある国家が国連における中台の共存を建議したが、こうした提案は、当然のことながら蒋介石総統に否決されたとされている[2]。

しかし、こうした説明は、80年代後半以降台湾の民主化が進み、国際舞台での活動を積極化させていく一方、中国の「一つの中国」原則のもとでは、日米をはじめ台湾への支持が容易に高まらない状況を反映して、再検討されつつある。一例としては、70年代初期以前の国際情勢の変化や米国の政策転換の可能性が出てきた早い段階で、台湾がより現実的で柔軟な戦略をとることができれば事態の推移は変わった可能性があるとして、政府の対応の遅れも指摘されている[3]。また、より詳細に台湾の戦後外交史を整理した高朗によれば、60年代半ばには国連において「二つの中国」の雰囲気が濃くあったにも関わらず、台湾の政府は既定の立場を守るだけで情勢の変化に対応していくことができなかった[4]。そして、その結果として71年の国連の議席をめぐる最後の攻防では、まさに「手後れ」の状況を呈していたと指摘する。

当時を知る台湾の元政府関係者は、「あのとき代表団のかばんには二つの案が入っていた」と語る。71年に国連での議席を保持するための外交活動のなかで、台湾はいったい最終的にどのような姿勢をもち、どのような決断に至ったのであろうか。本稿では、台湾の国連脱退は60年代末までの国際情勢の変動という長期的な要因や、米国の政策転換という短期的な要因、さらにその危機に対する台湾側の原則と現実的対応の矛盾、そうした諸要因によって生み出された結果であったことを明らかにし、ニクソン・ショックおよび国連脱退の対外危機に、台湾がどのような対応を行ったのかを考察する。

2. 中国代表権問題と台湾

(1) 中国代表権問題の経緯

　国連における中国代表権問題は、国連という国際舞台において中国国民党政権と中国共産党政権が「中国の正統政府の座」を争うという象徴的な問題ではあったが、実質的な問題解決をめぐる政治過程ではなかった。米国の支持を失い内戦に敗れ存亡の危機にあった中華民国政府は、朝鮮戦争の勃発と中国の参戦により、再び米国の支持を得て息を吹き返すことになる。その結果、中華民国政府代表は、台湾への移転後も国連総会および安全保障理事会にとどまることになった。米国は、権力政治の観点から国連における指導力を保持し、共産中国を締め出しておくという意味で、台湾の中華民国政府に支持を与えた。そして、それは結果として、台湾の中華民国政府に「中国の正統政府」としての象徴的な地位を付与するものとなった。しかし、国連の機能としてどの政府に正当性を認めるかという国際的な基準を与えるものではなく、むしろ国際政治における権力政治が国連の場において展開された典型例であったのである。

　国連において最初に中国代表権問題が論議の対象とされたのは、ソ連が1950年の安全保障理事会においてこれを提起してからである。これ以後71年に中華民国政府代表が国連からの脱退を宣言し、中華人民共和国政府の招請が決まるまでの21年間にもわたり中国代表権をめぐる攻防が続くことになる。国連への加盟は、安全保障理事会の勧告により総会の3分の2の賛成により可決されるが、台湾の中華民国政府が安保理理事国であったため単純な加盟申請の手続きを避けてさまざまな試みがなされた。中華人民共和国政府代表を招請しようとするグループは、「議題採択」方式（51年）、「信任状否認」決議案（52年）、「緊急動議」方式（53～55年）、「議題採択」方式（56～60年）などを試みたが、「国民党政府代表を総会から排除し、中共政府代表を総会に出席させるいかなる提案の審議も延期する」という審議棚上げ案（モラトリアム案）は、それらさまざまな方式についての総会での審議を拒否することに成功したのである。

　台湾の中華民国政府では、当初「モラトリアム」という言葉の使用にも抵抗

表4−1 中国代表権問題審議棚上げ案の表決

総会	年	賛成：反対：棄権（賛成率）	PRC承認国／国連加盟国
6	1951	37：11： 4 （71％）	22／60
7	1952	42： 7：11 （70％）	22／60
8	1953	44：10： 2 （79％）	22／60
9	1954	43：11： 6 （72％）	22／60
10	1955	42：12： 6 （70％）	23／60
11	1956	47：24： 8 （59％）	26／80
12	1957	47：27： 7 （58％）	26／81
13	1958	44：28： 9 （54％）	31／82
14	1959	44：29： 9 （54％）	32／82
15	1960	42：34：22 （42％）	36／99

出所：安藤正士・入江啓四郎編『現代中国の国際関係』（日本国際問題研究所、1975年）及び河邊一郎編『国連総会・安保理投票記録：国際問題と各国の外交姿勢』（新聞資料センター）各年版より作成。

感を示し、「米国は現在中華民国を支持しているが、将来いつでも支持しないことがありうることも表している」との不安を抱えていた[5]。＜表1＞に明らかな通り、この期間にモラトリアム案への賛成国数はほとんど増えていないのに対して、逆に反対国数は次第に増えていった。そして、国連加盟国の中でも、中華人民共和国政府を承認する国の数が漸次増えたので、これに伴いモラトリアム案賛成国の比率が相対的に低下している。たとえば、1956年には20か国、1960年には17か国の国連加盟国数の増加が見られるが、賛成国数は大きく増えていない。最終的には、60年の第15回国連総会で、賛成42、反対34、棄権22となり、賛成率が42％と5割を割り込んだ。

一方、中華人民共和国政府加盟を支持するアルバニアなどの国々からは、「中華人民共和国政府のすべての権利を回復し、同政府代表を国連における中国の唯一の合法代表と認め、蔣介石の代表を直ちに国連から追放することを決定する」という、所謂「アルバニア案」が提出された。この決議案に賛成する国の数は、中華人民共和国承認国の増加に伴い次第に増えたが、65年に賛成と反対が同数となったのをピークにして、それ以降60年代末まで大きく変化はしていない（＜表2＞参照）。

このアルバニア案に対して1961年から米国が始めた新しい方法は、国連憲章第18条を引用して、「中国代表権を変えるいかなる提案も重要問題である」と

表4-2 アルバニア案の表決

総会	年	賛成：反対：棄権（賛成率）	PRC承認国／国連加盟国
5	1950	16：33：10　（27%）	21／60
16	1961	36：48：20　（35%）	35／104
17	1962	42：56：12　（38%）	38／110
18	1963	41：57：12　（37%）	40／112
20	1965	47：47：20　（41%）	46／117
21	1966	46：57：17　（38%）	46／122
22	1967	45：58：17　（38%）	46／122
23	1968	44：58：23　（35%）	49／126
24	1969	48：56：21　（38%）	49／126
25	1970	51：49：25　（41%）	53／127
26	1971	76：35：17　（59%）	67／131

出所：安藤正士・入江啓四郎編『現代中国の国際関係』（日本国際問題研究所、1975年）及び河邊一郎編『国連総会・安保理投票記録：国際問題と各国の外交姿勢』（新聞資料センター）各年版より作成。

表4-3 重要事項指定決議案の表決

総会	年	賛成：反対：棄権（賛成率）	PRC承認国／国連加盟国
16	1961	61：34：7　（60%）	35／104
20	1965	56：49：11　（48%）	46／117
21	1966	66：48：7　（55%）	46／122
22	1967	69：48：4　（57%）	46／122
23	1968	73：47：5　（58%）	49／126
24	1969	71：48：4　（58%）	49／126
25	1970	66：52：9　（52%）	53／127

出所：安藤正士・入江啓四郎編『現代中国の国際関係』（日本国際問題研究所、1975年）及び河邊一郎編『国連総会・安保理投票記録：国際問題と各国の外交姿勢』（新聞資料センター）各年版より作成。

する提案である。所謂「重要事項指定決議案」が可決されると、これに関わる提案は3分の2以上の賛成票を獲得しなければ可決されなくなる。60年の時点で、AAグループは国連全加盟国99か国のうち45か国を占め、米国が国連総会における影響力を従来のように発揮するためには、以前にもましてコストが増大するという状況が背景にあった[6]。1961-70年にとられた重要事項指定方式は、＜表3＞にあるように、特に文化大革命の影響がみられる66年以降の60年代後半は、賛成率55％以上を保っていた。この方式の採用により、61年から70年までの間アルバニア案の可決は阻止されたが、モラトリアム案とは異な

り中国代表権問題を総会の正式議題として審議するという意味においては、中華民国政府にとって歴然とした立場の後退であった[7]。

しかし、その一方で、60年代における最も重要な変化は、66年の「イタリア案」に見られるように、「二つの中国」的な立場から中国の加盟を実現させようとする雰囲気が広まっていったことであった[8]。61年の重要事項指定方式への転換をめぐり、米台間での緊迫した協議が続けられていた時期[9]、日本においても国連代表団などを通じて「二つの中国」についての発言が現れた。こうした日本の雰囲気について、当時駐日記者であった司馬桑敦は、「日本の外務省の意見は、見たところできるだけ二つの中国政策という言葉を避けてはいるが、その腹のうちでは確実にこの方向へ向かって模索を進めている」と感じとっていた[10]。また、後に池田勇人首相の後を継ぐことになる佐藤栄作は、ケネディ大統領の就任に際して、「国府、中共問題はこの形にとらわれずに、中国、台湾の問題として解決策を見出すべきではなかろうか」と日記に記している[11]。

日本のそうした変化について、66年当時外交部長であった魏道明は、当時の日本の雰囲気がすでに「一つの中国」という主張は中華人民共和国の承認を指し、台湾を支持する国の多くが中華人民共和国政府の国連参加には反対せず「二つの中国」の論調をもっており、早急な対応の必要があると認識していた[12]。

(2)「中華民国」の危機感

蒋介石は、1951年当時国連代表であった蒋廷黻の質問に以下のように答えたことがあるという[13]。

蒋廷黻：万一中共が国連に割り込もうとしたら、われわれはどのような態度をとるべきか。
蒋介石：われわれの復国の基礎は二つある。すなわち、国連によって保障される国際法上の地位をよりどころとすることと、内政において、台湾を復興の基地とすることである。この二つの基礎は、ともに非常に重要だが、根本は台湾にある。もし、両者を兼ねそなえることができなければ、私は、国連を放棄してでも、台湾を確保する。これは、わが政府が最後にいたったとき、

やむをえずとる唯一の政策である。

蒋介石総統は、57年国民党第7期中央委員会第8次全体会議において、この既定の方針に基づいて一切の問題を処理することを再確認した[14]。その後、ニクソン訪中が発表された後の71年8月14日に行った蒋経国行政院副院長の講演のなかでも、以下のように述べられている[15]。

われわれの国家が現在直面している二つの重大な問題は、一つはわが国の国連及び安保理における議席を保持することであり、もう一つは、台湾を守る問題である。現在われわれがはっきりと認識しておかなければならないのは、国連と安保理における議席はわれわれにとって重要ではあるが、それを失ったとしても、国家に多少の困難はもたらされるが国家の存在に影響するものではない。しかし逆に、台湾防衛問題は、国家の存亡の問題である。

こうして蒋介石から蒋経国へと継承された既定方針が意味するものは、単に国連からの脱退を辞さないという姿勢ではなく、予想される国連からの脱退という事態に直面しても、政府は国共内戦における中国共産党との闘いにおいて台湾を放棄せずに、闘い続けるという姿勢を示していた。依然として、これが国共内戦の延長としての意味を強く有していることを表していたのである。蒋経国は、さらに続けて以下のようにも述べている[16]。

台湾の存在がなくなれば、中華民国の存在もなくなる。さらに中華民国の存在がなくなれば、すべてがなくなってしまうのだ。したがって、現在のところ、国連と安保理における議席を確保することは当然重要ではあるが、台湾を守ることが特に重要であり、そして現段階における台湾防衛の闘争は、長期的な、困難な、全面的な闘争なのである。

そして、また72年6月に行政院長に就任した後の蒋経国は、海外学人国家建設研究会においても、「今日われわれの奮闘していることの本来の意義は、すな

わち大陸を回収するために奮闘しているということであり、もしこの立場を放棄すれば、われわれは生存の価値を失うことになる」という[17]。こうした蔣経国の発言は、台湾という拠点と、中国大陸を「回収」するために奮闘するという立場が失われたとき、「政治七分、軍事三分」の長期的な中国共産党との内戦において、「中華民国」の存在は意味がなくなるのだという危機意識の表れであった。そして、それは、国連における地位よりも台湾における中華民国政府の存在を支えるために重要なことでもあった。

3. 戦術転換をめぐる日米台

(1) 1970年国連総会

　1970年の国連総会では、アルバニア案が過半数を獲得した。それに先立ち重要事項指定決議案が可決されていたので、単純過半数ではアルバニア案は可決されなかった。しかし、この表決結果が現れた直後、米国の代表団員は、「もし何か方法を考えなければ、中共が遅かれ早かれ君らにとって代わることになる」と述べ、中華人民共和国政府が中国として加盟することを容認する可能性も示唆した[18]。魏道明外交部長は、ロジャーズ国務長官との会談からも米国が二重代表方式を含め政策変更を考慮していることを知り、こうした事態に直面して、蔣介石総統に対応を打診した。その時、蔣介石は驚いた様子もなく以下のように答えたという[19]。

　　代表団が精一杯やりさえすればそれでよい。もしだめで脱退しなければならないのであれば、われわれは自ら脱退をして、国格を汚すことは避けなければならない。

　重要事項指定決議案からの転換を模索する米国に対して、蔣介石はこの戦術的転換を拒否する強い姿勢を示しながらも、米国への「脅し」という誤ったメッセージを送ることにならないよう指示したのである[20]。台湾の中華民国政府

としては、妥協的な態度を示すことで米国の政策転換を促進することを避けつつ、米国の支持を失わないよう慎重に配慮せざるをえない立場にあった。

これらの事態に直面した台湾の中華民国政府は、国連での議席保持のための戦略をはじめとして、外交に関わる人事・政策について全面的再検討を迫られた。まず、この厳しい局面に対応するため、人事面においては、駐米大使であった周書楷（58歳）が、75歳の魏道明に代わり外交部長に任命され、駐米大使には沈剣虹が就任した。同時に、国連での方策を話し合うために米国政府に対し緊急に協議を要請するなど、次期国連総会に向けて対応策の検討にはいったのである[21]。

(2) 重要事項指定方式からの戦術転換

米国務省では、中華人民共和国政府の国連参加阻止ではなく、台湾の中華民国政府の国連での議席保持に重点を置いた方策を検討していた。その方策では、中国政府の国連加盟を支持するが中華民国政府の追放には反対し、その両方に国連での議席を与えるという「二重代表方式」であった。米国務省は、早くにこの方式のための準備を進めていたが、その一方で、ニクソン大統領とキッシンジャー補佐官は、中国との関係改善を進め、その水面下の動きに影響が出ることを懸念して、次回総会に向けた戦術についての発表を遅らせていた。ニクソン大統領は、ロジャーズ国務長官がこれについて発表を行うのを、1、4、6月と延期させていたのである[22]。

1971年3月25日に開かれた国家安全保障会議（NSC）では、二重代表制を強く押す国務省に対し、ニクソン大統領やアグニュー副大統領らは、1、2年の間中華民国の国連での議席を引き延ばすよりも、むしろ明確な態度をとり負けた方がよいと考えていた[23]。一方、キッシンジャー補佐官は、負ける可能性の高い二重代表方式には疑念を抱いていたが、台湾の中華民国政府の議席を救う可能性が残されている限り、その可能性のある方策を試さなければ責任を問われるとの考えから、「国務省に好きなようにさせるようにした」という[24]。

周書楷に代わり駐米大使に就任した沈剣虹が米国へ赴任する準備をしていた71年の4月23日、元政治担当国務次官ロバート・マーフィー（Robert D.

第4章　米中接近と国際的孤立のなかの台湾 ―― 国連脱退をめぐる政治過程 ――　　107

Murphy）が台北を訪れ蔣介石総統と会談した[25]。ニクソン大統領に派遣されたマーフィーは、北京政府の国連加盟を再び阻止するのは不可能であるから、米国としては二重代表制方式を進めるつもりであることを伝えた。そして、「もし、米国が北京の加入を許すのと同時に、中華民国の議席を保持させる建議をした場合、中華民国の反応がどうであるかをワシントンとしては知りたい」というニクソンの言葉を伝え、台湾側がどう反応するかについて探りを入れたのである[26]。ここでは、さらに国連の安全保障理事会の議席についても触れていた。マーフィーは、中華民国政府代表の安保理での議席にはなんら影響は出ないという考え方を提示したが、この計画が成功するかどうかについては保証していなかった。この問いかけに、蔣介石は次のように答えたという[27]。

　　不満ではあるが、無理して同意することは出来る。…（中略）…この提案が本当に提出されるのであれば、中華民国は反対票を投ずるが、親交のある国々がこれに反対票を投じるように要求しないことは出来る。これが、われわれがこの代表権問題で米国と協力できる限界である。

それは、米国の二重代表方式を実質的には蔣介石が黙認するとの表明であった。台湾側では、この時点で米国との暗黙の了解ができ、次回国連総会では安保理の議席は確保できると思い込んでいたという[28]。また、台湾側の見通しでは、中華民国政府代表がこうしたかたちで国連に残留するならば、実際問題として北京側は入ってこないであろうと考えていた[29]。この場合、安保理の議席確保が鍵であり、その前提のもとに、米国が二重代表方式を打診した際、蔣介石は消極的ではあるがそれを黙認するとの回答を出したのであった。
　一方日本では、60年代末からみられる佐藤栄作首相のもとで対中関係打開の動きがみられた。しかし、これは、基本的には日米関係の維持と日華平和条約に基づく台湾との関係の維持を枠組みとしていたため、中国側からの積極的な反応を得ることはなかった[30]。その日本の代表権問題についての見通しは、70年11月の国連総会の結果がでる以前から、「重要事項指定方式はすでに限界」だとの認識があったようである[31]。

米国へ向かう途中来日した沈剣虹新駐米大使は、5月6日まず賀屋興宣との2時間にわたる会談を行った[32]。沈大使はこの席で米国が二重代表制案（DR案）提出へ変更する構想であることを日本に告げつつ、その案では安全保障理事会のメンバーシップについては触れられていないことを強調した。この時点で台湾側が繰り返し主張していたことは、国連総会のメンバーシップと安全保障理事会のそれとは不可分のものだということであった。安全保障理事会のメンバーシップを中国側へ譲り渡す構想は、台湾としては受け入れられないものであった。

この会談のなかで、沈大使は賀屋興宣、愛知揆一外相、佐藤栄作首相以外の人に知られないようにして欲しいとしながら、1961年10月に米国が台湾に対して提示した「秘密保障」の内容について伝えた。その秘密保障とは、61年の国連総会にあたり、中華民国政府代表がモンゴルの加盟問題をめぐり拒否権を行使しないこととの引き換えに、米国ケネディ大統領が蒋介石総統に非公開かつ口頭で与えた非公式の保証である。その内容は、米国大統領は「アメリカ合衆国の拒否権が必要なとき、及び共産中国の国連加盟を阻止するのに有効であるときにはいつでも、拒否権を行使する」というものであった[33]。台湾側は、日本側にこれを示した時点では、まだ米国からの最終的な支持に期待をかけていたようである。

5月7日、沈剣虹駐米大使、彭孟緝駐日大使、外交部国際組織司司長らと日本外務省法眼晋作、国連大使中川融、国連局局長ほか関係者による会談が行われた[34]。そこでは、より実質的な、具体的な意見交換がなされた。まず、日本外務省国連局政治課長天羽民雄は、重要事項指定案（IQ案）の結果予想を提示し、賛成47、反対58、棄権22という苦しい状況であることを説明した。さらに、法眼晋作審議官は、二重代表制案への台湾側の見解をただすとともに、現在態度保留の13か国のうち英国・オーストラリアの2国を除く11か国が賛成に回ったとしても58：58と賛成と反対が同数にしかならない。現在の情勢からいって、中華人民共和国の加盟を阻止する何らかの方案が可決される可能性はないと述べて、台湾側に二重代表制案受け入れの方向を暗に求めた。

同日午後には、愛知外相との会談が行われた。台湾側はこの席で、基本政策

が中国共産党政権の加盟阻止にあることや安全保障理事会のメンバーシップに関しては全く考慮の余地がないことなどを強調したが、二重代表制案に関しては「友好国がDR案を提出せざるを得ないのであれば、IQの精神と目的をその意味内容に入れなければならない」と述べた[35]。これに対して愛知外相は、IQ精神が具体的に何を指し、二重代表制案がそれに反してしまうということかを質したところ、沈剣虹大使は「提案内容がどのようなものになるかを見てからでないと答えられないので、さらに検討する」と述べて具体的な回答を避けた[36]。安易な脱退や原則論よりも現実的な対応として「耐え忍ぶ」ことを求める日本に対し、台湾側はこれ以上の忍従は難しいことを幾度となく伝えた。

さらに翌8日、国際組織司長翟と外務省国連局との会談が行われている[37]。翟司長は、再度重要事項指定決議案の使用の必要性を主張した。台湾側の懸念は、二重代表制案だけが提出された場合、総会でこれを重要事項に指定する提案がなされると、十分な賛成数を得ることができず二重代表制案が否決される可能性にあった。それが起きた場合には、台湾はただちにアルバニア案に直面することになるため、より安全な策を検討したいということであった。しかし、この困難な状況を理解する姿勢を示した上で、国連局西堀局長はさらに台湾側の二重代表制案への態度をたずねる。翟司長は、アルバニア案を打ち破って「負けない」状態になったときには二重代表制案についても日米と協議することができると説明した。

そして、西堀局長は日本の態度決定に非常に重要な点として、3つのポイントについて台湾側の回答を求めた。第1に、単純な二重代表制案が可決された場合には、北京政府が国連に入ってこないことが予測されるが、万一政策転換によって彼らが加入してきた場合には、どうするか。第2に、二重代表制案により安保理の議席が北京政府に与えられることになった場合、台湾側は受け入れられないと述べているが、その具体的な意味は何か。つまり、国連脱退なのか、退席のみなのか。最後に、二重代表制案の否決に積極的な工作を行なうつもりかどうか、であった。日本は、二重代表制案の共同提案国になったとしても、最終的に台湾が国連を脱退してしまう事態になれば、「国際的に威信をうしなうだけではなく、国内においても深刻な政治的紛糾を引き起こすことになる」

と懸念していたのである[38]。

　台湾側は、日米との慎重なる協議を継続していくことを約束しつつ、「一時しのぎ」的なやり方ではなく、国連における地位を長期的に安定させる方策を模索したい旨を日本側に伝えた。こうした日台のやりとりから明らかにされる台湾側の姿勢とは、「二つの中国」に反対するという原則的な立場から二重代表制方式に強く反対をしているのではなかった。むしろ、より現実的な考慮として、実質的に中華人民共和国の加入を阻止する案がかりに否決されれば、国連の議席を保持することが極めて難しくなるとの懸念から、より安全な策を求めていたのである。

　その後6月9日、パリにおいて日米間の協議が行われた。この協議において、中国の国連加盟賛成、台湾の追放反対という点において日米の意見は一致したが、安保理の議席については、中国に与えることを主張する日本と拒否権を行使しても中国の安保理入りを阻止する構えを見せる米国とで相違があったという[39]。米国務省では、まだ安保理の議席を中国に与える案をとっておらず、4月に台湾側に説明し蔣介石の黙認を得た二重代表制案に基づく立場であったことがわかる。

4. 米中接近に揺れる日台

(1) 米中接近と二重代表制案

　7月1日、北京への秘密訪問計画を含めたパキスタンへの旅に出発する当日、キッシンジャー補佐官は沈剣虹大使就任後初めての会談を行った。沈大使は、北京政府の加盟に反対するとの台湾側の立場を訴え、その話をキッシンジャー補佐官は平静を装って聞いていた[40]。一方、沈大使は、この会談は儀礼的なもので、ほとんど突っ込んだ話しをしなかったとしているが、その年の国連総会での表決に明らかに影響が出るであろう米国の行動を、台湾の出先機関はこの時点で感じ取ることが出来ないでいた。7月19日に沈剣虹とロジャーズが会談するまでの約2か月半の間、沈剣虹大使は国連問題に関しては米国務省と連絡

第4章　米中接近と国際的孤立のなかの台湾 —— 国連脱退をめぐる政治過程 ——　111

をとっていたが、ほとんど、米国政府に回答を催促することもなく、ただ待っていた状況であった[41]。

　7月9日から11日までの3日間、北京を秘密訪問したキッシンジャー補佐官は、そこでの会談を通じて、北京側は国連加盟についてさほど急いでいないとの印象をうけた。キッシンジャー補佐官は、この問題についての周恩来首相とのやりとりを以下のように記している[42]。

　　私は、隠密旅行の際周恩来に、われわれがとろうとしている立場を説明した。周は、北京としては、どんな形であれ二重代表方式を受けいれないことを確認した。その反面、中国は、長い間国連に加盟しないでも存在しており、もうしばらく待つことができる、ともいった。

　7月15日のニクソン訪中発表は、その突然さへの驚きと、これから起こりうる変化への不安を生み出し、大きな動揺を台湾政府に引き起こした。キッシンジャー訪中の情報は、キッシンジャーが北京を離れた2日目に、台湾独自の情報筋より会談の回数やいつ毛沢東と会談を行ったのかなどを含め、相当に詳細な資料とともにもたらされたという。しかし、外交部は、この情報の真偽を断定することができず、何ら措置はとられなかった[43]。所謂この「ニクソン・ショック」の4日後、沈剣虹大使はロジャーズ国務長官と会談した。ここでロジャーズは、キッシンジャーの北京訪問の説明をした後、国連での代表権問題に話題を変え、台湾側は結局どのような決定を下したのかと訊ねた。それに対し、沈剣虹大使は、「私たちはすでに立場を表明し、米国の反応を2か月あまりも待っている。米国こそいったいどんな決定をしたというのか」と逆に問い返した。そこで、ロジャーズ国務長官は、ニクソン訪中発表の多少の影響は免れ得ないとしながら、以下のように述べたという[44]。

　　NATO加盟国に対して行った初歩的な調査では、中華民国が安保理の議席を北京政府に譲らないならば、米国が当時考えていた「二重代表権」案は、絶対に国連総会を通過しえないということが明らかである。…（中略）…

「重要事項指定」案さえ、過半数の支持を得ることはできないだろう。…（中略）…中華民国が安保理の議席を放棄することに同意しなければ、米国が提出するつもりのもう一つの案は、おそらく時すでに遅しとなるであろう。

台湾側からすると、最も重要視していた安保理の議席を確保することができないとなれば、妥協できる限界と考えていた4月の合意ラインから大幅に後退することになる。中華人民共和国政府が安保理の席につき、台湾が国連に一般会員として残留するという二重代表方式の提示をうけた台湾側では、米国の進める二重代表方式への再検討が必要となったのである。7月15日にアルバニア案が早々に提出され、これに遅れること約1か月となった8月17日、逆重要事項指定決議案と二重代表制決議案が提出された。このあたりの事情を、当時日本の国連大使であった中川融は次のように述べている[45]。

> アメリカ・日本等の逆重要事項指定方式及び二重代表方式は、肝心な国民政府がオーケーを言わないものですから出せない。それでモタモタしている。

(2) 最後の外交工作

日本や米国の説得に台湾が応じなかったことにも大きな原因があったが、日本でも、米国とともに共同提案国となるかどうかについて意見が分かれていた。最終的には総裁一任というかたちで、佐藤栄作首相が共同提案国となるという決断を下すが、この決定までの過程で、佐藤首相は張群秘書長らとも会談し、台湾側の意向を探った。71年7月末に来日した張群秘書長は、「国府は国連憲章第23条によって、国連安全保障理事会の常任理事国と規定されており、この国連憲章を改定しない限り、国連は国府を安保理から追放することはできない」と述べ、安保理の議席確保という台湾側の基本的な立場を強調した[46]。

この方法は、国連憲章第5章第23条及び第19章第110条に、Republic of China「中華民国」の名前が出ていることを利用して、北京政府の中国の代表としての国連加盟には、国連憲章の改正が必要だと主張する方法である。そして、憲章第108条には、国連憲章の改正には、総会構成国の3分の2以上の賛

第4章 米中接近と国際的孤立のなかの台湾 —— 国連脱退をめぐる政治過程 —— 113

成と常任理事国全員の賛成が必要であるから、台湾側は憲章改正動議を拒否権行使によって斥けることが出来る。この方法であれば、もし北京政府が国連に加盟するという状況が生じても、台湾の中華民国政府代表はそのまま安保理に留まることが出来るという戦術であった。

　これより先の7月初めのソウルでの会談で、佐藤首相は、国際情勢が北京政府の参加を求める事態となっても、台湾政府は国連を脱退すべきではないと張群秘書長を説得したという（『朝日新聞1971年8月20日』）。さらに、8月1日に行った張群秘書長との会談を、佐藤首相は次のように日記に記している[47]。

　時に約束した張群さんが9時にやって来る。国連対策を協議する。中共の国連加盟はやむを得ないとするが、安保委の常任理事国とすることには絶対反対の様子。なぐさめて別れる。同時にこの事をマイヤー大使に連絡し、米政府の善処を懇請する。

　この前日に、佐藤首相は、米国は中国と台湾の二重代表制と台湾の中華民国政府追放は重要事項とし、安保理の件は安保委員会の多数に従うことで台湾側を説得する計画であることをマイヤー大使から説明されていた[48]。そこで、佐藤首相は、中国が参加してきても台湾側が脱退しないように説得を行ったが、この会談後張群秘書長は、非常に憤慨して帰国したという[49]。ただし、8月末頃には、佐藤首相は台湾側が二重代表方式を一応受けいれそうだという感触を得ており[50]、9月22日に日本が共同提案国となることを発表した。
　一方、沈剣虹大使は、国連総会での表決前に、2回ほどキッシンジャー補佐官と会談していたが、その結果キッシンジャー補佐官は国連での代表権問題に対して、楽観的な見方をしているとの印象を受けた。この段階でもキッシンジャー補佐官は、二重代表権案が決議され北京が国連への参加と安保理の議席を獲得しても、同時に台湾側の残留が許されれば、結果として北京は国連に加盟しないだろうとの考えを示していたのである[51]。
　その後、日本も福永健司・木村俊夫ら4人の特使を派遣して票集めに努力したが、こうした票集めの段階で、台湾側は苦しいジレンマを抱えていた。その

ジレンマとは、台湾側はこの段階において効果的な説得工作を各国に対して展開することができないのである。沈剣虹大使は、親交ある国々に対して、中華民国としては何をして欲しいのかを明確にできなかった点を失敗の原因の1つとして挙げつつ、以下のように述懐する[52]。

われわれは中共の国連参加を許容するいかなる動議をも支持することはできなかったので、意見を述べるにしても、中華民国の国連における議席を保持していけるよう要求するだけであった。親交のある国の政府が、台湾側は自分たちにどのように投票して欲しいと希望しているのかとたずねてきた際には、どう答えてよいやら分からなかった。結局、彼らに我々の困難な状況を説明できるだけで、あとは自分自身の判断で票を投じてくれと要求するほかなかった。

そして、このジレンマを續伯雄「悲痛而不壮烈的失敗」(『新聞天地』27－46、1971年11月13日号)は、次のように描く。「われわれが自ら希望し、かつ親交のある国家に選択するよう要求する道はただ一つである。それは、『われわれを助け、アルバニア案と米国案の両方を同時に打ち倒そう』というものだ。そうでなければ、われわれの原則のいずれとも合わないからである」。

原則から考えれば、台湾自身が反対票を投じるであろう提案に関し、相手国に積極的に賛成票を投じて欲しいとの工作を表立って行うことはできなかった。台湾側は、原則を堅持する限り「二つの中国」を認めるような発言をすることができない。しかし、相手国が二重代表制案に賛成票を投じることに反対しないということ自体、それはすでに一つの態度表明であり、外交工作が何もできないということではなかった。そして、周書楷が指摘するように、こうした工作は共同提案国と直接の会議以外の場で進められたのである[53]。台湾の外交官の抱えるジレンマは深刻であり、先の駐米大使の回顧は、外交活動が効果的に行われていなかった状況を吐露してしまっていた。

(3) 第26回国連総会

　1970年の国連総会では、中華民国を承認している国が60、一方中華人民共和国を承認している国が59であった。71年7月頃になると、中華民国を承認している国が56か国に減少し、中華人民共和国を承認している国は63か国に増加していた。米国は、二重代表制案と逆重要事項指定決議案について、国連総会が始まってすぐの一般委員会において、先に提出されたアルバニア案と合わせて中国代表権に関する三つの決議案を一緒に議題とすべきであると提案した。しかし、これは否決されている。そこで、中国代表権案の審議が開始された10月18日、米国は、アルバニア案よりも先に逆重要事項指定決議案を議決すべきであると提案し、これは賛成61、反対53、棄権15で可決され、逆重要事項指定決議案が先に審議されることとなった。手続き上および戦術的な攻防が、ぎりぎりの線で続けられていた。

　米国の提案は、北京政府の国連加盟を支持する一方、台湾の追放には反対し、双方に国連での議席を与えるというものである。このうち逆重要事項指定決議案は「中華民国の国連における代表権の剥奪をもたらすような、総会へのいかなる提案も重要事項とする」という内容であった。これまでの重要事項指定決議案が、北京の中華人民共和国政府の招請も台湾の中華民国政府追放も重要事項であるとしたのに対して、いわゆる逆重要事項指定決議案は、台湾の追放だけを重要事項に指定するものである。したがって、中華人民共和国政府の招請については、「単純過半数で通るよう国連の門戸を大きく開いている」のであった[54]。しかし、結局台湾の中華民国政府が国連に残っている限り北京側が国連に入ってくることが考えられないとすれば、実質的にこの逆重要事項指定決議案は、北京側の国連参加を阻むものになる。そうした案にどれほどの票が集められるかについて、米国自身も疑問をもっていた。

　国連大使等は、毎日票読みをやったと言われる。当時の中川融国連大使も、「10月24日の票読みでは、意外にも我々のほうが勝ちそうだということになりました。……計算から言うと、まさしく勝つことになっている」と、逆重要事項指定決議案はぎりぎりで通るであろうとの計算をしていた[55]。また、駐日大使館の林金茎参事官も、法眼晋作と票読みを行ったが、「3票は多いだろうと外

務省も言う。今年は大丈夫だろうと思っていた」という[56]。しかし、実際の表決が行われてみると、賛成55、反対59、棄権15で否決される結果となった。

　1971年の逆重要事項指定決議案の表決は、西ヨーロッパ諸国の動きが大きく影響していたということがわかる。70年の重要事項案で賛成投票した国のうち、71年の逆重要事項指定決議案では棄権・反対投票へ回った国は15か国あったが、そのうち8か国が西ヨーロッパの国であった。すなわち、イギリス、イタリア、アイルランドは反対投票を行い、オランダ、オーストリア、ベルギー、アイスランド、マルタは棄権へと回っていた。この棄権投票にも、一つの意味が含まれていた。つまり棄権した国々は、中華人民共和国の国連参加には賛成するものの、中華民国を追放することになるアルバニア案には賛成しかねるとの立場をとっていた。そこで、実質的に中華人民共和国の国連参加を阻止することになる逆重要事項指定案に棄権することによって、消極的に中華人民共和国の国連参加への賛成、もしくは中華人民共和国参加阻止への反対の意を表したものであった。

　そして、国連総会の重要な時期におけるキッシンジャーの二回目の訪中に象徴的に表されているように、米国政府は中華民国の国連における議席を守ることに高い優先順位をおいていなかったことも一因とされる。71年10月の国連総会に会期中におけるキッシンジャー補佐官の訪中は、「ヘンリー・キッシンジャーを北京に送ることで、ニクソンは国連でROCを守ることよりもPRCとの新しい関係を進めることに高い優先順位を置いているというシグナルを示した」と指摘されるように[57]、事前の計算よりも票数が獲得できなかった一因であった。

　こうして逆重要事項指定決議案が否決された後、米国は最後の努力として、アルバニア案の主文の後段部分、すなわち中華民国政府代表を追放するという部分を切り離し、それぞれに対し投票することを要求する動議を提出した。しかし、この動議も、賛成51、反対61、棄権16、欠席3で否決され、このままアルバニア案が表決に付されれば、台湾の中華民国政府代表は表決の結果として追放される可能性が高まった。この直後、すなわちアルバニア案表決直前に、中華民国政府代表・周書楷は、その後の議事への不参加を表明して退場した。

それは、まさに台湾の中華民国政府が、中国の代表としての議席を喪失し、分裂国家の一代表としても、台湾の代表としても議席を確保できず、国連から脱退するという歴史の転換点を記す瞬間となったのである。

結局、蒋介石総統の前述の指示どおり、追放される状況となった場合には国格を保つために自ら脱退するという決断がなされたわけである。しかし、この時の台湾側の代表団は、二つの対応策を準備していたという[58]。その各種の対応策は、国連総会開催ぎりぎりの時間まで周書楷外交部長が台北において蒋介石総統との間で練ってきたものだったという[59]。その一つは、逆重要事項指定決議案が可決され、二重代表方式で中国と台湾の国連参加が可能となったときのものであり、もう一つは、周書楷外交部長が読み上げた国連脱退の宣言であった。

5. 国際的孤立への対応

(1) 対外政策の調整

キッシンジャー訪中の衝撃をうけて、台湾において検討された対応策は、松田博康の研究によれば、①米国以外との連携強化、②対ソ接近の検討、③米国内諸勢力への働きかけによりニクソン政権への圧力を高める、④国内の国会改革、であった[60]。特に危機管理としては、国内宣伝、つまり内部の報道統制が重点的に行われたという[61]。こうした諸対応のなかで、対外政策についても若干の調整がなされている。まず、1971年の中国の対米政策転換について、台湾側は「中華民国と同盟国の離間を企図する」ものであり、台湾の孤立化を図る「統戦」（統一戦線工作）の一貫と捉え、警戒感を強めた（『中央日報』1971年8月31日）。そして、その後の方向性として、以下のような方針を明らかにする（『中央日報』1971年8月24日）。

対外面においては、経済外交を強化し、アフリカ・東南アジア・南米の市場を拡大して、一国へ過度に依存した対外貿易の形態を打破しなければならな

い。…国交のない国家に対しても、民間の貿易活動を促進していく。

それは、日米に極度に依存している台湾の経済構造に対して、米国の政策転換が及ぼす影響への懸念と、そして各国との相次ぐ外交関係の断絶が経済活動に影響を与えないようするために、国交のない国家に対しても貿易活動をするとの方針を明示したものであった。

また、10月23日に立法院経済委員会において、孫運璿経済部長は、国際情勢及び通貨体制と貿易秩序における大きな変動によって、台湾の経済発展は新しい挑戦を受けているが、この原因は中共の「微笑み外交」と米国の新経済政策によるものであるとの認識を表明した（『中央日報』1971年10月24日）。この時期には、70年春の「周四条件」の提示に始まり、台湾と関係の深い住友化学・三菱重工や日華協力委員会の有力メンバーであった三井物産を含む四大商社を日中貿易から締め出すとの方針が表明されるなど、実際日本企業に対する中国側の圧力が強まっていた。そのため中国側の政治外交上の圧力によって、台湾への海外からの投資と貿易関係が阻害され、経済発展が頓挫する恐れがあるとの強い警戒感を表したのである。

国連での最後の攻防が続く一方、経済分野においては国交の有無にかかわらず対外活動を促進するとの方針が早くから提示されたが、それは外交関係の断絶が民間を中心とした経済活動の領域にまで影響を与えないための考慮であった。さらに、国連脱退の経済貿易への影響が討論の焦点となり、特に日本との関係が懸念され、経済貿易関係をどのように維持・発展させていくのかは、優先順位の高い問題であった[62]。

また、米国の支持と支援による安全保障の確保は、米中関係の改善によって動揺し、台湾には大きな波紋が引き起こされた。そして、71年10月の国連脱退から72年2月のニクソン訪中を経て、5月に蔣経国が行政院長に任命されるまでの数か月の期間、台湾は対米関係と対外政策をめぐる調整の時期となったのである。

1971年10月28日の立法院外交委員会において外交部次長は、今後の外交政策について「若干の友邦国との二国間関係を強化し、対外貿易については多方

面から促進し、国内建設と発展に寄与するよう協力する」と発表した[63]。これに引き続き厳家淦行政院長は、「総体外交」の立場に立ち、さらに「反共および非共産国家との団結に尽力する」とした(『中央日報』1971年10月30日)。国連からの脱退、各国との断交という対外政策の挫折は、立法院での言明を見る限り、明らかに「中共の統戦」とその一環である「台湾の孤立化」戦略の文脈のなかで捉えられていた。

1972年2月7日に開催された立法院における行政院施政報告では、「自由国家との団結協力」を促進し、二国間関係を発展させていくことによって、「共匪が国際的にわが国を孤立化させようとする陰謀を打破する」と述べられている(『中央日報』1972年2月8日および2月19日)。また、2月18日に厳家淦行政院長が立法院において発表した外交方針では、従来の自由国家と実質関係を強化する点が強調されており、特に大幅な変更はなかった。

ところが、この立法院の会議において、周書楷外交部長は、次のように述べている(『中央日報』1972年2月19日)。

今後は、ただわが国の法統に違反せず、わが国の基本国策に影響せず、および国家の尊厳を損なわないという三つの大前提の下で、全面的な外交を進め強化していく。いかなるレベルの官員がいかなる友好国を訪問するのが適当かについては、その時の客観的主観的な環境によって決めていく。

すなわち、今後の外交活動を行う国家について、反共かどうかという基準を明示せず、ケース・バイ・ケースの対応がありうるという含みを持たせた内容であった。さらに、2月22日、周書楷外交部長の立法院における今後の外交方針でも、反共国家であるかどうかではなく、友好的か敵対的かという基準で対外活動の対象国が分類され、広範囲な経済・技術援助活動によって国連の議席確保のために行ってきた面での外交活動を重視せず、台湾の発展にとって実質的に必要な外交政策を考慮するとの姿勢が見られたのである[64]。

翌23日の立法院会議では、谷正鼎委員から、外交当局が最近よく使っている「弾性外交」「現実外交」は、原則を堅持する立場からいって妥当ではないとの

牽制を受けるが、周書楷はこれは運用上のことであり、外交原則の三つの前提に何ら影響はないとの説明を行った[65]。外交上の孤立化を余儀なくされてきていた台湾の一部では、周外交部長の発言に見出されるように、外交活動の対象国が大幅に拡大することが示唆され始めたのである。

(2) ニクソン訪中と台湾の動揺

1972年2月21日から28日までのニクソン訪中に際して出されたいわゆる「上海コミュニケ」では、最終目標として台湾からの米軍の撤退を掲げていたが、それは「台湾問題の平和的解決と地域一般の緊張緩和」という条件をつけることにより、台湾海峡の現状維持が確認されたものだった[66]。米国は、台湾の独立運動や台湾による中国大陸への軍事行動は支持しないと確約しつつも[67]、台湾問題の平和的解決へ関心を示した。これによって、中国側が武力による「台湾解放」を目論見ない限りは、台湾海峡における緊張が引き起こされる可能性が小さくなり、武力による現状の変更可能性は依然放棄されてはいなかったが、中国の対台湾政策における「政治的」「平和的」方法の比重は高まった。

したがって、ニクソン訪中による米中関係改善は、台湾海峡における中台分裂状況を変更するものではなく、むしろ朝鮮戦争勃発を契機とし、また54年の米華相互防衛条約においてさらに確認されたような現状維持志向のものであった[68]。また、分裂状態の固定化による「二つの中国」「一つの中国、一つの台湾」の出現を原則上容認できず、かといって米国の支持を失えば存在さえ危うくなりかねない台湾の中華民国政府は、不信感を募らせながらも米国との関係に依存せざるを得ない状況にあった。72年2月26日、蔣経国は、各総司令を召集しニクソン訪中以後の対応について協議したが、この席で「アメリカは頼りには出来ないが、やはり中（中華民国）米関係を放棄することもできない。政治・経済・軍事各方面において米国との関係は密接であるから、やはり忍耐しなければならない」と複雑な心境を吐露し、さらに他の国家からの武器購入を検討するよう指示したという[69]。米華相互防衛条約が取り消され、米中関係が正常化されるのは時間の問題だとの考えに象徴されるように、米国への信頼は低下し不安感が高まった[70]。

第4章 米中接近と国際的孤立のなかの台湾 ── 国連脱退をめぐる政治過程 ── 121

　台湾をめぐる国際環境の悪化に歯止めをかけるため、周書楷外交部長や頼名湯参謀総長らは「政治的原子爆弾」の使用をも検討したという[71]。それはソ連との接近を示唆し、米国を牽制するためのものであった。まず、周外交部長は、3月7日の国民党三中全会において、外交観念の拡大を図りながら、「思想上、制度上は、われわれは引き続き共産主義に反対していくが、しかしわれわれの匪偽政権打倒・光復大陸の基本国策に影響を与えず、これらの国家が共匪の追随あるいはシンパでない限りは、われわれはそれらの国家と貿易・経済あるいはその他有利な双方の往来を生み出すことを研究してはならないということはない」と述べ（『中央日報』1972年3月8日）、経済を中心とする外交関係を行う相手国として共産主義体制の国家についても、その対象範囲を広げていた。
　そして、翌日3月8日に、ハースト系新聞の調査団に対して、周書楷外交部長は以下の4点を示唆した[72]。第1に、ニクソン大統領は台湾の地位と安全保障について不必要に譲歩した。台湾は北京ブロックを除く共産諸国と十分な配慮を払った上で、外交接触をもつ用意がある。第2に、台湾はアメリカを最大の同盟国として維持する方針に変わりはないが、アメリカが北京に対して重要な譲歩を行うようなことがあれば、ソ連に対する態度をやわらげる。第3に、同年秋にハンガリーで開かれる歴史地図会議に代表団を派遣する意向がある。第4に、台湾は国連から追放されたことにより、行動の自由を得て従来と異なる外交路線もとれる。
　共産諸国との外交接触やソ連との関係接近を示唆する周書楷外交部長の談話は、まさに「政治的原子爆弾」であった。この直後に駐米大使沈剣虹は、蔣介石からこの英字新聞の記事を見せられ意見を求められたというが、後に彼は、周書楷から沈昌煥へと外交部長が交代したことについて、この事件で周書楷が談話発表前に上層部の許可を得ていなかったために更迭されたのだろうと推測している[73]。結局、この周書楷発言によって生じた波紋は、3月10日の外交部スポークスマンの記者会見で、「周外交部長の談話は、原則的な詳しい説明に過ぎない。その重点は依然として自由主義諸国との関係強化に置かれている」との見解が示され、事態の収拾が図られた[74]。そして、米国との関係を再検討するような周外交部長の発言内容に対し、自由主義陣営にとどまり米国との関係

を重視することが強調されたのである。

　この後の6月、蔣経国の組閣にあたり、外交部長には宋美齢に近い沈昌煥が就任したこともあり、周書楷は更迭されたとの見方が一般的である。また、米国の圧力と国内的反響を静めるためであったとの指摘もされているが[75]、先の周外交部長の発言は、前日に国民党三中全会での報告にも同様の姿勢が出されていたものであり、周書楷の個人レベルでの判断で行ったものではなかったと考えられる[76]。

　実際、台湾とソ連との接触は60年代後半から行われていた。蔣経国から非常に信頼されていた魏景蒙によれば、ソ連と中国の関係悪化を背景として、ソ連が台湾との接触を図ろうとし、蔣経国を中心とした勢力が密かにソ連と接触をもったのであった[77]。68年から70年、あるいは中国側の文献によれば、その後の74、75年にも何回かの接触があったという。そうした記録によれば、「台湾当局が表面上では強硬に反共抗俄政策をとっていた背後で、若干の弾性のあるやり方を行っていた」ということになろう[78]。

　しかし、そうした動きは、今後さらに分析が必要ではあるものの、宣伝上の効果あるいは一種の外交上のカードとして考慮されたものであり、反共イデオロギーとソ連との対峙という基本政策を転換し、台湾が根本的に米国との関係を再検討するという意図まではなかったと考えられる。蔣経国が行政院長に就任した後、外交政策については「国交がなく、その国が中共を承認していても民主国家であれば実質関係を維持する」という方針が示された[79]。ここでは、共産国との接触の可能性は、明らかに消えていた。

(3) 蔣経国への権力継承と政治改革

　1950～60年代を通じた派閥間の闘争のなかから最終的に権力を掌握してきたのが、蔣経国であった。しかし、父から子への権力の移譲とは異なり、その権力確立期においては、国民党及び統治エリート内部において正統性を確立することが必要であった。また、新しい指導者への権力移行は、蔣介石による領袖独裁という体制において、蔣介石に対する党の指導者たちの忠誠心を蔣経国へと移行するという単純な過程でもありえなかった。72年までの段階で政府の

多くのポストを掌握していた蔣経国であったが、党における権力基盤はそれほど持ち得ておらず、継承戦略の一部としての党組織の改革などを通して、組織的および人の変化によって党内における権力を自らの追随者（支持者）に移行させていった[80]。72年の行政院長就任に際しては、行政院閣僚に7名の本省籍の台湾人を採用し、また蔣介石死去後に中国国民党主席に就任し、78年に総統に就任するに伴って、政府や党へ「班底」（個人的追随者集団）が送り込まれていったのである[81]。

　1972年3月1日には、国民大会第5回大会において「動員戡乱時期臨時条款」の修正案を採択し、自由地区と海外華僑についての議員定数を大幅に増加し定期改選をし、大陸選出の議員については非改選とする部分的な定期改選制度が導入された。いわゆる「増加定員選挙」である。この実施によって、老齢化し、形骸化していく恐れのある中央民意代表機構を補填していく意味を有していたが、それは中央エリートにおける党組織の改編によって台湾人を含めた若手を積極的に採用することと同様に、蔣経国の継承戦略の基本的な一部であった[82]。松田康博も指摘するように、ニクソン・ショック及び国連脱退という対外危機は、60年代半ばから出されてきていた政治改革の動きを加速化したのである。したがって、新しい指導者としての権力確立の最終段階において、蔣経国は人的配置により権力の掌握を進めながら、かつそうした動きによって地位を脅かされかねない一世代前の長老たちや他の勢力の地位を直接に脅かすことなく、かつ原則の枠を維持することによって、統治エリート内の動揺を極力抑えたのである。

6. おわりに

　台湾海峡を挟み中国と台湾が対峙する状態は、米国の介入によって問題が「国際化」されることによって、はじめて固定化されえた。そして、1990年代に入ってからの台湾の国連加盟問題が台湾問題の国際化の一手段としての意味をもつことの逆説的な意味として、71年における台湾の国連脱退、上海コミュ

ニケに表された米中関係改善、そして各国との外交関係の断絶などの歴史的事件によって台湾問題が完全にではないが国内問題化されることになる。

　この側面について『中華民国を繞る国際関係』では、早くから次のような指摘を行っていた[83]。すなわち、台湾政府は衝突する2つの目標をアジアにおいて追及している。その一つは中国本土に対する「反攻」であり、もう一つは中国本土周辺諸国との「防衛連盟」の構築である。この2つの目標は相互に密接な関係をたもつために、孤立を覚悟して「反攻」を叫ぶか、「反攻」を放棄して孤立を回避するかの二者択一にならざるを得ない。もし、前者を選び「大陸反攻」政策を残せば、国連からの脱退も余儀なくされ深刻な孤立感に打ちのめされる。そして、その中で、指導者の叫ぶ「反攻」の約束だけで士気を維持していくことが出来るのかが疑問となる。また、もし後者を選び、孤立化を回避すれば、政体と原則の変更という大きな代償を支払わなければならない。そして、大陸から来ている中国人の忠誠心は大きく失われるが、その政治的な動揺に体制がどのくらい耐えられるのかについて確信もないまま、この選択はとれないであろうという。

　実際には、まず台湾の中華民国政府は、「大陸反攻」政策を残して国連における議席を喪失し、孤立感に打ちのめされるなかで、何らかのかたちで士気を維持していく必要に迫られることになった。そして、孤立化を回避した場合の代償として考えられていた体制内の動揺も激しく、蔣経国という新しい指導者の登場によって、新たな忠誠と支持を獲得してく必要が生じたのである。

　国連における中国代表権問題は、71年の国連総会における中華民国政府代表の脱退と中華人民共和国政府代表が中国として参加することにより、ある面では一応の解決をみた。すなわち、曖昧ではあるが地域的な「中国」のほとんどを実効支配している政府が国連における中国の議席を獲得したのであるから、台湾とその周辺諸島のみを実効支配する中華民国政府が、全中国を代表するという一つの虚構は崩れ去り、より現実を反映したかたちとなった。しかし、その一方では、台湾を実効支配している政府の代表が国連に議席をもっていないという問題を残したままとなったのである。

　71年の中華民国の国連脱退は、2つの政府が存在するという現実を国際政治

に反映させていこうとする60年代までの流れが、「一つの中国」という言説のなかで、「一つの台湾」または「一つの中華民国」として国際的に生き残ることを不可能にさせる結果へと収束していった。その流れのなかで、台湾の中華民国政府代表による脱退宣言は、台湾追放を求めるアルバニア案の決議がなされる前に自ら脱退を宣言することによって面子を保ったにすぎなかったのである。

国連からの脱退に続き、ニクソン訪中、そして上海コミュニケの発表と台湾問題をめぐる大国の頭越しの外交が行われるなかで、台湾では、米国離れと反共政策の変更を懸念させるほどの外交政策の変更が示唆された。そうしたソ連との接触が示唆されるほどの動きは、台湾内部にも動揺を引き起こし、最終的に米国との関係なしには成り立ち得ないその国際環境に大きな変動をもたらすまでには至らなかった。しかし、80年代半ば以降の台湾の民主化によって「中華民国」が本土化するにしたがい、国連加盟運動を含め、台湾の国際社会における位置づけは、あらためて問題化することとなったのである。

注
1) 本稿で用いる「台湾」とは、1949年台湾に移転した中華民国政府が実効支配している領域を指し、その政府を「中華民国政府」「台湾の中華民国政府」と表記する。中国とは中華人民共和国を指している。
2) 一例として、田弘茂他『國防外交白皮書』(台北：業強出版社、1992年)、99頁。
3) 楊旭聲他『七〇年代中華民国外交』(台北：風雲論壇、1990年)、69 - 72頁。
4) 高朗『中華民国外交關係之演変 (1950～1972)』(台北：五南図書出版、1993年)、220 - 221頁。
5) 高朗『中華民国外交關係之演変 (1950～1972)』前掲、184―185頁。
6) 同上、187 - 189頁。
7) 天羽民雄『多国間外交論―国連外交の実相』(PMC出版、1990年)、395頁。
8) 高朗『中華民国外交關係之演変 (1950～1972)』前掲、215 - 217頁。
9) 1961年には重要事項指定決議案への戦術転換とモンゴル加盟問題をめぐり、米華関係は極めて緊迫した状況となった。この問題をめぐる蒋介石の外交については、拙稿「台湾における蒋介石外交―1961年国連問題をめぐる原則と妥協―」(『常磐国際紀要』第6号、2002年) 参照。
10) 司馬桑敦『中日関係二十五年』(台北：聯合報叢書、1978年)、101頁。

11) 佐藤栄作『佐藤栄作日記』第1巻、(朝日新聞社、1997年)、430頁。
12)「外交部魏道明報告」『立法院第38会期外交委員会第7次会議速記録』(1966年12月7日)、『立法院第44会期外交委員会第4次会議速記録』(1968年12月6日)、『立法院第46会期外交委員会第7次会議速記録』(1970年12月17日)、高朗『中華民国外交關係之演変(1950〜1972)』前掲、216‐221頁。
13) サンケイ新聞社『蔣介石秘録』第15巻、(サンケイ出版、1977年)、197頁。
14) 同上。
15)「演講　自立自強楽観奮鬥—民国60年8月14日　対三軍官校暨政戦学校応届畢業学生講」蔣経国先生全集編輯委員会編『蔣経国先生全集』第9冊、(台北:行政院新聞局、1991年)、126‐127頁。
16) 同上。
17)「演講　為救自己的国家而奮鬥—民国61年8月24日　第一届海外学人国家建設研究会閉幕典礼講」『蔣経国先生全集』第9冊、前掲、226頁。
18) 頼樹明『薛毓麒傳—走過聯合國的日子』(台北:希代出版、1994年)、184頁。
19) 同上、185‐186頁。
20)「總統蔣中正致外交部長魏道明敬電」国史館所蔵『蔣中正總統档案籌筆〈戡乱時期〉』第36冊32日17759号。
21) 楊旭聲他『七〇年代中華民国外交』前掲、65頁。
22) ヘンリー・キッシンジャー著(斎藤彌三郎・小林正文・大朏人一・鈴木康雄訳)『キッシンジャー秘録③　北京へ飛ぶ』(小学館、1980年)、225頁。
23) 同上。
24) 同上、223‐225頁。
25) 沈剣虹『使美八年紀要』(台北:聯経出版事業公司、1982年)、52頁、及び「外交部長周書楷致駐美大使沈剣虹第797号電(1971年7月23日)」国史館所蔵『蔣経国總統档案〈聯合国案〉1』、王正華編『中華民国與聯合国　史料彙編』(台北:国史館、2001年)、540頁。
26) 同上。
27) 同上。
28) 同上、380頁。
29) 故林金莖氏談話、台北、1992年6月29日。
30) 佐藤政権の中国政策については、増田弘「米中接近と日本」増田弘編著『ニクソン訪中と冷戦構造の変容』(慶應義塾大学出版会、2006年)、池田直隆『日米関係と「二つの中国」』(木鐸社、2004年)などに詳しい。
31) 増田弘「米中接近と日本」増田弘編著『ニクソン訪中と冷戦構造の変容』前掲、125‐126頁。

第 4 章　米中接近と国際的孤立のなかの台湾 ── 国連脱退をめぐる政治過程 ──　　*127*

32)「関於聯合國中國代表權問題中日東京会談紀録」国史館所蔵『蔣経国總統档案〈忠勤档案〉2』3010.82／5044.01－045。
33) Message From the Chief of the Central Intelligence Agency Atation in Taipei (Cline) to the President's Special Assistant for National Security Affaires (Bundy), U.S. Department of State, *Foreign Relations of the United of States,1961-63, vol.22 , Northeast Asia*, (Washington, D.C.: United State Government Printing Office, 1996), pp.156-157, 及び「Draft 1 October 1961」国史館所蔵『蔣経国総統档案特交档案』。
34)「関於聯合國中國代表權問題中日東京会談紀録」国史館所蔵『蔣経国総統档案〈忠勤档案〉2』3010.82/5044.01-045。
35)「関於聯合國中国代表権問題中日東京会談紀録」国史館所蔵『蔣経国総統档案〈忠勤档案〉2』3010.82／5044.01－045。
36) 同上。
37) 同上。
38) 同上。
39) 増田弘「日米接近と日本」増田弘編著『ニクソン訪中と冷戦構造の変容』前掲、134頁。
40) ヘンリー・キッシンジャー著『キッシンジャー秘録③　北京へ飛ぶ』前掲、176頁。
41) 沈剣虹『使美八年紀要』前掲、51－67頁。
42) 同上、225頁。
43) 楊旭聲他『七〇年代中華民国外交』前掲、61頁。
44) 沈剣虹『使美八年紀要』前掲、66－67頁。
45) 国連広報センター編『日本と国連の三十年』(講談社、1986年)、125頁。
46)『アジア動向年報』(1972年版)、216頁。
47) 佐藤栄作『佐藤栄作日記』第4巻、(朝日新聞社、1997年)、388頁。
48) 同上、387－388頁。
49) 黄天才『中日外交的人與事―黄天才東京採訪實録』(台北：聯經出版社、1995年)、173－176頁。
50) 佐藤栄作『佐藤栄作日記』第4巻、前掲、410頁。
51) 沈剣虹『使美八年紀要』前掲、68および70頁。
52) 同上、55頁。
53) 高朗『中華民国外交關係的演変 (1950～1972)』前掲、194頁。
54) 入江通雅『ニクソン訪中後の日中』(原書房、1971年)、174頁。
55) 国連広報センター編『日本と国連の三十年』前掲、127－128頁。
56) 故林金莖氏談話、台北、1996年8月5日。
57) Ralph N. Clough, *Island China* (Cambridge: Harvard University Press, 1978), p.25.

58) 台湾側の当時の国連代表団および外交部関係者複数の談話、1996年8月13日、台北、1996年10月11日、東京、1997年10月25日、東京。
59) 頼樹明『薛毓麒傳―走過聯合國的日子』前掲、190－191頁。
60) 松田康博「米中接近と台湾」増田弘編著『ニクソン訪中と冷戦構造の変容』前掲、66－68頁。
61) 同上、69－74頁。
62) 國史館編『頼名湯先生訪談録（下）』（台北：國史館、1994年）、471－472頁。
63) 「1971年10月29日中央日報訊」『外交部週報』（1071）。
64) 『立法院公報』（1972年2月23日）、9頁。
65) 『立法院公報』（1972年2月23日）、21－23頁。
66) 菊地清「最近の情勢」『中国総覧（1973年版）』（アジア調査会、1973年）、430頁。
67) Zbigniew Brzezinski, *Power and Principle* (New York: Straus & Girouz, 1983), p.198 及び緒方貞子（添谷芳秀訳）『戦後日中・米中関係』（東京大学出版会、1992年）、58－59頁。
68) 50年代前半における米中台関係について、特に台湾海峡の「現状維持」の意味とその固定化へ至る過程については、松本はる香「台湾海峡危機〔1954－55〕と米華相互防衛条約の締結」日本国政治学会『国際政治』第118号「米中関係史」（1998年5月）を参照。
69) 国史館編『頼名湯先生訪談録（下）』前掲、477頁。
70) 同上書、480頁、Bruce J. Dickson, "The Kuomintang before Democratization: Organizational Change and the Role of Elections," in *Taiwan's Electoral Politics and Democratic Transition*, ed. Hung-Mao, Tien (New York: M.E. Sharpe, 1996), p.49、及び当時の外交部関係者の談話、1996年8月13日、台北、1996年10月11日、東京、1997年10月25日、東京。
71) 国史館編『頼名湯先生訪談録』前掲、451頁。
72) 中国総覧編集員会『中国総覧（1975年版）』（アジア調査会、1974年）、436―437頁。
73) 沈剣虹『使美八年紀要』前掲、99－102頁。
74) 外交部編『外交部声明及公報彙編（中華民国60年7月至61年6月）』（台北：中華民国外交部、1972年）、29頁。
75) 黄嘉樹『第三隻眼看台湾』（台北：大秦出版社、1996年）、485－486頁。李健編著『臺灣與前蘇聯交往秘録（下）』（北京：中國社會出版社、1995年）428頁。
76) 外交部関係者談話、東京、1997年10月25日。
77) 聯合報社編譯『蘇聯特務在台湾―魏景蒙日記　王平档案』（台北：聯經出版社、1995年）および、当時の外交部関係者談話、1997年10月25日。
78) 聯合報社編譯『蘇聯特務在台湾―魏景蒙日記　王平档案』前掲、9頁。

79)「民国61年6月13日在立法院第一届第49會期　口頭施政方針報告（補充説明）」蔣経国先生全集編輯委員会『蔣経国先生全集』第9冊、前掲、195－202頁および「民国61年7月13日行政院第1281回院會指示」『蔣経国先生全集』第17冊（台北：行院新聞局、1991年）、380頁。
80) Dickson, "The Kuomintang before Democratization," pp. 48-52.
81) 若林正丈、林泉忠、王振寰ほか多くの研究においては、72年以降の中央レベルでの人的配置および変動を主に「台湾化」という側面に注目して説明しているが、その経過については参考になる。この他江南著（川上奈穂訳）『蔣経国伝』（同成社、1989年）、李達編著『李煥與台灣』（台北：風雲論壇出版社、1989年）、陳明通『派系政治與臺灣政治變遷』（台北：月旦出版社、1995年）などを参照。
82) Dickson, "The Kuomintang before Democratization," pp. 48-55.
83) 衛藤瀋吉他『中華民国を繞る国際関係』（アジア政経学会、1967年）、200－202頁。

第5章

北朝鮮の核危機に対する集団責任と平和的解決[1]

1. はじめに

　北朝鮮に対して抱かれている現在のイメージは、多くの場合（ただし主に日米においてであるが）、1世紀以上前、日本が当時拡張しつつあった大日本帝国に朝鮮半島を併合するために、果断な行動を取ったときに形成されたイメージを反映している。日本は「朝鮮問題」を掲げて、1910年の朝鮮半島併合を正当化した。最近では、アメリカが「北朝鮮問題」を利用して、朝鮮半島に10万人の兵力を維持することを正当化している。問題の根本が、弱腰だった19世紀末の大韓帝国から、ならず者とされる金日成、金正日の統治体制に変わっただけなのである。このような無能な体制に権力保持を認めれば、当該地域の平和と安全が危険にさらされる——1910年当時、この問題に対する日本の回答は体制転換であった。そしてそれは、この問題の現代の事例に対する最も現実的な解決策であると一部では考えられている。

　どちらの「（北）朝鮮問題」の事例も、問題のもととなった歴史がほとんど顧みられないままに形成されたイメージに依拠している。この問題を論じる日本人やアメリカ人は、あたかもかような資質が生来的なものだと言わんばかりに、大韓帝国や北朝鮮の統治体制を無能だとして非難してきた。これらの体制は時間の経過とともに無能力あるいは悪質なものとなっていったのではなく、本質的にそうだというのである。高宗の君主制（1864—1907年）と金父子の統治体制（1948年—現在）はともに腐敗しているが、この腐敗が生来的なものか、朝鮮が直面する環境の産物なのか、それとも両方の要素の影響を受けたものな

のかを問う者は皆無に等しい。そして、いずれにせよ、2つの政権が朝鮮の置かれた状況を改善すべく自ら努めたかどうかという点が議論されることはほとんどない。しかし、両体制とも、各々の伝統的政治構造の中心に切り込む改革が求められる複雑な状況に直面していた[2]。両体制が改革の試みに失敗したことを理解し評価するためには、それらの国内状況を検討するだけでなく、両体制の発展を求めながら、その軌道修正を困難なものにした外国の影響を検討することが必要である。

　興味深いことに（今さら言うまでもないことでもあるが）、現在の6か国協議の枠組みの参加国はいずれも、朝鮮史において重大な意味を持つ20世紀の歴史に積極的に関与してきた。朝鮮半島の現在の問題を解決するためには、朝鮮民主主義人民共和国（北朝鮮）が自国の国内事情への対応が改革を阻んでいることについて自ら熟慮することが必要である。また、北朝鮮が南の隣人、大韓民国（韓国）と諸問題の解決について協議し、双方の差異を是正することも必要である。しかし、ほかの4か国――アメリカ、ロシア、中国、日本――が、現状を助長していることへの責任があることを理解し、さらには「北朝鮮問題」の実行可能な解決策を協議することについて集団的な責任があることを理解しなければ、北東アジアに平和的な解決がもたらされることはないだろう。

2．今日の諸問題の歴史的文脈

　アメリカ大統領ジョージ・W・ブッシュ（George W. Bush）は、2002年の一般教書演説で北朝鮮を（イラク、イランとともに）「悪」と位置付けた。これはグローバルな紛争を、善悪という単純な二元論の観点から位置づけてきた長い歴史に依拠したものである。この極度に原理主義的な見解は、第二次世界大戦後、一貫してアメリカに支配的なものだった。ソ連はかつて、アメリカ大統領ロナルド・レーガン（Ronald Reagun）に「悪の帝国」として公然と非難されたが、そのソ連の崩壊によって、ブッシュの「悪の枢軸」演説で名指しされたような、相対的に小規模の悪の国家が出現することとなった[3]。これらの諸国を

敵と見なしたアメリカは、経済・外交のパートナーとの同盟関係を強化し、アメリカの膨大な軍事予算に対する国民の支持を確固たるものにした。これらの「脅威」はまた、アメリカが外国に軍事基地を保持することを正当化するものであり、これらの基地は往々にしてアメリカの同盟国から財政支援を受けている。

アメリカ政府は「ならず者」国家について、自国民を残酷に扱い、国際法を無視し、大量破壊兵器を保有しようとし、テロを支援し、基本的な諸価値を拒絶し、アメリカを憎んでいる国家と位置づけている[4]。そのような国家体制によってもたらされる危険が高まっているというのは、日本が朝鮮半島を併合したときの正当化の論法によく似ている。日本の論法は、文明開化した明治期(1868－1910年)における日本人とは異なり、朝鮮の「悪政」によって、朝鮮人が近代化できずにいるというものだった。日本人は、自国の改革運動が朝鮮の運動よりも活発に推進された歴史環境や[5]、当時希求されていた規模の改革を妨げた複雑な状況にはほとんど注意を払わなかった(実際、明治期日本の改革は例外的なもので、改革の試みの標準というべきものではなかった)。日本の書物はまた、朝鮮が弱小であると描いており、近代国家としての日本のイメージを拡大する必要が日本にあったことを正しく認識していなかった。朝鮮の体制の失敗により、日本政府の成功は西洋の目に大きく映った。また、朝鮮の失敗は、日本に朝鮮併合の正当化の事由を与え、世界列強のなかで日本が豊かな強国として認められる上で極めて重要な前提条件をもたらした。

日米両国は、朝鮮の体制は「悪」であるという歴史を無視したイメージを形成した。日本人はしばしば歴史を無視した落とし穴に陥り、古代から無能な政府のせいで土地も民衆も停滞してきたものとして朝鮮王朝を描いた。植民地研究の泰斗、新渡戸稲造は、日本が大韓帝国政府に保護条約を押し付けた直後の1906年に同国を訪問し、朝鮮人は「神代の昔、3000年前を生きている。〔…〕20世紀ではなく、10世紀──否、1世紀のものである。彼らは有史以前の時代を生きている」との所感を記している[6]。そのような日本人は、実についつい最近の江戸時代(1603─1868年)まで日本に哲学的、芸術的な進歩をもたらした朝鮮人の役割から目を背けていたのである。しかも彼らは、朝鮮時代(1392－1910年)が極めて長期に及んだことにより半島の近代的諸制度の発展に向けて

の取り組みが困難になったことを考慮しなかった。日本人は、格闘中の体制を、生来的に無能で、それゆえに主権国家を統治する能力に欠けたものと見なしたのである。

　北朝鮮に関する今日のイメージも、この歴史無視という特徴を備えている。ブッシュ政権は、北朝鮮の政権を「ならず者」、「悪」と位置づけ、核兵器保有のために自国民の基本的ニーズを犠牲にしている国家と見なしている。しかしブッシュ政権は、北朝鮮の歴史的、そして今日的な行動の背後にある理由を考慮していない。確かに北朝鮮は、先に列挙したアメリカが掲げる「ならず者国家」の条件に十分符合する。北朝鮮の体制が生来的に悪質であると言えば、外的要素が現在の状況をもたらした可能性を考慮する必要はなくなってしまう。その結果、朝鮮分断までの経緯、特に分断という結果を招来する上で日米両政府が果たした歴史的役割に自覚的な日本人やアメリカ人はほぼ皆無である。また、日本人やアメリカ人は、アメリカが1950年代後半に朝鮮半島に核兵器を持ち込んだことが北朝鮮の核兵器保有の野望の最初の引き金となったことにも、無自覚である。このような歴史的要因は、朝鮮半島の非核化をめぐる現在の協議において重要だと考えられる。しかし、それらはほとんど考慮されていない。歴史的な議論が行われても、それはしばしば周辺的な関心事に即してのことである。

　歴史を知らなければ理知的な議論ができず、北朝鮮の状況に関する言説を支えるイメージが正しいか否か、知的に検討できない。この過程は学校教育に始まり、マスメディアによって補強されている。これらの制度を通じて与えられたイメージは、唯一の扇動装置となって「他者」に関する言説を強化する。北朝鮮と同様、アメリカ、韓国、日本も、これらの制度を利用して言説を制約し、多様性のある言説の影響から国家を「守る」べく、敵として「他国」の評判を貶めるイメージを普及させている。そして、人々の追究や議論を引き起こしかねない諸問題は封印され、かような関心や議論も無意味なものとされる。そのため、学術研究の現実的な意義もほとんど失われてしまう。一方、このような過程から逃れた多様な言説は矮小化され、それを語る者は「修正主義者」と見なされる。

外交的取り組みも、これとパラレルな関係にある。北朝鮮の核危機は、その解決策をもたらす賢明なリーダーシップを必要としている。しかし、ほとんど例外なく、この問題は過度に単純視され、北朝鮮については、悪質で腐敗した指導体制が、近隣の善良な民主主義諸国を脅かしていると見なされてきた。そのような国家と解決策を協議しても、実現可能、検証可能な結果は得られないだろうというのである。この強硬路線を支持する人々は、平和的な関与政策を主張する人々を単純、もしくは「弱腰」と見なす[7]。この過程は、公職についていない人々の最も基本的な権利――追及する権利を剥奪するものである。危機の背景にある歴史の根本的理解さえほとんどなされておらず、北朝鮮の国家イメージによってこの危機の最重要の論点は無視されている。なぜ2つの朝鮮があるのか。いつ、いかにして北朝鮮は敵となったのか。また、なぜこの国家は核兵器を入手する必要性を感じたのか。これらの疑問に回答することは、多くの人にとっては煩瑣なことに思われる。ひざを曲げずに足を高く上げて行進する兵士、将校に囲まれた「敬愛する領導者」（金正日）、餓死寸前の子どもというイメージの存在がそのことをよく示している。つまり悪の具現化である。これらとは逆の、北朝鮮で快適に暮らす朝鮮人というイメージはほとんど見られず、あってもそれらはプロパガンダとしてすぐに退けられてしまう[8]。

　現在の北朝鮮の苦境に関して、その歴史において中心的な役割を担った諸国が、北朝鮮の核危機を解決することを目的に設置された6か国協議の席を占めているのは偶然の一致ではない。（後述するが）これは都合のよいことである。本稿の主たる目的は、これらの諸国が北朝鮮核危機の平和的解決を保障する共通の責務に取り組むよう求めることにある。朝鮮半島に対するこれらの諸国の干渉は、その期間の面で各様である。中国は長らく朝鮮を自らの属国だと見なしてきた。中国に比べると、アメリカは朝鮮に対して政治的影響をさほど及ぼしていないのは明らかだが、日本降伏に伴って1945年9月に朝鮮統治の役割を引き受けた。中国、ロシアと日本は、19世紀後半から20世紀にかけて、影響力を行使する地位を争っていた。中国とロシアは日本との戦争に敗れ、その結果、1910年の日本による朝鮮併合が加速した。アメリカは第二次世界大戦後、朝鮮半島で主たる役割を引き受け、韓国（1945－1948年）と日本

（1945 − 1952年）の占領を遂行した。

　1945年8月の朝鮮半島分断の決定は、朝鮮史に重大な転機をもたらした。分断以前の朝鮮史とは、弱小の朝鮮王朝が、1860年代と1870年代に西洋、日本による軍事的な改革圧力に直面し、伝統的な政治社会構造を維持しようと苦悶するなか、地域強国がその朝鮮を利用しようとするというものだった。朝鮮の体制は、当初は勝利を収めたため──ペリーの対日使節とは異なり、フランスとアメリカの各使節は朝鮮に最小限の打撃を与えただけだった[9]──、改革の緊急性を自覚できず、自己満足の状態にあった[10]。この成功に満足した朝鮮は、後に日本人が朝鮮西部の海岸で同様の紛争を引き起こしたときに、高い代償を支払うこととなった。日本と朝鮮は1876年初頭の交渉で江華島条約に調印したが、これは「不平等」条約であり、1854年に日本とアメリカが調印した日米和親条約をモデルとしていた。江華島条約は、港町の開放と日本人の居住、日本人居住者の治外法権、日本に有利な関税率を朝鮮政府に受け入れさせたものである。

　朝鮮半島は日本人にとって好機の場だった。日本が富国強兵という目的を成就するための必須条件の一つが、周辺地域の安全の強化だった。国際法は「文明の発達した」国家による、自国の国益を脅かす恐れのある領土への拡張を認めていた。日本人は、朝鮮併合を議論する上で、一貫して朝鮮の無能と、それによる混乱を口実にした。併合を正当化するために当時の総理大臣・桂太郎は次のように説明した。

　　朝鮮はこれまで極東におけるあらゆる脅威の源泉となってきており、過去の事実がそれを証明している。〔…〕極東の恒久的な平和は根本的な解決に達するまで決して保障されない。慎重に考慮した結果、〔日本〕政府はこの目的のために併合が最良の方策だとの結論に達した[11]。

　しかし、朝鮮半島が日本にもたらした最も重要な好機とは、朝鮮半島が日本列島に至極近い位置にあること、そしてその政府が無能であるとの認識にあった。1910年時点で、朝鮮は独立を保っていた数少ない地域の1つであり、それ

ゆえに獲得可能だったのである。日本は世界的な地位が向上したため、海外領土を併合し、併合地の住民を啓蒙することで自らの世界的な立場を実証することを必要としていた。朝鮮の君主制を自国民の文化的発展を怠る「悪の政府」として描くことで、(少なくとも当時の国際法の観点からは) 朝鮮半島の併合は正当化されたのである。

国際社会も日本の取り組みを支持した。国際社会は、朝鮮の体制の順応性の欠如を批判したが、これは今日の北朝鮮体制への批判に類似している。1905年、アメリカの外交使節アレン (Horace N. Allen) は、高宗はまったくの無能だと手紙に記している。彼は皇帝・高宗について「ローマが燃えているときにバイオリンを弾いていたネロのように、踊り子と戯れている」と非難した。アレンは「〔朝鮮人は〕自ら統治できない。彼らはかつてのように権力者を持たなければならない。それが中国でなかったときは、ロシアか日本だったが、そのような権力者の下から脱すると、朝鮮人は恐ろしい失敗を犯し、別の何者かに自らを委ねざるを得なくなる」と結論付け[12]、朝鮮は体制転換すべきだと提言している（アレンの激しい批判は、最後に日本が「朝鮮を保有する」ことを認めるよう提言している）[13]。

後に韓国の初代大統領となる李承晩は、アメリカが日本の朝鮮半島進出を認めたことを「ローズベルトの裏切り」と呼んで非難した。李はまた、1945年のヤルタ会談でフランクリン・ローズベルト (Franklin D. Roosevelt) が、朝鮮の独立は日本の降伏後、無期限の占領を経た後のこととなると明言したときにもアメリカを批判している[14]。李はこれらの批判の根拠として、1882年の米韓修好通商条約第1条に、「ほかの強国が条約国の一方に圧力を加えた場合、事態の通知を受けた他方の条約国が円満な解決のために調停を行う」という条項があったことを挙げている[15]。日本はまさにかような「ほかの強国」であったが、アメリカ（同時期に朝鮮と類似の条約を調印したほかの列強も）は、朝鮮を支援しなかったのである。

今日の朝鮮人は、かような過去を、自らが犠牲となったとの観点から、エビ（朝鮮）を巡ってクジラ（ロシア、日本、中国）が争ったといった比喩を用いて述べることがある。そのような表現は必ずしも間違っているわけではないが、

不完全である。権力保持のために国内の改革運動に反対した弱い君主と頑迷な保守官僚に率いられた朝鮮の政府のことは、ここで語られていない[16]。この権力基盤は、表向きは（儒教に基づく科挙の成績で示されるような）功績によって決まることになっていたが、実際には、氏族の一員であることが重視されるものであり、朝鮮に伝統的な官僚政治を近代化しようとする多くの試みを妨げた。この無能な政府は、日本の朝鮮半島への領土拡張を許容しない一方、セオドア・ローズベルト（Theodore Roosevelt）が「自国の防衛を損なう」と述べたように、当時日本に影響を及ぼしていた列強に朝鮮の無能さを示した[17]。列強は、日本の進出行為を「不正」や「非道」ではなく慈悲深いものと見なした。朝鮮の体制を前にしては、列強が日本の行為を妨げる理由などほとんど何もなかった。結局、朝鮮における日本の行為を支持することにより、少なくとも太平洋戦争初期まで、東アジアにおける欧米の利益は間接的に守られたのである。

　筆者は、朝鮮が時代の要求に対応できなかったことを批判することで、伝統を犠牲にした近代化の意義を過度に評価しようと考えているわけではない。実際、近代的な「発展」は過去1世紀にわたって、しばしばその暗部を露呈してきた。論じるべきは、政府の決定が結果を左右するということである。19世紀末における朝鮮の体制は、変動する世界の対立のなか、政治的勢力の独占を目指す世界的列強に囲まれて苦闘していた点で、現在の北朝鮮の体制と似ている。潮流に逆らって泳ぎ、挑みさえすることは、気高いことだが、非現実的でもある。朝鮮人の頑迷ぶりが朝鮮の体制を壊滅させるものであることは、1世紀前に証明されている。この失敗の影響は、依然として、今日まで分断している朝鮮半島に付きまとっている。

3．冷戦政治 —— 地理的分断と心理的分断

　60年間に及ぶ朝鮮半島の地理的な分断は、朝鮮人の心理的な分断をももたらした[18]。この分断が最も激しく顕在化したのが朝鮮戦争（1950－1953年）である。この内戦は、戦争の狂気のなかで人々を半島の南北に追い立て、家族や

友人を引き裂いた。戦争は何十万もの朝鮮人の死者を出し、大半の大都市とそのインフラを崩壊させた。2つの朝鮮を分かつこの心理的虚無感は、この戦争が未終結であるために残存しているという側面もある。1953年に締結された休戦協定により戦闘は終った。しかし、双方は、公式的な戦争終結のための平和条約に同意できていない。戦争終結後、非武装地帯（DMZ）を挟んだ2つの体制は、それぞれ半島に「もう1つの国」が存在することを利用して厳格な法制度を構築し、有権者の歴史的、社会的、政治的な思考と行動を統制してきた。すなわち分断とは、その形成と持続の責任を負う人々が、北朝鮮問題の平和的解決に向けて取り組むべき最重要課題なのである。

　分断の永続化は、何よりもまず、和解に必要な困難の伴うステップから目を逸らしてきた南北朝鮮に直接的な責任がある。近年まで双方が互いの存在を認めなかった（南北とも、このような相互不承認を実践する法律さえ可決している）ことは、深い対立をもたらし、和解を困難なものにした[19]。最近でも、1990年代半ばに南北首脳が会談実施で合意したものの結局不首尾に終わるということがあった。当時の韓国大統領・金泳三は、1994年の金日成死去に際して哀悼の意を表明せず、北朝鮮の体制を貶めた。金泳三政権はまた、国家保安法を適用して、故金日成を偲ぶ式典を組織した韓国の学生を検挙した。北朝鮮の核開発計画を凍結させ、南北首脳会談実施の確約を取り付けたジミー・カーター（Jimmy Corter）の平壌訪問によって築かれた良好な展開は、金泳三の一連の対応によって悪化したのである[20]。さらに最近では、半島を鉄道で結ぶための試験を北朝鮮が突如中止し、それまで南北朝鮮が関係改善に向けて行ってきた前進が中断している。

　分断の責任は朝鮮半島の近隣諸国や占領国にもある。冷戦中、南北双方が超大国の承認なしに再統一に向けて枢要な行動を取るということは考えられなかった。現在でも、アメリカは日本、韓国の共同戦線の維持を望み、その意に沿わない展開に対して圧力を加えている。

　日本敗戦に伴う朝鮮解放により、朝鮮人は主権を回復する機会を得た。しかし、アメリカ、イギリス、中国（蔣介石の国民党政府）は、第二次世界大戦の戦闘が激しかった頃から、その希望を叩きつぶした。1943年12月、カイロで

開かれた会談で、米英中3か国は、朝鮮独立が連合国による占領の後になると言明したカイロ宣言を発表した。アメリカは1945年8月、38度線を境に朝鮮を南北に分断し、米ソ両軍がそれぞれ占領することを提案した。台頭しつつあった2つの超大国は、この暫定的かつ人工的な境界を調整できず、分断状況が固定された。両国は1948年、それぞれ政治的には友好的ではあるが極端主義的な政権の権力拡大を支持し、それによって分断が決定的となった。軍事境界線での衝突は朝鮮における別々の国家の樹立を助長し、外交的解決の機会が減じる一方で、軍事的な解決を企図する可能性が高まっていった。数年の間、南北双方による全面的侵略という噂が述べ立てられ、最終的に1950年6月、全面戦争が勃発した[21]。

戦後の米ソ対立が世界をイデオロギー的に分割したとすれば、朝鮮半島における代理戦争は、最終的に朝鮮人を心理的に分断したといえる。南北朝鮮は、相互に相手が先に戦争を仕掛けたと非難した。北朝鮮は1950年6月24日に始まった韓国の突然の侵略に応戦したと主張している。一方、韓国は、戦争開始は1950年6月25日だと主張している。どちらの主張が正しいかは、本稿の議論では重要ではない。最も重要なのは、6か国がいずれも戦争が近づいていることを知っていたということである。その開始は、ニコラス・エバースタッド(Nicholas Eberstadt) が言うような「忌わしい1950年6月の急襲」などではない[22]。その戦争の開始は、不幸な韓国に対する北朝鮮の攻撃としばしば説明されるが、実際ははるかに複雑である。南北朝鮮はどちらも、半島の他方を「解放」するために戦う意思を有していた[23]。米ソ両国も1949年の両軍撤退と、1950年の戦争勃発後に伴い、それぞれ南と北の代理国家の軍備を増強させていた。双方とも、この敵対的なエネルギーを平和的解決に転換しようとはしなかった。したがって、南北朝鮮だけでなく、南北の戦争準備と戦闘行為を支援した諸外国にも、戦争開始と最終的な結果に対する責任がある。その責任には、この戦争を最終的に終結させる平和条約の締結実現や、北東アジアに安全をもたらすことも含まれる。

この戦争の遺産は、現在の朝鮮半島の政治状況に反映されている。2つの国家は世界で最も要塞化された境界線に沿って対峙している。アメリカは戦争開

始「急襲」説を利用して、この地域への兵士10万人の配置を正当化し、北朝鮮の指導体制を無謀で予測不可能なものとする印象を維持している。冷戦中、米ソは朝鮮の代理国家と互恵関係を維持し、忠誠と引き換えに特別な経済措置と軍事的保護を与えてきた。南北どちらが離反しても、超大国の外交的自負心と戦術における大敗となり、同時に自国陣営に引き入れた側にとっては大きな勝利となると見込まれた。朝鮮半島の指導者らはこの競合関係を利用し、「相手」の脅威を誇張して自国の厳格な体制を正当化し、「相手」に対する自国住民の共感の徴候を叩きつぶした。

　冷戦における忠誠と競合によって築かれた他者依存の大きさは、ソ連が崩壊したときに明らかであった。北朝鮮の伝統的な同盟国であるソ連と中国が1990年と、1992年にそれぞれ韓国と国交を樹立し、中ソが北朝鮮との経済、防衛面での協力を大幅に見直したことで、北朝鮮が先にその影響を実感した。ソ連のエネルギーと防衛力の欠如（そしてこれらのニーズの対中依存度の上昇）は、北朝鮮が、核能力の増大と、（その結果、まったくの失敗となるものの）アメリカとの良好な関係を目指すことを決意する最も重大な契機となったかもしれないのである。一方、韓国政府は1997年の経済危機以後、相対的に小規模な混乱に耐えてきた。国際通貨基金（IMF）からの数十億ドルの支援は、韓国経済を「グローバル」なスタンダードに沿うよう根本的に再構築した。

4.「北朝鮮問題」への対応

　本稿における主眼は、現代の「北朝鮮問題」への解決に際しては、6か国協議のすべての参加国がこの問題の発生に歴史的に関与してきたことを熟考すべきだということにある。責任を認めることによって、参加国は現存する危機的状況の全体的な責任を特定の1か国に負わせるべきではないことを理解できよう。問題の原因に対する責任があることを熟考すれば、参加国は問題解決に責任があることがわかる。戦前、戦後にかかわらず、朝鮮＝脅威というイメージは、近隣諸国によって偏狭な地域的諸問題を正当化するために歴史的に利用さ

れてきた。現在の「北朝鮮問題」を理解する上で、この歴史を注意深く検討することが重要である。しかし、今日まで参加国がこの歴史に無関心だったことが、問題解決の根本的な障害となっている。

このような無関心は、アメリカが北朝鮮に「見返り」——安全保障と経済的保障——を与える前に、まず核施設の廃棄——軍事利用、平和利用ともに——を再び要求したことに顕著に現れている。北朝鮮政府は、最終的な意向として各施設の完全な廃止に言及したものの、それはアメリカの対応次第だとしている。エネルギー不足を補うための代替燃料を提供すれば、その見返りとして北朝鮮は核計画を凍結するだろう。アメリカが北朝鮮にとって脅威となるものを除去すれば、核開発計画を放棄するだろう。過去50年における北朝鮮政権の反応は、予測可能で論理的な政策を示している。北朝鮮は自らの安全保障と経済的利益についての誠実な交渉には相応の態度で応じてきており、制裁の脅威に対しては戦争の脅威をもって対抗してきた。そして、制裁が実施されれば核とミサイルの計画を強化してきたのである[24]。

アメリカと北朝鮮は1990年代に、相互の利益を協議することにより2つの成功を収めている。1994年の枠組み合意は「北朝鮮問題」を扱う上で、結果よりも過程を重視することの意義を示している。この合意は、最終的な目標として北朝鮮の平和的利用施設の透明性確保と軍事施設の廃止を定めているが、この結果を導くための段階的な推進を強調している。一方、アメリカは北朝鮮に対し、このプロセスが成功した場合、最終的には北朝鮮の国家の安全を保障する可能性を提示した[25]。第2の合意は、北朝鮮のミサイル開発を抑止するための1998年の交渉結果である。このとき北朝鮮は、米朝両政府による交渉継続を条件に長距離ミサイル実験を凍結すると約束した。クリントンの大統領在任中、上記の両合意が守られ、ジョージ・W・ブッシュにも引き継がれたように見える。枠組み合意はジェームズ・A・ケリー（James A. Kelly）国務次官補（東アジア・太平洋担当）率いるアメリカ代表団が、ウラン濃縮に北朝鮮が関与していることを告発した2002年後半まで残った[26]。ブッシュ政権はミサイル合意の最も根本的な約束——アメリカは互恵的な交渉を継続する——の履行を拒否したが、北朝鮮は2006年9月まで長距離ミサイル実験を控えた[27]。

ジミー・カーターの平壌からの帰国に対する否定的反応は、ロバート・ガルーチが北朝鮮核計画凍結に成功したときも同様だったが、危機における歴史無視の認識を露呈した。マリオン・クリークモア・ジュニアによれば、ジミー・カーターは「だまされやすく、世間知らずで、妥協する人物であり、〔…〕北朝鮮に対するアメリカの政策を台無しにした」といった攻撃を受けた[28]。スタンフォード大学フーバー研究所のトマス・H・ヘンリクソンは、この「冷戦の時代遅れの遺物」に対するクリントン政権の政策を「悪行に見返りを与えること」だと評した。彼は次のように説明している。

　クリントン政権時代における金日成の巧妙で大胆なイニシアチブは過小評価されている。核兵器製造という脅威を巧みに利用することによって、金日成は支援、国際的立場、アメリカとの接触を手中に収めた。大量破壊兵器を製造することで北朝鮮をリビアやイラクのような孤立した国家にすることなく、金日成はクリントン政権を北朝鮮の国際的な地位向上のために利用することに成功したのである。しかし、仲介提案された計画が完結する前に彼〔金日成〕は死去した[29]。

　クリントン政権を、北朝鮮に譲歩し、北朝鮮の恫喝に屈し、弱腰だとして非難した論者もいた。北朝鮮は国際法に違反しており、クリントン政権はそれを攻撃するどころか「見返りを与えた」というのだった。
　北朝鮮が国際的な責任に背いたことはない——彼らは核燃料の再処理のために燃料棒を取り出したと見られ、また国際機関の査察官を国外退去させると脅迫していた——ということを、彼らは不問にしていた。論者らはまた、国際的な責任を「超越した」ところに自国を位置づける枠組み合意に調印する上で、北朝鮮が同意した条件の多くを考慮に入れなかった。たとえば、北朝鮮が締結した合意は、黒鉛型原子炉の廃棄を北朝鮮に求めるものではなかった[30]。また、論者ら（合意の支持者の多くも）は北朝鮮が核に走り、さらに近隣諸国を脅かし、アメリカを「恫喝する」攻撃的な立場を示唆せざるを得ない理由を考慮しなかった。しかし、米朝外交の歴史は、北朝鮮が防衛手段として核兵器を保有

しようとした明確な原因を示している。アメリカは朝鮮戦争の間、核爆弾を使うと何度も脅した。アメリカは、自ら5年前に北朝鮮および中国と結んだ休戦協定に反して、早くも1958年には韓国に核兵器を持ち込んだ。より最近では、イラク――防衛のための抑止力を持たない国――への侵略は、外部からの攻撃を抑止するために核計画を維持するという自衛上の価値を北朝鮮に示した[31]。

　北朝鮮の核への野望の歴史を1970年代まで考察した論者もいる[32]。この歴史をさらに1950年代まで遡り、アメリカが朝鮮半島に核兵器を持ち込んだ頃まで検討すると、理解がさらに容易となる[33]。歴史を踏まえれば、北朝鮮は、近隣諸国が核兵器保有を目指す――または実際に保有する――ことから、自らも核を保有せざるを得なくなった諸国と同じ立場に置かれていたことがわかる。たとえば、ドイツが爆弾入手の野望を持てば、アメリカは部隊展開を余儀なくされる。ソ連も同様の反応を示し、1949年に最初の核爆弾の実験を行った。その成功に続いてイギリス（1952年）、フランス（1960年）、そして1965年に中国が核実験を行った。ソ連崩壊とその核の傘が消滅したことにより、北朝鮮はこの地域で核抑止力を持たない唯一の国家となった。この欠点と経済状況改善の必要性により、北朝鮮はどちらの方向に進むかというジレンマに追い込まれた。つまり、核という選択肢を発展させるか、不倶戴天の敵と交渉しようと試みるかの二者択一である。興味深いことに、北朝鮮の指導者はその両方を追う二元政策を採用し、どちらか一方で成功を収めれば最終的に自国の世界的な地位が向上するだろうと考えていた。今日まで核兵器を保有しようという取り組みは、米朝間のより進化した関係を交渉によって得ることに失敗したという点を考慮すると、より現実的な代案だったのである。

　対外政策におけるブッシュ演説の失敗は、世界中で多様なかたちで――イラクで依然続く戦闘、パレスチナとイスラエル間での再発した暴力、高まるイランの核計画まで――明らかである。これらの問題はすべて、「北朝鮮問題」と同様、アメリカ大統領が「悪」と考える国家との交渉拒否に収斂されている。ブッシュが断固として外交交渉を拒否したことによってもたらされた失敗は、北朝鮮が2006年末に行ったミサイル実験と核実験において最も明らかである。ここで、大統領は交渉を拒否しただけでなく、すでに困窮している北朝鮮の経済

に新たな経済制裁を課すことで、不和の枠組みに火をつけた。予想どおり、北朝鮮はアメリカの否定的な行為に対して否定的な対応を返した。アメリカの新たな制裁についての協議呼びかけに対する北朝鮮の迅速かつ積極的な反応は問題解決を期待させるものであるが、アメリカが両国を離反させた諸問題についてより積極的な態度を採ることが条件となる。

5. 結論

　本稿では、「北朝鮮問題」を解決するには、その解決に関心を持つ諸国が、今日までこの問題が拡大してきたことに、共通の責任があることを熟考する必要があると論じてきた。もちろんこれは、北朝鮮に責任がないというわけではなく、近年行われた非生産的な兵器実験を許容するものでもない。この問題には、6か国協議の全参加国は関係する歴史があるということである。
　各国の関与は、程度や方法の違いはあるにせよ、現在の問題を助長してきた。原因に自らの責任があることを知ることは、問題解決をもたらす責任が自らにあることを知る第一歩である。要因に対する責任が各国にあるとの認識を反映し、北東アジアにおける非核化の進展、さらには経済と安全保障の安定を推進するものでなければならない。
　集団的な責任を認識するにはまず、各国がその行動の歴史的結果を理解する必要がある。本稿では、朝鮮の近隣諸国が弱小の朝鮮君主制に及ぼす影響をめぐって争った19世紀末まで、歴史を遡って検討してきた。日本は、賢明で慈悲深い政府のもとで朝鮮人を発展させようという意図を表明し、最終的に朝鮮を自らの帝国に組み入れたが、朝鮮に政治構造を与えなかった。それゆえ、朝鮮の「解放」は、朝鮮が自治できないことを理解した勝者による第2の占領に取って代わられた。ソ連とアメリカの占領によって促進された分断は、半島を再統一するために戦われた血みどろの戦争と、アメリカが2度目の朝鮮戦争に対する予防策として朝鮮半島に核兵器を持ち込んだこととともに、今日までこの時代の遺産として残っている。

かような歴史的責任を理解することによって、関係諸国はこの問題をさまざまな観点から見ることができるようになる。今までのところ、アメリカはこれらの問題を北朝鮮の観点から考慮することなく、北朝鮮の見解から生じた問題と位置づけてきた。このことは2001年6月にジョージ・W・ブッシュが行った演説が打ち出した交渉の条件に最も明らかである。ブッシュはそこで、平壌と非武装地帯の間に集中している北朝鮮の非核軍事力に言及し、それらが韓国に脅威を与えていると付け加えた。この大統領演説では、北朝鮮軍の配置に基づく防衛上の理由は言及されておらず、アメリカが韓国に配置している軍隊と兵器、アメリカが自国領土から照準を定めている核ミサイルによって北朝鮮が感じる脅威についても触れられていない。

　北朝鮮とアメリカを離反させる問題を多様な観点から眺めることは、2006年12月に開かれた6か国協議で明らかになったように、彼らが現在直面している閉塞状況を打破するために必要である。両者は解決のための必要条件——北朝鮮の非核化、北朝鮮の経済と安全保障の問題におけるアメリカの協力——を理解している。しかし、——過去の失敗にたきつけられた——信頼の欠如から、双方とも、面目を失うことなく先に行動して主導権を取ることができずにいる。言い換えると、この問題は一方の相手によって引き起こされたものであるという見解が、双方の態度を硬化させ、譲歩を政治的自殺行為としてきたのである。この問題の歴史的発端を推測してこそ、集合的な観点、つまり善対悪という単純な観点より複雑な観点でこの問題を組み立て直すことが可能になる。すなわち、問題解決の責任は、最も深く関与してきたこれらの国々——現在の交渉についている6か国——にあり、北東アジア地域に最も根本的な目標をもたらすことに直結する議論にともに従事してきたこれらの国々にある。その目標とは、核危機の平和的解決である。

注
1) 本稿は、2006年11月21、22日に日本大学三島キャンパスで行われたシンポジウム「北朝鮮と北東アジアの平和と安定」における報告をもとにしたものである。
2) ジェムズB. パレ（James B. Palais）は19世紀末を通じて朝鮮が直面した難題につい

て、より包括的に論評している。*Politics and Policy in Traditional Korea* (Cambridge: Harvard University Press, 1975); "Political Participation in Traditional Korea, 1876-1910," *Journal of Korean Studies* 1 (1979), pp.73-121. 北朝鮮政府の政治力学を正確に検討する上で必要とされる背景知識に精通している者はほとんどいない。セリグ・S・ハリソン (Selig S. Harrison) の分析は例外である。*Korean Endgame: A Strategy for Reunification and U.S. Disengagement* (Princeton: Princeton University Press, 2002).

3) マイケル・クレア (Michael Klare) は、1980年代初めまでに、いくつかの国家が「ならず者」と呼ばれるようになった経緯を跡づけている。*Rogue States and Nuclear Outlaws: America's Search for a New Foreign Policy* (New York: Hill and Wang, 1995), p.26. また、2002年に編集された "The National Security Strategy of the United States of America"は、冷戦後のアメリカの敵として、ソ連崩壊の影で「出現した」、「少数のならず者国家」と規定している。White House, *The National Security Strategy of the United States of America* (September 2002), p.13. http://slomanson.tjsl.edu/NSS.pdf (accessed December 29, 2006).

4) White House, *The National Security Strategy*, p.14.

5) たとえば、日本人が近代化開始時期である。1853年の提督マシュー・ペリーによる日本の「開国」は、1876年の日本による朝鮮の「開国」より20年間先んじている。重要なことに、日本の「開国」は「帝国時代」(1870年代から1914年まで) より以前のことであり、各国が領土としての植民地というより、経済的通商の足がかりとしての入植地を獲得することに関心がある時期だった。この時代については、以下を参照。Eric Hobsbawm, *The Age of Empire, 1875-1914* (New York: Vintage Books, 1989).

6) Nitobe Inazô, "Primitive Life and Presiding Death in Korea," in Yanaihara, ed., 『新渡戸稲造全集』第12巻、教文館、1987年、327-328頁。これは、朝鮮を原始的と見なす多くの描写の1つに過ぎない。朝鮮を旅行した多くの人々は、その旅行を古き日本に「戻ってきた」ような懐かしいものと表現している。筆者はこれらを自著で要約している。Mark Caprio "Koreans into Japanese: Japan's assimilation policy, 1910-1945 (Ph.D. dissertation, University of Washington, 2001), pp.356-363.

7) マリオン・クリークモア・ジュニア (Marion Creekmore, Jr.) は、1994年にジミー・カーターが平壌を訪問して、金日成と核危機の平和的解決策を話し合うと主張すると、多くの論者がカーターを弱腰と見なしたと記している。クリークモアはまた、クリントンによる最初の北朝鮮への強硬アプローチは、彼の大統領としての政権運営が弱腰と見なされることを恐れたゆえだと示唆している。*A Moment of Crisis: Jimmy Carter, The Power of a Peacemaker, and North Korea's Nuclear Ambitions* (New York: Public Affairs, 2006).

8) 最近イギリスで公表されたドキュメンタリー"State of Mind"と"The Game of Their Lives"は、犬と遊ぶ子ども、両親や祖父母らと歌う子ども、普通の食事をしている子ども、サッカーをしている年配の男性といった光景を映し出している。前者は、北朝鮮の式典で行われたマスゲームの練習をする少女2人を追ったもので、少女の家族の生活の光景も映した。後者は、1966年のワールドカップで好成績を残した北朝鮮チームのメンバーに焦点を当て、このワールドカップにおける北朝鮮の成功と、現存する選手に焦点を当てている。韓国メディアは、北朝鮮政府は同チームが帰国した際、彼らを投獄したと宣伝していたのである。

9) 1866年のフランス使節は、1866年にフランス人伝道者数人が殺害されたことへの報復であった。同年にアメリカ船ジェネラル・シャーマン号は通商交渉のため平壌へ大同江を下っていたところ、朝鮮人はこの船を拿捕、破壊し、乗組員全員を殺害した。1871年の報復作戦が朝鮮の要塞に重大なダメージを与え、朝鮮人650人の生命を奪ったが、最終的にアメリカが撤退したことで、排外政策に対する国内の信頼は強化された。

10) 対照的に、日本が西洋の侵略者を退けることに失敗したことと、西洋列強によって薩摩（1863）と長州（1864）が破壊されたことにより、明治維新の中心となったこの2つの藩は、漸進的な変化よりも革命が必要であることに気づいた。H. D. Harootunian, *Toward Restoration: The Growth of Political Consciousness in Tokugawa Japan* (Berkeley: University of California Press, 1970).

11) 桂太郎の言葉は"An Important Talk on Annexation," *The Japan Times* (August 30, 1910)に掲載されたものを再構成した。日本人はしばしば、日清戦争（1895年）と日露戦争（1905年）は、朝鮮の独立を守るための戦争だったと述べる。併合に際して、日本は、北東アジアが朝鮮にとって主権を維持することが困難な環境であるとの確信を有していた。

12) ハワード・K・ビール（Howard K. Beale）は、セオドア・ローズベルトとアレンの朝鮮に関する見解に再検討を加えている。*Theodore Roosevelt and the Rise of American World Power* (Baltimore: Johns Hopkins, 1956), pp.315-323.

13) Ibid., 319. セオドア・ローズベルトは当初からこの見解を支持し、1900年には「日本が朝鮮を保有するのが望ましい」と記している（Ibid., 314）。

14) 李承晩の発言の主眼は、北朝鮮が再び侵入してくれば、アメリカが韓国を見捨てるかもしれないという李自身の恐れにある。"Memorandum of Conversation by the Secretary of the Army (Royall)" *Foreign Relations of the United States* (February 8, 1949), pp.956-958.

15) アメリカがこの条約で定めた朝鮮に対する責務を反故にしたか否かという問題は、日本の植民地時代およびその後の時期に顕在化した。初期の批判としては、トマス・

E・ワトソン (Tho,as E. Watson) 上院議員（ジョージア州選出）が、議会で行った質問のなかで、陸軍省長官を歴任したイライヒュー・ルートが「朝鮮における不幸な事件をもたらした張本人」であるにもかかわらず、ナショナル・アーツ・クラブから武勇勲章という栄誉を授与されることが適切かどうか尋ねたことがある。US Congress, Senate, "Valor Medal for Root ― National Arts Club will Honor Head of Mission to Russia," 67th Congress, second session, *Congressional Record* 62, 21 March 1920: 4182-4186. さらなる詳細については次の文献を参照。John Edward Wilz, "Did the United States Betray Korea in 1905?," *Pacific Historical Review* (1985): pp.245-246; 李民植「米国の対朝鮮親日政策の出現――清日戦争期を中心に」、『史叢』第40・41巻（高麗大学校）、1992年6月、79-110頁。

16) Palais, *Politics and Policy*.
17) Beale, *Theodore Roosevelt*, p.323.
18) この心理的分断に関して、2件の興味深い研究がある。Roy Andrew Grinker, *Korea and its Futures: Unification and the Unfinished War* (New York: St. Martin's Press, 1998), and Ronald Bleiker, *Divided Korea: Toward a Culture of Reconciliation* (Minneapolis, University of Minnesota Press, 2005).
19) 韓国では、李承晩時代（1948－1961年）、北朝鮮や共産主義への共感を表明すると解釈できるあらゆる行為・発言を違法とする国家保安法が制定された。一方、北朝鮮は、韓国をアメリカの手先として非難した。1972年まで、北朝鮮の憲法は首都をソウルと明記し、半島統一の意思を示していた。
20) 金泳三はカーターの北朝鮮訪問や、米朝枠組み合意も支持しなかった。金はほかの多くの論者と同様、父の後を継いだ金正日の能力を過小評価し、金日成の死を北朝鮮という国家の終焉の始まりと見なしていた。
21) この歴史の最も広範な概説については次の文献を参照。Bruce Cumings' two-volume *Origins of the Korean War* (Princeton: Princeton University Press, 1981, 1990). 和田春樹『朝鮮戦争全史』岩波書店、2002年、2003年。朴明林『韓国戦争の勃発と起源』第1・2巻、ソウル：ナナム出版社、2003年。
22) Nicholas Eberstadt, *The End of North Korea* (Washington D.C.: The AEI Press, 1999). ロシアの公文書館から公開された電報は、韓国政府が北朝鮮の攻撃計画に気づいていたことを示している。開戦の数日前、在北朝鮮ロシア大使スティコフ (Terenti Shtykov) はスターリンに、金日成が「南半部住民が〔朝鮮人民軍の〕近日内の進軍の詳細を知っている」ことに狼狽していると報告している。Kathryn Weathersby, "Should we fear this?: Stalin and the Danger of War With America," Working Paper #39, Cold War International History Project (July 2002), p.15.
23) 金日成、ヨシフ・スターリン、毛沢東の間の往復書簡を明らかにする一連の電報がロ

第5章　北朝鮮の核危機に対する集団責任と平和的解決　*149*

シアの公文書館から公開され、戦争勃発後3年間の北朝鮮の動向がさらに明らかになっている。これの電報は、北朝鮮が先に戦闘を仕掛けたことを証明するものではないものの、北朝鮮に開戦の野望があったことを示している。*Foreign Relations of the United States* によると、李承晩も同様の野望を有していたことがわかるが、李がその野望をどの程度まで具体的に計画していたかのは不明であり、同様にアメリカや、米軍占領下の日本にいたアメリカ当局者と交わした具体的な往復書簡も見当たらない。

24) 近年、対北朝鮮交渉における成功と失望を示す優れた著作が数件ある。Leon Sigal の *Disarming Strangers: Nuclear Diplomacy with North Korea* (Princeton: Princeton University Press, 1998), pp.257-259 は北朝鮮の「報復」交渉行動を追っている。Marion Creekmore, Jr. の A Moment of Crisis. は対北朝鮮交渉戦略に関するジミー・カーターの評価について論じている。Joel S. Wit, Daniel B. Boneman, and Robert L. Gallucci, *Going Critical: The First North Korean Nuclear Crisis* (Washington, D.C. Brookings Institution Press, 2004) の著者らは、1994年の米朝枠組み合意締結をもたらした交渉における自らの経験を追っている。Scott Snyder の *Negotiating on the Edge: North Korean Negotiating Behavior* (Washington, D. C.: United States Institute of Peace Press, 1999) は北朝鮮の交渉パターンに関する最も広範囲に及ぶ分析である。

25) 筆者はこの歴史を考察している。"U.S.-DPRK Diplomatic Relations under the Clinton Administration: Cycles of Conflict and Resolution," *American-Asian Review* (Spring 2003). マーク・カプリオ「米朝『枠組み合意』の評価」、平間洋一、杉田米行編著『北朝鮮をめぐる北東アジアの国際関係と日本』明石書店、2003年、所収、42-65頁。

26) ウラン濃縮は「朝鮮半島非核化に関する南北共同宣言の履行に向けた取り組みを一貫して行う」ことを北朝鮮に義務付けることにより、枠組み合意に間接的に含まれた(III条2号)。マリオン・クリークモア・ジュニアは、この合意を履行するための南北間の交渉は1993年1月に物別れに終わったと記している。彼はウラン濃縮に直接的に言及しなかったことを、枠組みにおける「重大な遺漏」であると指摘している(Marion Creekmore, Jr. *A Moment of Crisis*, pp.275-276)。アメリカが北朝鮮に当該計画の存在を認めるよう主張したが北朝鮮は隠していたという2002年10月のアメリカ側の非難に対する北朝鮮の反応は(主に誤った解釈のせいで)不明瞭のままである。Selig Harrison, "Did North Korea Cheat?" *Foreign Affairs* (January/February 2005). Mitchell B. Reiss and Robert L. Gallucci, "Red-Handed: The Truth About North Korea's Weapons Program" (March/April 2005).

27) 北朝鮮政府は、アメリカが北朝鮮に関与し続けることを特に重視したと見られる。この関与が交渉を経るものであり、また朝鮮戦争の行方不明兵士の遺骨発掘を通じたも

のであっても、この関与を重視してきたのは、アメリカは北朝鮮と何らかのかたちで接触しているうちは、攻撃も侵略もしないだろうと確信していたからである。

28) Creekmore, *A Moment of Crisis*, p.239.
29) Thomas Henriksen, *Clinton's Foreign Policy in Somalia, Bosnia, Haiti, and North Korea* (Stanford: Hoover Institute on War, Revolution, and Peace, 1996), p.30.
30) Secretary of Defense, William Perry, "North Korea Nuclear Agreement," Committee on Foreign Relations, United States Senate, January 24, 1995, p.41.
31) ブルース・カミングス（Bruce Cumings）はアメリカの核の脅威の要点を述べている。*Parallax Visions: Making Sense of American-East Asian Relations at the End of the Century* (Durham: Duke University Press, 1999), Chapter Five. 休戦協定13条（d）は「停戦期間に破壊・破損・損耗または消耗した作戦飛行機・装甲車輌・武器及び弾薬」は、「同じ性能と類型の物を1対1で交換する」ことを基本として破損・消耗した物資を補給する場合を除き、軍事物資を朝鮮に持ち込むことを禁止している。"Historical Documents and Speeches," http://historicaldocuments.com/KoreanWar/ArmisticeTranscript.htm.（最終アクセス October 21, 2006).
32) たとえば、以下を参照。James A. Kelly, "Ensuing a Korean Peninsula Free of Nuclear Weapons: Remarks to the Research Conference ∧ North Korea: Toward a New International Engagement Framework" (February 13, 2004), at http://www.state.gov/p/eap/rls/rm/2004/29396.htm.
33) この歴史に関する最も有益な研究としては、以下を参照。Michael J. Mazarr, *North Korea and the Bomb: A Case Study in Nonproliferation* (New York: St. Martin's Press, 1995.

第Ⅱ部

第6章

核危機の15年、1992 – 2006
── 国際政治理論による米朝間の対外政策の分析 ──

1. はじめに

　北朝鮮は1990年代から現在に至るまで、核兵器と弾道ミサイルの開発により、アジア太平洋地域の安全保障に重大な影響を与え続けている。北朝鮮がいつ頃から本格的に核兵器開発に乗り出したかは定かではない。1980年代半ばにはすでに核兵器開発に着手していたとも言われる[1]。ただ、その核開発が大きな脅威として認識されたのは、1992年にアメリカからの情報に基づき国際原子力機関（IAEA）が核開発の疑念を抱き、1993年に特別査察を要求したのに対して、北朝鮮がこれを拒否し、核不拡散条約（NPT）からの脱退を表明してからである。北朝鮮の核開発をめぐる米朝間の交渉は、前進と後退を繰り返し、翌1994年に北朝鮮はIAEAからの即時脱退宣言を行い、朝鮮半島の緊張は一気に高まった。アメリカは軍事介入の一歩手前までいったが、同年10月の米朝枠組合意によって、いったん危機は回避された（第一次核危機）。しかし、枠組合意における核開発計画の凍結の約束は守られず、2002年10月にアメリカ側の指摘によって、核開発計画が発覚すると、北朝鮮は核施設再稼動を宣言し、IAEAの査察官を追放した。2003年にはNPT脱退を再度宣言し、その後も核開発の進展を表明した。2005年2月には核兵器の保有を宣言し、ついに2006年10月には核実験を実施した。ここにいたって、北朝鮮の核兵器保有は、動かしがたい事実となったと言ってよいだろう（第二次核危機）。一方で北朝鮮は、弾道ミサイルの開発にも取り組み、1993年には中距離弾道ミサイル「ノドン」、1998年には長距離の弾道ミサイル「テポドン」の発射実験

第6章 核危機の15年、1992-2006 ── 国際政治理論による米朝間の対外政策の分析 ── *153*

を行い、2006年7月にも「テポドン2」を含む7発のミサイルの発射実験を実施した。核とミサイルは、北朝鮮にとっては、それ自体が兵器として安全保障上きわめて重要であるとともに、外交のカードとして、あるいは売却できる商品としての価値も持っている。むろん、北朝鮮の核とミサイルの開発を、アメリカ、日本、韓国、中国、ロシアの周辺諸国や「国際社会」(この言葉を私は限定的に考えているが[2]) は座視していたわけではないが、北朝鮮の核とミサイル開発の阻止、および核兵器の廃棄には、いまのところ(2007年2月現在)確証が持てる状態ではない。

　本稿の目的は、1992年から2006年までの15年間の、核開発をめぐる北朝鮮の対外政策を、主にアメリカの対応との関係を念頭におきながら、国際政治の理論により分析することにある。アメリカは、北朝鮮の核開発を阻止しようとし(時期や政権によって程度の差があり評価も分かれるとは言え)、最も積極的にこの問題に関与してきたと言える。また、米朝の二国間関係に注目することによって、ある程度論点を絞り込むこともできると考える。特に本稿では、国際政治理論のうち政策決定論と核抑止理論・核抑止戦略(戦術)を用いて、この事例を吟味する。ミクロレベルの分析に用いられる政策決定論では、アリソン (Allison, Graham T.) の政策決定の3モデルを中心として、ジャーヴィス (Jervis, Robert) やオレ・R・ホルスティ (Holsti, Ole R.) らの心理学的アプローチを必要に応じて参照する。核抑止理論・核抑止戦略[3]では、O・R・ホルスティのまとめに主に依拠しながら、冷戦後の核拡散状況を分析した知見にも触れたい。ここで取り上げるのは次の3つの問いである。すなわち、(1)「なぜ北朝鮮は核兵器を開発しようとした(する)のか?」、(2)「米朝間に核抑止は機能するのだろうか?」、(3)「北朝鮮はなぜ約束を守らないのだろうか?」である。

　初めに断っておくが、(1)はある程度、歴史をふまえた分析である。対して(2)では、現状から将来までを含めて、理論からの類推を行い、幅広いさまざまな可能性を意図的に提示した。(3)も(2)と同様に類推が分析の主流をなしている。筆者はできる限りオープンに多様な可能性を提示しようとした。そのため現時点では明らかに妥当性が低いと思われる仮説や分析でも、あえて提

示したし、可能な限りニュートラルな立場で分析を試みた。

　国際政治理論は、歴史もしくは現状の分析の道具であるとともに、予測の手段ともなり得るし、またそれを政策形成者が学習することにより、政策のガイドラインともなり得る。その意味では、政策提言も一つの選択肢であるが、本稿ではそれは特に意図していない。そのように読める部分もあるかもしれないが、筆者の意図はあくまでも分析と仮説の提示にある。

2. 理論と歴史のはざまで

　「我々〔歴史学者〕から見ると、理論が正しい場合にはその理論はがいして当たり前のことを証明しているにすぎない。当たり前のこと以上のことを言おうとすると、理論はたいてい間違っている。」[4]

ギャディス（Gaddis, John Lewis）

　本稿では米朝の対外政策の応酬を主に政策決定の理論により分析するが、その前に、国際政治理論のなかでの政策決定論の位置、また国際政治の理論と歴史学との関係について考察をしてみたい。政策決定の理論は、三重の敵に囲まれている。一番の敵は「歴史」である。アメリカのようにディシプリン間の競争が激しい国では、国際政治学者と歴史学者とは常に競合的な関係にある。ギャディスは歴史学者が理論に不信感を抱く理由として、第一に、理論家が単純な出来事から普遍的に適用できる一般理論を構築し、しかし、出来事が複雑になると一般理論が適用できなくなることをあげている。ギャディスが言うように、理論が正しいときには「当たり前のことを証明」しているだけで、それ以上のことを言おうとすると理論が間違うというのは、苦笑しながらも、うなずかずにはいられない。

　それではギャディスがしている歴史研究ではどうなのか。ギャディスはまず「歴史学者は限定的な一般化」をすると述べている。歴史学者は自分たちの発見が、時空を超えて適用可能であるとまでは言わないのである。歴史学者も一定

の傾向やパターンがあることは認めるにやぶさかではないという。たとえば、ある独裁体制についての発見は、少なくともほかの独裁体制や民主体制と比較する基礎となる。これに対して、社会科学（国際政治学理論もこれに含まれる）では、「普遍的な一般化」をしてしまうというのである。別の言い方をすれば、歴史学者も理論を否定するものではないが、歴史学者は「叙述＝物語」のなかに理論を埋め込む。一方で社会科学者は、理論のなかに「叙述＝物語」を取り込み、仮説を証明したり反証するためにこれを利用するという[5]。

　ギャディスの指摘は、今日のモデル化が進んだ国際政治理論には大いに当てはまるといえる。しかし、すべての国際政治理論が、仮説の検証のために歴史を利用しているものではない。理論研究が新たな歴史研究の視点を提供し、実証研究を推し進めるという理論と歴史が幸福な結婚（それでも諍いはつきものだが）をした例もないわけではない。その代表の一つが、政策決定論の名著と呼ばれるアリソンの『決定の本質』（原著初版1971年）であると思う。同書はキューバ・ミサイル危機の謎の解明を図るとともに、3つの分析枠組という理論的視座を提供している。35年も前の著作であり、アリソンの意思決定の3モデルはすでに古びているという批判もあるかもしれない。しかし、北朝鮮による核危機の分析にも、この3モデルは有効性を発揮するのではないかと考え、本稿では、それらを中心的な分析の用具として用いる。特に、アリソンは1999年に同書の第2版[6]をゼリコウ（Zelikow, Philip）との共著として出版しているので、このモデルチェンジがなされたモデルを用いたいと思う。しかし、私はアリソン／ゼリコウのモデルに忠実でありたいと思っているわけではない。先に述べたように、ジャーヴィスやO・R・ホルスティの心理学的アプローチも用いる。

　さらなる問題は核抑止・核戦略の分析にどのような理論を用いるかである。まずは核抑止理論の生成と発展を概括しておこう。ジャーヴィスが言っているように、抑止／核抑止理論は「驚くほど短期間でアメリカの国際関係研究における最も影響力を有する学派として確立」[7]された。ジャーヴィスによる1978年のまとめ[8]に従えば、それまでの発展段階には、3つの波があった。第1の波は、第2次世界大戦直後の最初の核時代に起こった。ブローディ（Brodie,

Bernard)、ウォルファーズ（Wolfers, Arnold)、ヴァイナー（Viner, Jacob）といった人々の理論であった。これらの人々の理論には先見性と深い洞察があったが、当時は研究者にも政策形成者にもあまり評価されなかった。これらの研究は、後に再評価されることになる[9]。

　第2の波は、そのおよそ10年後の1950年代後半から起こり、先のブローディを始めとして、シェリング（Schelling, Thomas C.）、スナイダー（Snyder, Glenn)、ウールステッター（Wohlstetter, Albert）といった面々の研究がこれに含まれる。これらの理論の大部分に大きな影響を与えたのは「チキンゲーム」である。第2波の研究は非常に人気を博することになったが、同時に大いに批判されもした。しかし、批判されることにより、理論はより洗練されていったといえる[10]。

　第3の波は、ある意味では第2波の諸研究の批判から発展したともいえる。さまざまな批判点のなかで、この理論が政策決定者の「合理性」を過大評価している、特にストレス状況下で合理的決定を下せるかという問題を指摘したのは、ジョージ（George, Alexander）とスモーク（Smoke, Richard）の共著であり、彼らの研究を初めとして、ラセット（Bruce Russett)、モーガン（Patrick Morgan)、先に紹介したスナイダーとディージング（Paul Diesing）の共著などが続く。あるいは以上のまとめをしたジャーヴィスの論考も、この第3の波に含めてよいかもしれない[11]。

　これらの諸研究により抑止／核抑止理論は、精緻化されていったが、同時に歴史状況の変化が理論の前提そのものを危うくしてしまうという事態も生じてきた。その代表的な変化が冷戦の終焉である。言うまでもなく、核抑止理論は米ソの対立による冷戦下で発展し、冷戦状況を前提として理論に組み込んできた。しかし、1980年代末から1990年代初頭にかけて冷戦が終焉すると、その前提自体が消えてしまった。核抑止が「時代遅れ」になったという見方さえ一部には出てきた。しかし、核兵器が存在する限り、形を変えて核抑止の問題は残る。1990年代に入ってからも、重要な研究や示唆に富む分析がいくつも見受けられる。

　本稿では、第一に基本概念を押さえる意味で、核抑止について論じたO・

R・ホルスティの執筆した論文を参照したいと思う。この論文は、独立した章として、K・J・ホルスティ（Holsti, K. J.）の『国際政治の理論』（原著初版1967年）に収められている[12]。これは1990年代半ばに至るまで何度も改定を重ねてきた定評のある著作である。この本に盛り込まれたO・R・ホルスティの議論は、古いようでいて新しく、北朝鮮による核危機の分析に有用であると思う。O・R・ホルスティは、厳密な意味で核抑止論の研究者ではないが、先にも述べたように心理学的アプローチを用いた危機管理を説いており、その議論は政策決定論としても見ることができる。特にその論文「危機下の政策決定」は、大いに示唆に富んでいる[13]。ほかには、抑止論の権威であるモーガンの近著もポスト冷戦期の状況を織り込んでおり有益である[14]。また、二人の理論家ウォルツ（Waltz, Kenneth N.）とセーガン（Sagan, Scott D.）の核拡散をめぐるお互いに正反対の立場からの討論『核兵器の拡散』も興味深い。なかでもネオ・リアリズムの大家であるウォルツは「もっと多く〔の国が核兵器を持つこと〕も悪くないかも」と核兵器のヨコへの拡散の脅威は誇張されていると主張し、セーガンの「もっと多くはより悪いだろう」という拡散の脅威の主張と対峙している[15]。本論文では、これら以外にも、いくつかの研究、特にポスト冷戦期の研究を参照しながら、核抑止理論・戦略（戦術）について分析したいと思う。

3. なぜ北朝鮮は核兵器を開発しようとした（する）のか？

アリソン／ゼリコウの第1モデルは合理的行為者モデル（Rational Actor Model: RAM）である。アリソン／ゼリコウは、このモデルは「古典的リアリズム」、「ネオリアリズム」はもとより、「国際制度主義」、「リベラリズム」あるいは「コンストラクティヴィズム」ともある程度の共通性を持っていると指摘している。後者の2つの主義との共通性はいささか無理があるように思われるが、前者3つの主義との共通性は比較的明瞭である。今日では古典的リアリズムと呼ばれる国際政治学の古典、モーゲンソーの『諸国家の政治』〔邦訳『国際

政治』）では、政策決定者は「常に合理的に行動することを前提」としており、このことは国家が単一の合理的行為を行う行為者であることを前提としている。また一連のネオリアリズムの著作でも、国家は費用便益計算をして、価値を極大化するという意味で合理的な行動をとるとされている。一方でネオリアズムでは、国家はサバイバル（生き残り）を重視し、そのためには利己的になることもあり得る[16]。

合理的行為者のモデルでは、国家の行為は合理的選択として示される。そのような行為には、「目標と目的」があり、これらは「利益」、「効用」あるいは「選好」の関数によって示され、それに応じた「選択肢」があり、その選択肢に応じた予想される「結果」があり、さらに「選択」がある。この選択においては、政策決定者が選択肢に応じた関数のなかで、結果を最大化するものを必然的に選択するということになる。この意味では、国家の行為は、国家の目標達成のために価値を最大化する手段となる。ただし、このモデルでは、行動の選択はある程度柔軟である。ある行為のコストが高くなったと認識されれば、その行為は回避される可能性が高まり、逆に認識されるコストが低くなれば、その行為が採られる可能性は増大する。

北朝鮮が独裁国家で、独裁者に支配されているとしても、その核開発という行為を、RAMを使って分析することは可能である。金日成、あるいは金正日の前に、明確にあたかもカードのように選択肢が示され、それらが選ばれるということはなかったかもしれないが、何らかの合理的選択の余地があったと考えることは可能であると思う。その場合、北朝鮮の核開発という行為は、合理的な行為としてはどのように説明されるであろうか。

2006年10月9日の北朝鮮の核実験は、北朝鮮の核開発を一貫して阻止しようとしてきたアメリカ、日本、韓国などに衝撃を与えた。核爆発すなわち核分裂反応が実際に起こったのかを検証するのにはさらに何週間もかかったが、北朝鮮が核兵器を所有していることは動かしがたい事実となった（実験に使われた核爆弾が最初で最後のものという場合もあり得るが）。もっとも北朝鮮の行為の多くは謎に包まれており、さまざまな可能性について検討してみることも必要であると思う。たとえその多くが、荒唐無稽であろうとも。

まずは、核実験を実施したからといって、北朝鮮が核開発能力を持っていることの証明とはならない。何らかの形で核兵器を外国から手に入れることも可能であるからである。また、開発に最近成功したと言えるかについても断定はできない。冷戦の時代、あるいは冷戦終結直後の混乱の時代にすでに開発済みであった核爆弾を、使用期限が切れる前に実験に使用した可能性もまったくないとはいえない（核爆弾にも一応耐用年数がある）。実際に、1989年にはすでに核爆弾を少なくとも1個所有していたという見方もある[17]。

このように幾つもの謎がたちどころに浮かぶ。しかし、2003年には核兵器の保有を言明し、2005年には核兵器の保有宣言をし、2006年には核実験を行っている。普通に考えれば、自ら核兵器製造能力を持つようになったと想定すべきであろう。本稿では、北朝鮮がいずれかの時点で核兵器の開発に成功したと仮定して、核開発をした理由、そしてこれらからも続けるであろう理由についていくつかの合理的な仮説を立ててみたい。

(1) 仮説1——北朝鮮の防衛

中華人民共和国は1964年に核実験を行い、核保有国となった。当時、毛沢東は核兵器開発を国家の最大目標として位置付け、1950年代の終わりからの大躍進政策の失敗によりおよそ2,000万とも言われる餓死者を出し、経済的に疲弊しきったなかでも、核開発に多大な人的・物的資源を注ぎ込んだ。毛沢東を核開発へと突き動かしたのは、アメリカばかりでなく、1960年に顕在化した中ソ対立であった。毛沢東は核シェルターを造り、ソ連からの核攻撃に怯えながら、核保有へと邁進したのである。それは、経済的な困難に直面し、国内に多数の餓死者を出しながらも核開発を続けたと考えられる金正日の姿とも重なる。

なぜ二人の指導者は、核兵器開発を最優先したのだろうか。言うまでもなく核兵器は、防衛兵器として極めて優れているからである。いったん核兵器を保有し、その運搬手段を確保してしまえば、相手からの核攻撃に対して核で報復が可能である。相手も安易に核兵器を使用できなくなる。つまり核抑止が機能するのである（核抑止については、後にさらに詳しく吟味する）。ただ、中国と北朝鮮では、核兵器の保有の意味については、大きな相違がある。というのは、

中国にとっては、核兵器は核攻撃に対する抑止を主たる機能としていたが、北朝鮮にとっては通常兵器による武力行使をも抑止する機能を持っていたと考えられるからである。だから、たった一発の核兵器であったとしても、その所有には大きな意味があったといえる。

　1990年代から今日に至るまで、北朝鮮が最もあり得る現実的な脅威として考え続けてきたのは（今も考えているであろう）、アメリカの軍事介入である。現に1994年6月にクリントン政権は、寧辺の核関連施設の空爆を真剣に検討していた。ただ、攻撃決定を下す前にクリントン大統領が最も懸念していたのは、北朝鮮が核兵器を保有しているかということと、その核兵器を空爆に対する報復のために使用するのではないかということだったという。むろん核兵器の使用は、クリントンが言ったように、北朝鮮の「終わり」を意味したであろう。そうなればアメリカは、核兵器も含む徹底的な報復を行ったであろう。しかし、圧倒的な軍事的な差があるとしても、もしも核戦争になっていたら、一発の北朝鮮の核爆弾によって、アメリカ軍、あるいは韓国が被ったであろう被害も甚大であったと思われる。結果的にアメリカの空爆は行われなかった。そのことは、たとえ一発であっても核爆弾が、通常兵器による限定的な攻撃さえも抑止する効果があることを明らかにしたように思われる。少なくとも北朝鮮がそう学習した可能性は十分にある。核兵器によって北朝鮮は、ライオンや虎に対峙するヤマアラシとなることができたのである。

　ヤマアラシも刺に気づかない象には踏まれる可能性がある。抑止を機能させるためには、相手側に対して自分たちが核攻撃の能力を有していることを非公式の形であれ情報伝達する必要がある。その点からすると、1980年代の終わりから、わりと北朝鮮が無防備な形で核開発の証拠写真を取らせたり、第二次核危機では自ら核開発を認め保有宣言までしたのも、相手に核を持っているとわからせる、あるいは持っていなくてもそう信じ込ませるために、必要であったと思われる。

(2) 仮説2——友好国に対する信頼の揺らぎ

　1961年7月に北朝鮮は、ソ連、続いて中国と友好協力相互援助条約を締結

した。このほぼ同内容の2つの条約では、いずれかの国が武力攻撃を受け戦闘状態に入った場合には、他方の国が直ちにその有するすべての手段をもって軍事的および他の援助を供与することが締約された。その後、中ソ対立の影響を受けたり、文革期の1967年に中朝関係が冷却し両国が断行状態になったこともあったが、対アメリカ、あるいは対西側陣営という意味では、冷戦期に北朝鮮はソ連もしくは中国の「核の傘」によって守られていたと言える。友好協力相互援助条約の内容からも、北朝鮮に対する核攻撃には、ソ連あるいは中国は、核攻撃で対応することが予想され、核抑止が機能していたといえる（むろんソ朝、あるいは中朝関係が良好であることが、その時々の条件であるが）。しかし、冷戦の崩壊は、北朝鮮を取り巻く環境を激変させた。ソ連が1990年9月に韓国と国交を樹立し、中国も1992年に韓国と国交を樹立した。ソ連崩壊後はロシアが友好協力相互援助条約を継承したが、軍事同盟的な関係は停止した。中国との間でも同様に軍事同盟的な関係は薄らいだ。ウォルツは国家が核兵器を望む理由の一つに、ある非核保有国が核攻撃を受けたとしても超大国の同盟国が核による報復をしない可能性をあげている。同盟国に対する疑念が核保有の動機になることは、O・R・ホルスティも指摘している。イギリスが核戦力を保持しようとした動機には、西ヨーロッパへのソ連の攻撃に対してアメリカが当てになるかという疑いもあったとされる[18]。ドゴール（De Gaulle, Charles）はかつてこう述べた。「パリを救うためにワシントンが自殺行為をするだろうか」と[19]。1989年から1992年にかけての軍事同盟の急激な変容に直面して、北朝鮮が友好国に対して疑念を抱き、核兵器を保持する強い衝動にかられたことは、想像するに難くない。

(3) 仮説3──取り引きカードとしての「核攻撃へのエスカレーション」

　北朝鮮が中東にあったならば、核開発をめぐる事態はだいぶ違っていたかもしれない。中東ではもう少し荒っぽい方法で物事を解決する。1981年6月、イスラエルは、「防衛目的のみの使用」を約束してアメリカから購入したF16で、イラクの原子炉を空爆して破壊した。イラクの核開発を防ぐためだった。

　一方で、イスラエルは事実上の核保有国として知られている。イスラエルの

核開発と核保有も、機密のベールに包まれており、学術的に論証することはむずかしい。しかし、おおよそ推定されていることを述べれば、イスラエルは1960年代に事実上のアメリカの黙認を背景に核開発をし、1960年代の終わりには核兵器を保有するようになっていた。1973年10月、第4次中東紛争のとき、エジプト軍とシリア軍に不意を討たれたイスラエルは、真剣に核兵器の使用を検討し、核攻撃準備司令を出した。このときまでに、イスラエルはすでに25発以上の核爆弾を保有していたとも言われる。攻撃目標は、カイロ近郊のエジプト軍司令部とダマスカス近郊のシリア軍司令部などであった。当時のイスラエルの核戦略は、旧約聖書中の人物で多くの敵を道連れにして自ら死んだ勇士サムソンにちなみ「サムソン・オプション」と呼ばれていた。これはアラブ諸国によってイスラエルの存続が危くなったときには、核兵器で敵を道連れにするというものであった。しかし、この戦略は、その途上で別の外交的な効果を引き出した。エジプト・シリア両軍に対する核攻撃の準備は、ソ連に知られて、ソ連は両国に行き過ぎた攻撃を自重するよう促した。一方、アメリカには核攻撃の可能性が事前に伝えられ、それをカードとして、イスラエルはアメリカからの緊急の武器援助を取りつけることに成功した。「核攻撃へのエスカレーション」を脅しの材料として、ソ連を利用して敵の自制とアメリカの譲歩まで引き出したのである[20]。

このようなイスラエルの戦略は、当然、北朝鮮も学んでいるだろう。今後、何らかの形で北朝鮮とアメリカ、日本、あるいは韓国との緊張が高まったとき、北朝鮮は十分な数の核弾頭があれば、その一部をわざと地上にミサイル配備するなどして核攻撃へのエスカレーションの危険性を示し、自国に有利な形で緊張の回避を図るかもしれない。

(4) 仮説4──取り引き材料としての核開発

1994年10月の米朝枠組合意を、ジャーナリストのジャスパー・ベッカーは「史上まれに見る奇異な国際協定」と呼んだ[21]。1993年3月に核不拡散条約からの脱退の意思を宣言し（1993年6月の米朝共同宣言で脱退効力を臨時停止）、1994年6月には国際原子力機関（IAEA）からの即時脱退を表明した北朝鮮に

対して、懲罰の代わりに報酬を与えた協定だったからである。北朝鮮はこれにより、原子力発電所2基（軽水炉）を得ることが約束され、その1基目が稼動するまでの間の代替エネルギーとして暖房と発電用の重油が年間50万t供給されることになった。また、二国間の合意にもかかわらず、アメリカのみならず、韓国、日本、欧州連合なども、原子炉提供コストを負担することになった。一方、北朝鮮は建設中の黒鉛減速炉および関連施設の凍結と将来の解体、IAEAの査察受け入れなどで核開発計画の凍結を約束しただけであった。

　枠組合意についての評価は、その締結直後から賛否両論、2つに分かれていた。賛成派、なかでも当事者であったクリストファー国務長官は「北東アジア地域で核兵器保有競争が始まる恐怖をぬぐいさった」と合意を評価した[22]。一方で、批判派は、あまりにも寛大すぎること、ミサイル開発について何の制限も課せられなかったこと、核開発を阻止するためのIAEAの査察も完全に実施できず有効性に疑問があるというような問題点を指摘した。枠組合意は、その後、破綻に向う。専門家のなかには、アメリカは「失敗戦術」を選択したと批判する者もいる[23]。枠組合意への評価は別にしても、本稿が強調したいのは、枠組合意が、取り引き材料あるいは報酬を得るための材料として「核開発」が有効であることを強く北朝鮮に印象付けたことである。「核開発」自体が取り引きの材料になるのであれば、何か難癖をつけて核開発凍結を解除し、核開発の阻止を求める国々から再び見返りを得るということを戦略として学習したとしても、何の不思議もない。核開発疑惑が事実となり、核実験を実施した今でも、開発を続ける限り、取引材料にはこと欠かない。たとえば「核開発の継続」、「二度目の核実験」、「核ミサイルの実戦配備」、「核弾頭の小型化（核砲弾開発）」、「潜水艦搭載型核ミサイル開発」なども、新しいカードとなり得るのである。報酬を約束することは外交交渉の戦術の一つであり、それ自体非難すべきことではないが、与え方に問題があったとも言われる[24]。いずれにしろ北朝鮮は最初に何か好ましくない状況を作っておいてから、報酬を条件としていくばくかの譲歩をするという外交戦術を身に付け、今後もそれを繰り返すと思われる。

　ただ、最初の問いに戻ると、問題はそのような報酬を得る効果まで計算して、核兵器開発に踏み切ったのかどうかということである。この仮説4は、アメリ

カが鞭の代わりに想定以上の飴をくれたことから成り立っているので、核開発を取り引き材料とすることは、核兵器開発を開始する理由というよりも、それを継続することを促した可能性がある。

　実際、いくつかの問いが浮かぶ。枠組み合意以降、北朝鮮は本当に核開発を凍結したのか、そうだったとしたらいつ開発を再開したのか、凍結したとしてもいつでも再開できるようにしていたのではないか、いや秘密裏に開発は継続していたのでないか。私は開発自体が取り引き材料となり、しかも北朝鮮にとっては核保有には大きなメリットがあるので、秘密裏にカモフラージュしながら核開発は継続していたのではないかと推測する。

(5) 仮説5――南北朝鮮の武力統一のための最終兵器

　仮説1～3では、防衛的あるいは抑止的機能から核兵器をとらえてきたが、兵器である以上、それが攻撃目的で使用されることも想定しなければならない。あるいは、その抑止力を利用して、通常兵器による攻撃をいっそう有効にすることも可能である。北朝鮮が再び韓国に侵攻し、朝鮮半島の統一を企てることはまったくないとは言えない。現に、1950年に果たせなかった野望を北朝鮮が諦めたことを示す証拠はどこにもない。北朝鮮はいまなお韓国（彼らの表現では南朝鮮）を支配し、朝鮮半島を統一することを国家目標としている。傍目には非現実的に見えても、北朝鮮の政策決定者には朝鮮半島の統一は悲願であるとともに、実現可能な目標だと思われている可能性もある[25]。1994年の危機のとき、すでに軍の指揮権を握っていた金正日は、先制攻撃をして韓国に侵攻すれば成功すると真剣に信じていたとも言われる。父親の金日成は、6月にカーター元大統領との会談で米朝交渉の再開を約束し翌月に死去したが、そのような約束をせずに亡くなっていれば、金正日が南に軍事侵攻した可能性も否定できない。実際、当時の金正日の強気の読みの理由として、核兵器保有があったのではという指摘もある[26]。

(6) 仮説6――国家的威信の確保

　核兵器を保有し核クラブに所属することは、国家的な威信を高める。国家の

第6章　核危機の15年、1992-2006 ── 国際政治理論による米朝間の対外政策の分析 ── *165*

目的の一つは対外的には安全保障であり、対内的には統治、また20世紀になってからは経済も含めた広い意味での福祉も重要となった。しかし、もう一つ忘れてはならないのは、国家は「地位」なり「威信」を追求するということである。威信の追求はさまざまな形で行われる。オリンピック、サッカーのワールドカップなどのスポーツイヴェントから、言語と文化、芸術、科学技術などで、国々は威信を得ようとする。ほかの国々と相違することを示し、尊敬の念と、ときには畏怖の念を抱かせ、国家はそれにより威信を獲得しようとする。核兵器の保有もそのような威信をもたらすものの一つである。ウォルツも、国家が核保有をしようとする動機として、マイナーなものであるが、「注目と威信へのあこがれ」をあげている[27]。

　サッカーのワールドカップと違い、核兵器を手にした場合には世界中で非難の嵐が起こりかねない。それでも国内的には、国民の士気と国家への帰属意識を高める効果は計り知れない。パキスタンが核実験に成功したときのパキスタン国民の歓喜に満ちた姿は、プロパガンダのために作られたものというよりは自然の感情であったろう。北朝鮮の核実験は、パキスタンのように山が地鳴りを起こすような映像としては現れなかったにしろ、北朝鮮国民を歓喜させたことは想像に難くない。2006年10月9日の朝鮮中央通信は、「核実験は100％、我々の知恵と技術に依拠して行われ、強力な自衛的国防力を渇望してきた、我々の軍隊と人民に大きな鼓舞と喜びを抱かせた歴史的な出来事だ」と発表した。10月8日の金正日総書記就任日と10日の朝鮮労働党創建日という2つの重要な記念日の間に核実験を行ったことには、国民の間での国家の威信をいっそう高める意図があったとも言われる[28]。実際、北朝鮮の労働党機関紙などは2007年の元旦の共同社説で、核抑止力の保持を「民族史的慶事」と呼んだ[29]。また2006年11月に、6か国協議から日本を排除することを北朝鮮が要求したのも、敵の数を減らす外交戦術であるとともに、核保有によって得たと考えている威信と関係があるといえるだろう（韓国は除くよう要求してはいないが）。核を持たない国など相手にならないというプライドは、実際のところは北朝鮮に限らず、多くの核クラブのメンバーたちが持っている認識である。O・R・ホルスティはこう書いている。「軍事能力は従来、いわゆる『大国』を『小国』

から区別する特質の一つであった。第2次世界大戦後大国と小国の区別は、核を保有しているかいないかによってなされる傾向がある」[30] と。この傾向を認めれば、北朝鮮は「大国」で、日本や韓国は「小国」となってしまうのである。

(7) 仮説7――商品としての核兵器

慢性的な経済不振にあえぐ北朝鮮が、経済的利益を上げるための商品として核兵器を開発した可能性もある。現にミサイルは、北朝鮮の輸出用工業製品となった。核兵器を売らないという保証はどこにもない。ある程度、自国分を生産したら、次に輸出品とする可能性も否定できない。問題は買い手である。たとえばイスラム過激派の手に核爆弾が渡ることは、アメリカにとっては最悪のシナリオである。そうでなくても、潤沢なオイルマネーを持つ中東の反米の国が買うかもしれない。ブッシュ大統領を悪魔と呼ぶ中南米の反米政権の大統領も、即金で買うかもしれない。アメリカは北朝鮮の核兵器開発の次には、そのヨコへの拡散に目を配らなければならない。それを防ぐためには、冗談ではなく、できあがった核爆弾を、アメリカが買い上げる合意がなされる可能性もある。そのときには、日本に請求書の一部が回ってくることも十分あり得る。

(8) 仮説8――通常兵器レベルでの軍備縮小のための核兵器保有

核兵器の開発には多額の資金が必要であるが、核保有をしてしまえばその抑止効果から通常兵器による軍事力は多く持たないで済むとも考えられる。北朝鮮は120万の兵力を有しており、兵力数だけでみれば世界でも有数の軍事大国であるが、その装備は老朽化しており、兵力数に見合った戦力を保持しているとは言えない。しかし、核保有は防衛負担を軽減する。ウォルツも、「経済的に破滅を招き、軍事的にも危険な通常兵器による軍拡競争を繰り広げるよりも、核兵器は安上がりで安全な選択肢となる」と指摘している。核兵器は「購入しやすい価格で安全保障と独立を約束する」のである[31]。核実験後も北朝鮮は通常兵器レベルの軍備縮小の動きは見せていないが、より長期的視点から見ると、核保有により通常兵器レベルの軍縮に進む可能性はある。そこまで意図して核開発しているとは考えにくいが、少なくとも軍縮の余地は出てくるので、政権

が取り得る政策の幅が広がる。軍縮は対外的に切り得るカードともなるし、あるいは経済再生の方策ともなるかもしれない。たとえば、通常兵器軍縮によって浮いた経費を公共投資に回し、雇用を創出する。そうして生まれた雇用は、軍縮によって仕事を失う軍の余剰人員を吸収することができる（北朝鮮では軍自体が一種の企業体でもあるが）。そうなった場合、希望的観測であろうが、北朝鮮は軍国主義国家から少し違う国に生まれ変わる可能性もある。

　本節で論じた8つの仮説は、それぞれ複雑に絡み合っている。むろん各々に優劣があり、現時点で可能性が極めて低い仮説もあるかもしれない。最終的には、資料なり、関係者の証言で裏付けられなければ、仮説は仮説のままで終わり、歴史とはならないだろう。それまでにさらにどれくらいの年月が必要となるかは想像もつかない。

4. 米朝間に核抑止は機能するのだろうか？

　「核のなかった時代には、小国が隣りの大国に堪えられないぐらいの損害を与えることはできなかったし、まして大国の生存を脅かすことはとてもできなかった。しかし将来は核武装した小国がそういうことができるようになるということは考えられないことではない。」[32]

O・R・ホルスティ

　核実験後、北朝鮮は6か国協議に復帰する前段階の交渉で、核保有国のステータスを認めるように要求した。これに対してアメリカは、核保有以前の状態に戻すことができるので核保有国とは認めないと応酬した。日本も同様の立場を採った。このような立場は、「言葉」による駆け引きという外交という次元では意味がある。

　しかし、一方で現に核兵器を保有していると何年も前からほのめかし、わざわざ宣言をし、さらに核実験までして見せた国であるから、理論上および戦略上は核保有国という前提に立って本稿では分析せざるを得ない。

北朝鮮の核実験は、それまで北朝鮮の核開発の可能性を否定してきたり、アメリカや日本、韓国でその可能性が誇張されていると主張してきた人々には、大きな誤算であったかもしれない。しかし、本稿ではそのような主張の結果的な誤りをあげつらうつもりはまったくない。それは推理ドラマの結末を知っている者が、ドラマのなかで推理をする人々（たいていはドラマの都合上誤った推測をしている）を批判するようなものであるからである。また、誰にとっても国家の行動の予測は困難であるし、それは北朝鮮のような国であればなおさらである。私自身の分析にしても、遠い将来になるか、近いうちになるかはわからないが、大半が一笑に付される可能性もある。
　しかし、いずれにしろ、アメリカから見れば軍事的な小国である北朝鮮が核兵器を保有し、その運搬手段であるミサイル（大陸間弾道弾としては、「テポドン2」はまだ開発途上であるが）をまがりなりにも開発しており、遠からず核弾頭の小型化に成功してミサイルに核兵器を搭載する可能性があることを考えると、今真剣に考えるべきことは核抑止が十分に機能するかということである。ここでは、冷戦状況下で発展してきた核抑止の理論を援用しながら、議論を進める。アメリカは周知のように圧倒的な量の核兵器（1万発を超えると言われる）と通常兵器を持っている。一方で、北朝鮮の核兵器保有数は、推測の域を出ない。ゼロ、あるいは数発から10以上と、さまざまな推測がある。ただ、一応ここでは、アメリカを敵視する小国が、大国であるアメリカに「堪えられないぐらいの損害」を与えることができる事態であると前提しよう。敵対する小国の核武装という事態は、すでに核兵器が拡散し始めた時期から予想されていたことである。O・R・ホルスティが1967年に書いていたように、「長期的にみると、核能力が拡散すれば力の伝統的な基盤——人口、領土、産業力——の重要性が低下し、そのために大国と小国の差は大きくなるよりも小さくなるであろう」という予測は、米朝関係に限ればある程度、正鵠を射ている。しかし、大国と小国の差が縮まったとはいえ、同じになったとは言えない。北朝鮮の核保有は、米朝関係あるいはアメリカの同盟国である日本・韓国と北朝鮮の関係に、どのような作用を及ぼすであろうか。核抑止は、米朝間でも機能するであろうか。

ここでもアリソンの3モデルのうちでも、第1のRAMが分析の中心を占める。なんとなれば、核抑止理論自体が「単一の合理的行為を行う行為者としての国家」を前提としているからである。しかし、アリソンの第2モデル「組織過程モデル」が有効である場合もある。組織過程モデルでは、政府の行為は「行動の標準的パターンに従って機能する諸々の大組織の出力」であるととらえる。組織の行動は往々にしてルーティンによって決められる。このモデルでは、計算に基づく「結果のロジック」よりも、「適正さのロジック」が重視される。また政府の行為は、組織的出力であるが、てんでバラバラということではなく、指導者たちによって部分的に調整され得る。このような第2モデルも、ここでは必要に応じて分析の道具として使用する[33]。

(1) 分析1――戦略的核抑止が機能する前提の吟味

O・R・ホルスティは、「大多数の抑止理論は、国民国家が単一の合理的行為をおこなう行為者であるとみなされることを前提としている」と述べている[34]。アリソンのRAMが想定しているのと同じである。しかし、そのような前提を疑ってかかる必要がまずある。核抑止は、合理的で予測可能な政策決定過程を前提としており、その前提条件はホルスティによれば6つある[35]。そのうちの3つは、少なくとも吟味に値する。

第1の前提は、「守る側、挑戦する側とも、費用便益の合理的計算と、正確な状況の評価、相対的な能力についての慎重な評価に基づいて決定をする」ということである。この前提は、米ソ冷戦期に十分学習を繰り返したアメリカにはある程度当てはまるであろうが、北朝鮮がもつ状況の把握能力と、敵味方の相対的な能力を評価する力については、未知の部分が多い。

さらにアリソンの第2モデルに即して考えれば、この前提が抱える問題は深刻である。政策形成者の頂点に金正日がいるとして、彼にはさまざまな組織から状況についての情報、相手の能力と自国の能力についての相対的な比較に基づいた評価が上げられると考えられる。指導者に上げられる情報・評価は、その組織がもつ文化によって強く影響を受ける。独裁国家の官僚組織はリーダーの嗜好を計算し、それに照らして「適正」であると思われる報告しか上げない

（上げざるを得ない）という組織文化をもっていることが多い。計画経済下にあったソ連では、現場レベルでなされた「不作」という農業生産の報告が、段階を経て上にあがるにつれて、生産量を割増して報告され、頂点に達したときには「豊作」に変わっていることがままあったという。梯子を1段上がる毎に、責任者は責任回避を考えて、割増をしていったのである。このような傾向は、独裁国家に限られたことではなく、民主主義国家でも往々にあり得る。第2次イラク戦争に踏み切る前に、アメリカの中央情報局の局長が、イラクの大量破壊兵器保持の可能性についての報告を、次第にグレードアップしていった過程は、このような組織文化の弊害を示しているともみてとれる。同じようなプロセスを経るかは別としても、北朝鮮の軍、党、官僚機構、秘密警察といった組織が、似たような組織文化をもっている可能性は高い。独裁者を前にして、たとえ真実であったとしても、自分の首が飛ぶような報告を正直に上げる人間はおそらくほとんどいない。リーダーの耳に痛い忠言は、リーダーに忠誠心を疑われ、自らに痛い結果としてはねかえりかねない。金正日の前には、彼が好むであろうと思われる情報・評価しか上げられない可能性があるのである。それが農業生産に関するものであればまだしも、時間的な制約で決断を下さなければならない安全保障に類するものであった場合には、相手側のシグナルの見落としなどの致命的なミスが起こる危険性がある。

　一方で、組織が情報を上げる場合には、組織の能力の範囲内でできることしかリーダーには通常示されない。組織の能力は、予算・人員・インフラといった制限を受ける。しかし、独裁的傾向のあるリーダーは往々にして、組織の能力も考えずに、新機軸を打ち出すことがある。情報公開が進んでいる、ある程度民主的な組織であれば、そのような能力を超えた組織に対する命令は、世論の批判を受けて取り下げられるかもしれない。しかし、情報公開の必要が限られていて、メディアの注目も集めない組織では、リーダーの無謀な拡大に歯止めがかからないことはしばしばある。この点では、日本の組織の例もある程度、参考になるかもしれない。バブル経済崩壊後、破綻した企業の多くには、独裁的な経営者がいた。すべての組織で、似たようなことは起こり得る。北朝鮮の執行部は、どこかの企業の役員室と同じではないかもしれないが、リーダーの

「思いつき」に歯止めをかける能力を組織として持っているかどうかは、これもまた未知数である。

2番目に吟味に値する前提とは、「両方の側とも、解決と安心のシグナルが正確に認識され解釈されるような、似たような準拠枠（frame of reference）をもつ」ということである。キューバ危機の際ケネディは、フルシチョフがアメリカの意図を誤認しないように注意深く行動した。そのようなシグナルを認識し解釈するために、米ソはある程度、似たような準拠枠をもっていたと言えるかもしれない。果たして北朝鮮とアメリカの間では、そういえるだろうか。準拠枠が違っていれば、本当に偶発的な出来事であっても、相手のシグナルを誤解し、危機がエスカレートする危険性はかなり高まるのである。

第3の検討に値する前提条件は、「両国とも核兵器の使用を伴う決定あるいはそれを挑発するような決定に関しては中央から厳しくコントロールされている」というものである。北朝鮮が強力な中央集権的な国家であることは認められるが、軍をそのリーダーが完全に掌握しているか否かについては、数々の軍事クーデター説が飛び交ってきたことから考えると、いささか疑問符がつけられる。軍を掌握しきっていないとしたら、金正日にとっては核兵器は諸刃の剣になりかねない。核兵器を管理する部隊で反乱が起こったら、それを制圧することは難しくなる。むろん金正日とても、所有する虎の子の核兵器の管理を、信頼できない部下に委ねることはないであろうが、そのような核兵器管理の問題も多分に存在する。なにも敵は、国境の外側だけにいるとは限らないのである。

ホルスティが挙げた条件にはあげられてはいないものの、最終判断を下すリーダーの資質も、当然問題となる。ホルスティによれば、引き鉄を引きたがる偏執病者、自滅や殉死を求める者、核兵器でロシアンルーレットをしたがる政策決定者、敵に関する情報が不完全でコミュニケーションも不充分であるため憶測で決定を行う者、国の人口と資源の大部分を失ってもそれをやむをえない代償であると考える政策決定者、そういった指導者をもつ国に対しては、抑止は効果的でないと指摘している[36]。

この点で、金正日の評価は2つに分かれている。何をしでかすかわからない人物というイメージがあるかと思えば、オルブライト国務長官のように直接会

ってみると「多少風変わりであるが魅力的で、頼りがいのある理性的な男性だった」[37]という者もいる。ただ、何をしでかすかわからないというイメージは、北朝鮮の核抑止戦略にとっては、ある程度まではマイナスではないかもしれない。核を保有していると言っても、アメリカとは核弾頭の保有数では圧倒的な差がある。そのようななかで、核の脅しを効果的にするには、むしろ「マッド・サイエンティスト」的なイメージを流布した方が有利とも言えるのである。しかし、それにも限度がある。限度を超えて非理性的であると認識された場合には、相手側からの先制攻撃を受ける可能性は高まる。

　次には核抑止の理論が、米朝間の核兵器をめぐる関係においてどのように解釈されるかを検討してみたい。

(2) 分析2──MADは機能するか？

　アメリカで発達した核抑止の理論では、その分析はほとんど米ソ間の核抑止を前提として展開してきた。米ソ間の核抑止をまがりなりにも成功させたのは（少なくとも核戦争は起こらなかった）、相互認証破壊（MAD）と呼ばれる戦略である。お互いに相手の第1撃を受けた後も、十分相手に報復する2次攻撃力をもっていることは、お互いが先制核攻撃に走る誘惑を減じる。さらに、両国は1972年に弾道弾迎撃ミサイル制限条約（ABM制限条約）を結んだ。これは核ミサイルに対する防御手段を互いに制限し、核に対しては核で報復するという恐怖の均衡によって、核兵器使用抑止を図ったものである（アメリカが2002年に離脱して条約は失効したが）。ボクシングにたとえれば、試合になったらお互いにノーガードで拳で殴り合うと決めたようなもので、そうなれば被害が甚大であることから米ソとも試合自体を避ける結果となったのである。しかし、核弾頭の保有数の著しいアンバランスを考えると、現時点で米朝間に相互認証破壊が戦略として共有されているとは思えない。仮に北朝鮮が第1撃を行ったとしても、アメリカ側が核による報復を行う能力は十分保持されている。一方で、アメリカ側が本格的な複数の核兵器による先制攻撃を行った場合に、北朝鮮側に反撃する余力はおそらくはほとんどないであろう。

　皮肉なことに相互認証破壊が戦略として共有されるためには、もっと北朝鮮

は核兵器を生産し保有しなければならないことになる。その点でも、北朝鮮の核軍拡には、少なくとも北朝鮮にとっては意味がある。さらに言えば、核兵器の運搬手段はミサイルに限定されるわけではないし、第2撃として一発でも都市攻撃をする能力があれば、抑止力としては十分であるとも考えられる。「核兵器はより小さな国を大国にすることはない。核兵器により弱小国は、強国が弱小国に対して用いようと欲するかもしれない手段に対抗することができるのである」[38]。このことをもう少し次には詳細に検討してみたい。

(3) 分析3──非対称的な被害による恐怖の均衡

　核抑止の効果を最も簡潔にした式は、「A国のB国に対する抑止効果＝B国が推定するA国の能力×B国が推定するA国の意図」で示される。米ソの冷戦状況を前提としたこの式は、そのまま米朝関係にあてはまるとは言えないので後に修正を加えるが、とりあえずはこの式をもとにして両国の抑止効果を考えてみたい[39]。

　まずアメリカのもつ抑止効果（上述の式ではA＝アメリカ、B＝北朝鮮）であるが、北朝鮮が推定するアメリカの核攻撃能力は膨大であろうが、北朝鮮が想定するアメリカが核を報復使用する意図の程度は分らない。それが仮にゼロの場合、アメリカの北朝鮮に対する抑止効果は、ゼロである。むろん北朝鮮が核による第1撃をアメリカないしその同盟国や米軍基地に行った場合、アメリカが核報復する意図は限りなく高い。それを承知の上で核攻撃をすることは、自殺行為である。しかし、日本海軍による真珠湾攻撃のように、圧倒的な不利が予想されても、先制攻撃に局面の打開をかけることはあり得る。

　一方、北朝鮮のもつ抑止効果（上述の式ではA＝北朝鮮、B＝アメリカ）はどうなるだろうか。アメリカが推定する北朝鮮の核攻撃能力はたいしたものではない。ただ、アメリカが北朝鮮が核を報復ないし先制使用する意図をどの程度と推定しているかは不明である。しかし、多少推測する糸口はある。

　2005年2月10日の北朝鮮外務省の「核兵器保有公式宣言の声明」を読む限りでは、「力には力で対応する」と言いながらも、「自衛のため核兵器を作った」と明言し、核兵器はあくまでも「自衛的核抑止力として残る」と述べている。

この手の声明を額面どおりアメリカが受け取ることはないだろうが、これから推定すれば、核による先制攻撃の意図は高いとは思えない。しかし、挑発や軍事介入を受けた場合、北朝鮮が核兵器を報復のために使用する意図は高いかもしれない。いずれにしろ予想は難しい。

仮に能力と意図が低く見積もられるならば、北朝鮮にとっては核抑止効果が期待できないことを意味する。このような場合、北朝鮮が抑止効果を高めるために取り得る戦略には、能力と意図のいずれか、あるいは両方を高めることがある。プルトニウムの保有量と濃縮ウランの生産能力に依存するため、能力でアメリカに追いつくことはあり得ないが、ある程度の数（たとえばイギリスが保有しているという200発程度）まで保有すれば、能力面では十分であるかもしれない。しかし、それだけの保有数に達するまで、核による抑止効果を保つためには、核攻撃の意図を高めたという印象をアメリカに与えなければならない。それも抑止される側であるアメリカを本当に信じ込ませなければならない。

そこで北朝鮮からアメリカに送られるメッセージは、強いものとなる可能性がある。今のところその兆候はないが、たとえば「通常兵器による攻撃でも核によって報復する」というようなことは言うかもしれない。

さらにもっと重大な問題は、北朝鮮が単に抑止能力を高めたいという理由から威嚇を強めた場合でも、その威嚇から核戦争が誘発されるリスクが高まることである。むろん威嚇が真実味を帯びれば帯びるほど、前述の式から言えば北朝鮮の抑止能力は高まり、アメリカもうかつに手出しをしないと考えられる。しかし、仮に北朝鮮が先に述べたように「通常兵器による攻撃でも核によって報復する」と言明したとして、それでも小規模な通常兵器による小競り合い（それも北朝鮮は攻撃と受け止めるだろう）が頻発したらどうなるだろうか。ホルスティが言うように「威嚇した通りに報復しないことが何度も繰り返されれば、その信憑性は急速に減退する」[40]ので、そのときには北朝鮮が信憑性が無くなることを避けるために一気に勝負に出る可能性も否定できない。

そのような場合もあるので、ここで問題となるのは抑止の安定性である。抑止をする側は、される側に対して、威嚇の信憑性を伝えながらも、予防攻撃や先制攻撃を誘発しないように配慮しなければならない。核攻撃を意図していな

くても、相手が予防攻撃や先制攻撃を行ってしまうのは、おそらくは恐怖にかられた場合である。核抑止は、相手に核攻撃があり得るという信憑性を与えると同時に、恐怖から先制攻撃を仕掛けることがないように安定的でなければならない[41]。

核抑止の安定性の問題は、危機管理の問題として次に議論するとして、この従来の抑止論が米朝間の核抑止の現実に即していないと思われる部分も考察しなければならない。それは仮に一発ずつ同じ能力の核爆弾が相手の都市を襲うとしても、米朝ではお互いに失うものに大きな隔たりがあるということである。アメリカや日本、韓国は、北朝鮮の核攻撃によって失うものが多くなりすぎたと思われる。経済的に破綻状態にある国と、世界一、二位の経済力を有する国や先進国の仲間入りを果たした国とでは、むろん経済的に失うものは違う。国内での餓死者に有効な手だてを講じられないなかで軍拡に走る国と、国民の人権や福利や自由を（不充分との批判は常にあるにせよ）まがりなりにも守ろうとする国とでは、指導者が想定する「命の重み」もおのずと異なっていると思われる（むろん、人の命が持つ重みは平等であることが理想であるが、現実ではそうでない）。このような点を考えると、米ソを想定して、それぞれが同程度の社会を持っていることを前提としている先の核抑止の式は、修正する必要がある。

修正を加えた最も単純な式は、「A国のB国に対する抑止効果＝B国が推定するA国の能力×B国が推定するA国の意図×B国が推定するA国の核攻撃から受ける単位当たりの人的物的被害」となるだろう。最後の「B国が推定するA国の核攻撃から受ける単位当たりの人的物的被害」とは、トータルな「人的物的被害の推定」は「B国が推定するA国の核攻撃能力」によって変化する変数になるので、単位当たりで計算する必要があるからである。この式からすれば、アメリカが北朝鮮の核攻撃能力は小さく、その「攻撃意図」も比較的少ないと想定したとしても、「核攻撃から受ける単位当たりの人的物的被害」が膨大であると推定していれば、北朝鮮の抑止効果は高まる。逆に、アメリカの核攻撃能力が甚大で、攻撃意図も高いと北朝鮮が想定したとしても、それによって失われる自国の「単位当たりの人的物的被害」が少ないと北朝鮮が考えている場合

には、アメリカの抑止効果は決して高いとは言えないのである。

　あまりにも単純化しているといわれるかもしれないが、言い換えれば、たとえ数発であったとしても、北朝鮮の核は、アメリカの何万発もの核に匹敵する抑止効果をもっているとも言えないでもない。アメリカの政策決定者は、核戦争の場合に、仮に単純に10対1の割合で相手の死者が多く出ると予測されるとしても、北朝鮮の100万人とアメリカあるいは同盟国の10万人の人々を刺し違えさせるような選択をできるであろうか。

(4) 分析4──北朝鮮が抑止効果を高めるために取り得る戦略

　冷戦期の核抑止の理論は、皮肉なことかもしれないが、米ソが相手の無制限の攻撃にも耐える兵器体系をもっているならば、報復の信憑性が高まり、抑止効果と抑止の安定性も高まるとした[42]。このような古くからの前提に立てば、十分な数の核兵器をもち合わせていないと思われる現段階の方が、抑止の安定性は低い。しかし、先の修正式が明らかにしたように、双方の抑止効果はある程度、バランスしているとも言える。さらに、「抑止効果は、全破壊力ではなく、奇襲攻撃から生き残れる兵器の破壊力」(第2撃の能力)によって決まるので、北朝鮮はほかにも抑止効果を高めるために取り得る戦略をいくつかもっているし、そのいくつかはすでに実施しているだろう。

　抑止効果を高める戦略の一つは、核兵器の脆弱性を低下させることである。その方法としては、まずは核弾頭の数を増やすことである。むろんアメリカに追いつくことはできないが、数が増えれば増えるほど、抑止効果が増すのは先に考察したとおりである。次には、直撃以外の攻撃から核攻撃能力を守ること、すなわち核兵器の「防御」と「隠蔽」である。防御・隠蔽戦略としては、核兵器(北朝鮮の場合、核兵器をミサイルに搭載可能かもわからないが)をまず隠し、相手が攻撃しにくい、あるいは攻撃できない場所に置くことが考えられ、これはすでに実施されていると思われる。この点、北朝鮮には大いに優位性がある。朝鮮戦争時代のアメリカによる絨毯爆撃の経験から、1万5,000箇所にのぼる安全保障関連の地下施設を北朝鮮はもつようになったといわれる[43]。北朝鮮は一種の要塞国家となっており、核兵器を「隠蔽」し、しかも効果的に「防

御」する施設にはこと欠かない。むろん地上発射型の大型の核搭載ミサイルであれば、現在の兵器水準からは発見される可能性も高いが、小型ミサイルの地下発射台は発見されないこともあるだろう。ミサイルにこだわらなければ、非武装地帯の地下トンネルに核兵器を配置し、風向きを考慮して爆発させて、死の灰を降らすという戦術は現時点でも十分実行可能である[44]。

　また「防御」「隠蔽」の次に考えられる戦術は、「移動」である。アメリカ、ロシア、イギリス、フランス、さらに中国は、この移動性を高めるために、潜水艦発射型の核ミサイルを開発した。ポラリスに始まる潜航中の潜水艦からも発射可能な核弾道ミサイルは、アメリカやイギリスの防衛力の主力をなしている。機動性があり、相手と距離を保つことができ、隠蔽もできる。都市近郊のミサイル基地と異なって都市攻撃を誘発しないし、外国の海軍基地も必要としない[45]。そのメリットを考えると、北朝鮮は核弾頭の小型化を目指すだろうし、現に開発を進めているであろう。アメリカにとって（あるいは日本やそのほかの国々にとっても）最悪のシナリオは、潜水艦発射核ミサイルを搭載した北朝鮮の潜水艦が、日本海、太平洋、あるいはアメリカ東海岸の近くにひそみ、核の脅しをかける事態である。これは技術的に極めて難しいが、現時点でも、民間の船舶や工作船によって、自爆的な攻撃をしかけることは可能である。さらに核弾頭の小型化が進めば、小型核砲弾を製造し、ソウルに照準を合わせている8,000とも言われる火砲のいくつかに搭載可能となるだろう。技術的に言って何年、あるいは何十年かかるかはわからないが、北朝鮮が多様な核兵器を備えたヤマアラシ型の「核大国」となる可能性は十分にある。

(5) 分析5──核危機管理のために何ができるか？

　北朝鮮の核が実戦配備されたと確認できない段階で、危機管理を議論するのは早計かもしれない。また、アメリカは北朝鮮を核保有国として少なくとも外交上は認めたわけではないので、その点でも早過ぎる議論かもしれない。しかし、さらなる核開発が阻止されず、核廃棄が進まなければ、いずれ実戦配備もなされるだろう。その場合、先に見てきたように、米朝の核戦力がバランスしていない状態の方が、北朝鮮が核を先制使用する可能性は高まる。相互抑止体

系が不安定であればあるほど、脆弱な側は予防攻撃をかけたくなるし、それを知った側は、先制攻撃の誘惑にかられる。アメリカの政策決定者とそれを取り巻く助言者は、そのような危険性があるとの認識はもっているだろうが、北朝鮮も同様の危険性の認識を共有していないと意味がない。

　北朝鮮の政策決定の中枢が、どのような核戦略の認識をもっているか（あるいはもつことになるか）はわからないが、米朝間に関して言えば、偶発的な軍事行為が大規模軍事介入と誤解されるケース（米朝双方に起こり得る）、軍部内の規律の崩壊に起因する核使用のケース（北朝鮮の中央の統制力は十分であるか）、その他、誤った情報・誤解などから軍事的緊張が高まり核攻撃が誘発されるケースなどが考えられる[46]。

　それでは具体的に危機管理はどうすべきなのだろうか。一つは北朝鮮の反応時間をできるだけ長くさせる必要がある。一息ついて考えさせる時間を与えるのである。ホルスティが言うように、一般に軍事力が脆弱であれば、政策決定者は反応の時間を延ばすことはできず、先制攻撃の誘惑にかられやすくなる。おまけに、危機的な状況下では、時間の圧迫がストレスとなり、効果的な決定ができなくなる。「極端なストレスは攻撃的・反射的行動に導きやすく、同時に慎重で計算された政策がとられる可能性を減少させる」のである[47]。それではどうやって、相手の反応時間を遅らせるのか。ホルスティは、政策決定者が反応を遅らせた方が即時行動よりも得るところが大きく、しかも相手も同じような選好をもっていることを条件にあげている。むろん今の米朝にそのような条件を保証するような仕組みはない。セミナーを開くわけにもいかないが、何らかの認識の共有が将来必要になってくるかもしれない。そのうち冗談ではなく、「米朝ホットライン」でも設けられるかもしれない。

(6) 分析6──先制攻撃の抑止と現代の情報戦争のもたらすリスク

　この最後の分析では、これまでの分析と重複する部分もあるが、先制攻撃を避ける方法と現代情報戦争がもたらすリスクについて検討してみたい。ここでの論点は、シンバラ（Cimbala, Stephen J.）の指摘に依拠する。シンバラは先制攻撃を避ける方法として、次の5点をあげている。(1) 双方とも戦争が「避

けられない」とか、敵が攻撃を開始したと結論しないこと。(2) 双方とも想定し得るどのような奇襲を受けても、軍事力と戦略的C3（指揮・統制・コミュニケーション）がそれに耐えることができること。(3) 核攻撃の警報の管理が適切であること。警報はまた相手側にこちら側の意図を送ることにもなる。(4) 攻撃を実施する軍の最先端の行動と状態がタイムリーかつ正確に政権と軍の上層部に伝達されること。(5) 政策形成者と軍の指揮官が柔軟な選択肢を利用できること。選択肢について理解しており、それを命令されたら実施できるよう準備していること[48]。

　上記の5点は主に戦術的な問題であるが、まさにこれらの前提を覆すような戦術が現代では頻繁に利用されている。すなわち情報戦争である。今日の軍事戦略では、最初に敵の情報網を寸断したり、偽の情報を流したりして撹乱したりするということが実施される。それも戦争を始める前から実施されることが多い。通常兵力の敵を相手にする場合に極めて有効なこれらの戦術も、核保有国を相手にした場合には著しく先制攻撃の危険性を高めることになる。情報戦争によって混乱させられると、相手には核の第一撃を受けるのではないかという恐怖感が高まる。核攻撃が始まったと相手が誤解することもあるかもしれない。また、情報網が寸断されることにより、適切な警戒措置が取れなくなり、柔軟な対応ができなくなることもあるだろう。敵のコンピューターに侵入させたウィルスが誤った情報を流し、誤判断を引き起こすこともあるかもしれない。以上のように現代の情報戦は、先制攻撃の回避という面から見ると多大なリスクを負っている。米朝どちらも核戦争は回避したいと考えていたとしても、武力紛争が核攻撃へとエスカレートする危険性は十分にあるのである。

5．北朝鮮はなぜ約束を守らないのだろうか？

　北朝鮮との交渉の歴史は、合意直後から約束違反が繰り返された歴史でもある。1972年の南北共同声明、1992年の朝鮮半島の非核化に関する南北共同宣言、1994年の米朝枠組合意、2000年の南北共同宣言、2002年の日朝平壌宣言

など、いずれも程度の差こそあれ、そこでの約束は不渡り手形となっている。何度も何度も、合意しては撤回したり、再解釈が付与されるという事態が続いてきた。北朝鮮のこのような約束不履行の歴史は、どのように解したらよいのだろうか。むろんアリソンのRAMから見れば、北朝鮮は信用できない国であるという結論が導き出される。しかし、アリソンの第2モデルや第3モデルを用いて分析したら、なぜ信用できないかという理由について、もっと掘り下げた分析もできるかもしれない。しかし、アリソンも指摘しているように、第2モデルや第3モデルに基づく分析にはかなりの情報が必要である[49]。残念ながら、北朝鮮に関しては、政権中枢の情報は決定的に不足している。アメリカのように情報公開がなされ、報道の自由も保証され、優れたジャーナリストやアナリストが日々政権の動向を追っている国なら、最近の出来事でも第2・第3モデルに基づく分析は可能であろう。しかし、北朝鮮の場合にはそれはかなわない。特に対外政策を政府内の政治的駆け引きから派生した結果とみる第3モデルに基づく分析を行うには、決定的に情報が欠けている。そのような問題があるため推測に頼らざるを得ないが、「北朝鮮はなぜ約束を守らないのか」考えてみよう。

　まず、北朝鮮が約束を守らない「嘘吐き」に見えるのは国家の擬人化と関係していると思われる。おそらく多くの人々は、ある種の擬人化をして国家をとらえている。人のように国家を理解している。その方が理解をしやすいからである。アンクル・サムがアメリカを表し、ジョン・ブルがイギリスを表すように、擬人化は文化的な国家イメージを創り出す。独裁者の支配する国であればなおさらのことで、我々は金正日＝北朝鮮と想定していることも多い。北朝鮮を「ならず者」とするのはあくまでもメタファーであるが、非常に分りやすい。一方、一般に社会においては、嘘をついたり、約束を守らない人間は、道徳的に許されないとされている。そこで擬人化したイメージのなかで、我々は無意識のうちに一般社会での道徳基準を国家に当てはめて国際関係をみるようになっているのかもしれない。しかし、実際の国家の行為は、単純であることはめったになく、個々の矛盾をそのまま包摂している。トータルとしてみた場合に国家が矛盾なく行動することはめったにない。その意味では、北朝鮮も、普通

の国家と変わらないとも言えるが、この国の対外的な約束不履行は、やはり「国際社会」のなかでも異彩を放っている。それはなぜであろうか。

一つの仮説は、北朝鮮は約束不履行を構造的に内在させている国でないかということである。それはリーダーが約束不履行を好むという意味ではない。むろんすべての決定は金正日が行っているという見方は支配的であるし、ほとんどの分析はそう前提しているように思える。しかし、国家の行動の説明を一人のリーダーの選好に帰することは、分析としては単純すぎる[50]。国家レベルになれば、リーダーには必ず助言者がいるだろうし、イシュー毎に相談相手も変わるであろう。その都度、取り立てられたり、干されたりする側近も出てくるだろう。それに判断の基礎となる情報にしても、軍ばかりでなく、外務省、工作機関、党など、さまざまなチャンネルから、政策決定者に寄せられることが考えられる。独裁国家であっても、政府内のアクター間には当然、競争がある。あからさまに意図しなくても、それぞれの政府内のアクターが、「偉大な指導者」に忠実で、気に入られる政策を実行しようとすればするほど、結果的には約束不履行も辞さないことになるのではないかとも推察される。

日朝交渉を事例として考えてみよう。指折りの北朝鮮ウォッチャーである重村智計は、『外交敗北』のなかで、日朝交渉で、外交が外交として機能していないことを厳しく非難している。たとえば、通常、外交官と呼ばれる人々は、激しい駆け引きをしたとしても、合意に至った事項については誠実に履行しようとする。北朝鮮の外交官もその点では例外ではないと重村は認めるが、問題は外交官ではない人々、たとえば工作機関に属する人物が外交当局の領域まで侵食していることだという。重村は「工作機関は、外交を目的にしていない。だから平気でウソをつき相手を騙し、自分たちの目的達成のために利用する」と述べ、一方、外交の目的は妥協と譲歩であり、外交官は「ウソをつかない」ことを原則としていると強調する。そうでないと、相手は信用せず、「信用できない相手と、譲歩や合意はできない」からである[51]。なのに、北朝鮮側の対日交渉の窓口は長く、外交官でなく、工作機関の個人であった。小泉首相の訪朝で有名になったミスターX（秘密警察「国家安全保衛部」の幹部）が対日交渉を担当するようになったのは、2001年の秋で、重村によれば、この時期に対日交

渉の権限は工作機関の「統一戦線部」から北朝鮮外務省に移行しつつあったという。アメリカはこのような工作機関を相手にせず、北朝鮮外務省との交渉に徹したので、日本の外務省もそうすべきであったと重村は指摘し、外務省、特に日朝交渉を取りしきったアジア大洋州局長の責任を強調している[52]。

　このエピソードが語っている別の側面は、北朝鮮では対日交渉が特定個人に任されてきたことであり、交渉の記憶は人物が入れ替わることによって、おそらくはスムーズに引き継がれることはなかったであろうということである。組織としての対外交渉の記憶が円滑に引き継がれないということは、これは何も北朝鮮に限ったことではなく、政権交替時にポリティカル・アポインティーを多数政権に迎え入れるアメリカとの交渉でも起こっていることである。しかし、北朝鮮の得体の知れない人物と交渉するのと、議会などで承認を受けるアメリカ政府関係者と交渉するのとでは雲泥の差がある。また、北朝鮮では、対外交渉権限をめぐって、統一戦線部、外務省、さらに党国際部と三つ巴の権力争いが繰り広げられているとも示唆されている[53]。窓口を担当する個人のみならず、担当部署も、容易に入れ替わるのである。

　このような状況であるから、2002年10月にアメリカのケリー国務次官補が、北朝鮮が秘密裏にウランを濃縮しているという証拠を携えて訪朝し、最初の会談相手の外務次官にその証拠を突きつけたとき、ウラン濃縮計画をおそらくはまったく知らなかったため次官が狼狽したというエピソードにも信憑性があると思われる。重村の分析では、ウラン濃縮計画について北朝鮮外務省は知らされていなかった[54]。敵を欺くにはまず味方からとも言うが、外交当局がこのような状態で、対外的な合意や約束がきちんと履行されると想定すること自体無理であろう。

　もう一つの仮説は、リーダーのパーソナリティに関するものである。北朝鮮が約束を守らないというイメージの背後には、その指導者がうそつきであるというイメージがある。しかし、リーダーが仮に病的なうそつきであったとしても、その政策がすべて嘘と欺瞞に満ちているということにはむろんならない。金正日という北朝鮮の指導者には、さまざまなイメージが付与されている。日本の民放のテレビ局は、金正日が何か画面に向って指差して怒鳴っている映像

をよく使う。その映像はむろん、彼が日本や日本人を罵倒している姿ではなかろうが、受け手はどうしてもそのようなイメージを持ってしまう。このようにマスメディアを通して操作されたイメージがあり、それを排除していくと、実際には対外政策の決定者としての金正日を分析するのに重要であると思われる情報はほとんど残らない。

だが2代目の独裁者ということからは、周囲との関係では、いくつかの特徴的なパターンが見いだされるかもしれない。歴史はそのような事例の宝庫であり、またある程度、独裁的な傾向のある指導者と取り巻きの行為については、バブル経済崩壊後に窮地に陥った日本企業にも多くの例がある。以下に列挙するのは、そのような独裁的傾向のある指導者の率いる組織で起こり得ることである。まだ体系化されていない段階で、推測の域を出ないし、誤りも多いかもしれないが、今後の考察の手がかりとして指摘しておく。なお既存研究の概念との関連も、各箇条の末尾に必要に応じて示した。これらの概念はジャーヴィスの論文に基づく[55]。なお、ここで書いている独裁的な傾向のある指導者というのは、必ずしも独裁制下の指導者を意味するわけではない。独裁制であっても、独裁的でない指導者もいるし、民主的に選挙で選ばれた指導者のなかにも独裁的な傾向のある指導者は多くいる。

まず前にも指摘したように、①独裁的な傾向のある指導者の前にはその好むであろう情報しか上げられない〔情報の単純化〕。あるいは、②独裁的な傾向のある指導者は自分の考えに沿うような情報しか耳に入れようとしない〔情報の信条への同化〕。③独裁的な傾向のある指導者はしばしば孤独で、猜疑心に満ちており、自分の決定に自信がもてない場合には、決定後に譲歩をし過ぎたと思い込む。そのために、決定後に（一晩考えて）決定の効果を薄めるような措置を講じてバランスを取ろうとする（北朝鮮ではこのようなことが頻繁にある。それが指導者のパーソナリティのためかどうかは断定できないが）。④独裁的な傾向のある指導者はしばしば、費用とか、組織の能力を超え、思いつきで命令を下す（先にも指摘したように、上司は思いつきでものを言うのである）。⑤独裁的な傾向のある指導者は、ないものねだりをする。一つを手に入れると、次がすぐに欲しくなる。拡大をしていないと不安になる。⑥独裁的な傾向のある

指導者の周囲にいる側近には、同調圧力が強く発生する。政策決定集団は、指導者を中心として集団順応思考に陥りやすい。⑦政策決定においては、一般に高位の政策決定者ほど自由度が高く、特に独裁的な傾向の強い指導者が最高位にいる場合には、ナンバー2以下の自由度は非常に狭められてしまう。⑧独裁的な傾向のある指導者は、自分の失敗に起因するミスを、担当した個人の責任と考える傾向がある。自分の判断ミスは認めないし、組織のなかに失敗の原因が内在しているとは思いもしない。そう指摘する側近もいない。そのため、担当者を交代すれば何とかなると考える。⑨側近が独裁的な傾向のある指導者に対して及ぼす影響力は、必ずしもその側近の地位と一致するとは限らない。地位よりも指導者との「距離」によって影響力の多寡は決まるとも言える。⑩独裁的な傾向のある指導者は自分の判断ミスの責任転嫁が可能なように、側近に既定路線についてさえ意見を求める。意見を求められて事実上の承認をした側近は、失敗に終わっても、責任逃れのために失政を覆い隠す情報を上げざるを得なくなる。⑪独裁的な傾向のある指導者は、気に入らない決定は先送りする。目の前から問題が消えると、解決したと思い込む。側近は解決したと指導者が思い込んでいる問題を再提起するのをためらうので、決定はさらに先延ばしされる。⑫独裁的な傾向のある指導者は、成功体験に固執し、しばしば同じパターンを繰り返す（米朝間の交渉では、枠組み合意の成功体験が金正日の頭から離れない可能性がある）〔意思決定における類推。その極端化〕。⑬二代目の独裁的な傾向のある指導者の場合は、先代の側近を疎ましく思う（ドイツ皇帝ヴィルヘルム二世は、ビスマルクを嫌った）〔類推の否定〕。⑭トップは日常的に決定のストレスにさらされているが、独裁的な傾向のある指導者はさらにストレスから、ささいなことに固執することがある（アメリカによるマカオの銀行の北朝鮮関連講座に対する金融制裁は、金額から見ると大きな影響があるとは思えない。しかし、北朝鮮がこの制裁解除を重視していることは、これと関係があるかもしれない）。⑮独裁的な傾向のある指導者は、気まぐれな決定をすることがあり、側近は指導者と対外的な交渉相手との板ばさみになる。信義を重んじる外交官の場合には、同時に二人のプレイヤーと対峙することの心理的な負担は大きい（外交が成り立たなくなる）。

アトランダムに15の傾向を指摘した。そのうちのいくつが北朝鮮の指導者に当てはまるかは分からない（あるいはこれらのいくつかは、アメリカやその他の国の指導者にもある程度あてはまるかもしれないし、独裁的傾向がない指導者であっても当てはまる場合はあるだろう）。これらをひとつずつ検証するには、情報が少なすぎる。ただ、このような特徴的なパターンを理解することによって、積極的に「約束を破る」だけでなく、「破らざるを得ない」約束不履行を構造的に内在させている国家を理解する糸口は見いだせるかもしれないと思う。

6. おわりに

2006年10月の核実験後、国連決議に基づく制裁や中国などの説得もあって、12月になってようやく6か国協議が再開された。しかし、目立った成果を生むこともなく休会になり、協議は2007年に持ち越された。2007年2月、協議は合意文書を採択し、一応の「非核化」の道筋を示した。しかし、既存の核兵器の放棄は明言されなかった。6か国協議の評価もさまざまであるが、核開発という観点から見れば、北朝鮮にとっては時間稼ぎをするのに最良の舞台である。協議が続いている間は、アメリカによる武力行使はないと判断できるので、その間、北朝鮮が合意内容を無視して秘密裏にさらなる数の核弾頭の開発・製造や核弾頭の小型化に取り組むこともあり得るだろう。むろん経済制裁は痛手であるが、協議をだらだらと続けるだけで、核抑止能力を向上させる時間を得ることができる。一方で、関係国である日本、アメリカ、韓国、中国、ロシアの足並みは決して揃っているとは言えない。

北朝鮮の核保有は、核による脅迫を可能にしている。2007年1月初めに北朝鮮の労働党機関紙などは日朝関係が「現在、武力衝突ラインに肉薄している」と警告し、「日本軍国主義者らがわが国を攻撃するなら、軍事優先の威力によって無慈悲な懲罰を与え、百年の宿敵に対する恨みを晴らさずにはいないだろう」と述べている[56]。ここでの「無慈悲な懲罰」が何を意味するかは定かではない

が、核攻撃も選択肢として含まれていると考えるべきだろう。むろんこれは単なるブラフと解釈することもできる。また、核抑止論では、一般に防衛目的以外の核使用の可能性は低いと見るし、このメッセージも日本側が攻撃するという前提に立っている。北朝鮮による「核のパールハーバー」を必要以上に恐れる必要はないだろう。ただ、核抑止力を効果的にするためには攻撃の「信憑性」を高める必要があり、このような強い言葉での警告は今後も続くかもしれない。また、核保有を宣言して後に核実験を実施したように、時として自らが発したメッセージに忠実な場合もあるので、その警告の意味は軽く考えない方がよいとも思う。

　本論文の2で考察したように、理論と歴史はしばしば対立するが、理論から豊かな歴史的分析が生まれることもあり得る。冷戦史の大家のギャディスも、リアリズム理論の大家であるウォルツの「二極構造は多極構造よりも安定的である」という命題に感銘を受けて、自身の米ソ冷戦の「長い平和」という命題を展開したと述べている[57]。本論文は、その意味では、現状分析からいずれは歴史へと編入されてゆく事例を、理論的に検討し、将来の歴史分析と理論の発展の双方に役立たせることを意図したものである。たまたま1992年から2006年までの15年間を主として扱ったため、「核危機の15年、1992－2006」と題した。E・H・カーの名著の題名『危機の二十年』の改作のようで、おこがましいとも思ったが、その題名は両大戦間の間に20年少ししかなかったことを示しており、歴史の流れをいやがおうでも意識させてくれた。朝鮮半島の核危機はすでに15年も続いている。その間、小競り合いはあったにしろ、大局的な意味での平和は守られてきた。ギャディスは、冷戦史の最も重要なパターンは「能力の非対称的な向上」にあると看破した。この冷戦後にあっても、朝鮮半島では著しい「能力の非対称的な向上」が続いた。それでも、平和は保たれている。それはある意味では、ちょっとした奇跡のように思えないでもないが、そこにはまだ解明されない幾多の秘密が、歴史的にも理論面でも、隠されているに違いない。

注

1) Jasper Becker, *Rogue Regime: Kim Jong Il and the Looming Threat of North Korea* (Oxford: Oxford University Press, 2005). 邦訳、ジャスパー・ベッカー（小谷まさ代訳）『ならず者国家』（草思社、2006年）。同書邦訳263頁によると、1984年にはすでに核開発に着手していたと言う。

2) 「国際社会」という言葉は政治的なタームとして頻繁に使用されている。それは「そのような行為は国際社会が許さない…」というような文脈で使用されることが多いが、国際社会を国家を成員とする社会と考えると、実際には国際社会が統一した意思を持っているとも、成員の行動を律する絶対的な警察力を保持しているとも考えられない。現状では、ある程度の漠然とした意思と警察力を持っているに過ぎない。「国際社会」というタームは、ときには自国の立場を都合よく補強するために用いられる。したがって、私はこの言葉を限定的に考えるのである。

3) 「抑止理論」と「抑止戦術」は区別すべきとの考えもある。抑止論研究の権威の一人であるモーガン（Morgan, Patrick M.）は、その点を強調し、多くの抑止理論があるという誤解を呼ぶ考えがあるが、実際には「ほとんどの場合、理論でなく、さまざまな戦術があるのである」と述べている。理論の精緻化のために理論から戦術を引き離す必要は理解できるが、本稿では現状の分析に軸足を置いているので、そのような区別はしない。Patrick M. Morgan, *Deterrence Now* (Cambridge: Cambridge University Press, 2003) p.8.

4) John Lewis Gaddis, "In Defense of Particular Generalization: Rewriting Cold War History, Rethinking International Relations Theory," in Colin Elman and Miriam Fendius, eds., *Bridges and Boundaries: Historians, Political Scientists, and the Study of International Relations* (Cambridge, Mass.: MIT Press, 2001) p.302. 邦訳、ジョン・ルイス・ギャディス（田中康友訳）「限定的一般化を擁護して：冷戦史の書き直しと国際政治理論の再考」コリン・エルマン、ミリアム・フェンディアス・エルマン編（渡辺昭夫・監訳、宮下明聡、野口和彦、戸谷美苗、田中康友・訳）『国際関係研究へのアプローチ——歴史学と政治学の対話』（東京大学出版会、2003年）199頁。

5) Ibid, pp.311-312（邦訳208-209頁）。

6) Graham Allison and Philip Zelikow,. *Essence of Decision: Explaining the Cuban Missile Crisis.* 2nd ed. (New York: Addison Wesley, 1999). 邦訳、グレアム・T・アリソン（宮里政玄訳）『決定の本質——キューバ・ミサイル危機の分析』（中央公論新社、1977年）。なお邦訳は原著初版に基づく。

7) Robert Jervis, "Deterrence Theory Revisited," ACIS Working Paper No. 14, Center for Arms Control and International Security, University of California, Los Angeles, May 1978, p.1.

8) 以下のまとめは、主に上記のジャーヴィスのワーキングペーパーに基づく。このワーキングペーパーは改訂されて、題名も一部変わって、後に次に掲載された。Robert Jervis, "Deterrence Theory Reconsidered," *World Politics*, vol. 39, pp.289-324.
9) ブローディの先見性については、土山實男もこれを高く評価している。土山實男『安全保障の国際政治学——焦りと傲り』(有斐閣、2004年)、216-221頁。Jervis, pp.5-6.
10) Alexander L. George and Richard Smoke, *Deterrence in American Foreign Policy: Theory and Practice* (New York: Columbia University Press, 1974); Alexande Thomas C. Schelling, *The Strategy of Conflict* (Cambridge, Mass.: Harvard University Press, 1960); Glenn H. Snyder, *Deterrence and Defense : Toward a Theory of National Security* (Princeton: Princeton Univ. Press, 1961).
11) Patrick M. Morgan, *Deterrence: a Conceptual Analysis* (Beverly Hills, Calif.: Sage Publications, 1977); Glenn H. Snyder and Paul Diesing, *Conflict among Nations: Bargaining, Decision Making, and System Structure in International Crises* (Princeton: Princeton University Press, 1977)。たとえばジャーヴィスの編著ではRobert Jervis, Richard Ned Lebow, and Janice Gross Stein, eds., *Psychology and Deterrence* (Baltimore: John Hopkins University Press, 1985).
12) K. J. Holsti, *International Politics: A Framework for Analysis*, 6th ed. (Englewood Cliffs: Prentice Hall, 1992). 邦訳、K・J・ホルスティ（宮里政玄訳）『国際政治の理論』（勁草書房、1972年）。なお翻訳は原著初版の訳であり、そのため原著6版と相違がある。たとえば、本論文で集中的に取り上げる訳書の第12章は、原著（第6版）では第10章である。なおこの章は、オレ・R・ホルスティが執筆している。Ole R. Holsti, "Weapons, War, and Political Influence" in K. J. Holsti, *International Politics*, pp.228-268.
13) Ole R. Holsti, "Crisis Decision Making," in Philip E. Tetlock, et al., eds., *Behavior, Society, and Nuclear War*, Vol. 1. (New York: Oxford University Press, 1989).
14) Morgan, *Deterrence Now*.
15) Scott D. Sagan and Kenneth N. Waltz, *The Spread of Nuclear Weapons: A Debate* (New York: W.W. Norton, 1995). 本書はウォルツとセーガンの主張、それらに対するお互いの回答という形式になっている。なお、その第1章"More May Be Better"の内容は、ジャービスとアート（Art, Robert J.）の編集したテキスト的な論文集にあるウォルツの論文「平和、安定性、および核兵器」にほぼ要約された形で載っている。Kenneth N. Waltz, "Peace, Stability and Nuclear Weapons," in Robert J. Art and Robert Jervis, eds., *International Politics: Enduring Concepts and Contemporary Issues*, 7th ed. (New York: Pearson/Longman, 2005) pp.448-62. ほかに参照した文献のなかで興味深いものとしては、Marc Dean Millot, "Facing the

第6章　核危機の15年、1992 – 2006 —— 国際政治理論による米朝間の対外政策の分析 —— *189*

Emerging Reality of Regional Nuclear Adversaries," in Brad Roberts, ed., *Order and Disorder after the Cold War* (Cambridge, Mass.: MIT Press, 1995) pp.177-207. この論文は、アメリカが地域的な核武装敵国と紛争する事態に関する計画が不充分であることを指摘している。

16) Allison and Zelikow, pp.26-40（邦訳32頁）。
17) ベッカー、邦訳271頁。
18) Waltz, "Peace," pp.448-49, 451. Ole R. Holsti, "Weapons," p.234（邦訳469頁）。
19) Ole R. Holsti, "Weapons," p.234.
20) セイモア・M・ハーシュ（山岡洋一訳）『サムソン・オプション』（文藝春秋、1992年）220, 270-277頁。
21) ベッカー、邦訳245頁。
22) マーク・カプリオ「米朝『枠組み合意』の評価」平間洋一、杉田米行編著『北朝鮮をめぐる北東アジアの国際関係と日本』（明石書店、2003年）60頁。
23) Robert H. Dorff and Joseph R. Cerami, "Deterrence and Competitive Strategies: A New Look at an Old Concept," in Max G. Manwarning ed., *Deterrence in the 21st Century* (London: Frank Cass, 2001) pp.119-120.
24) Ibid., p.120. DorffとCeramiは、北朝鮮の「価値の一覧表」とアメリカが北朝鮮に対してもつ潜在的な影響力を慎重に考慮するのにアメリカは失敗したと述べている。
25) 核実験後のテレビ報道番組のなかで北朝鮮アナリストの武貞秀士は、より大局的な視点から見れば、北朝鮮の核戦略はその統一政策と関連しており、核抑止力は統一戦争でのアメリカの介入を防ぐ意味があると指摘した。一時的に妥協などをすることはあっても、統一のときまで核開発は放棄しないだろうとも同氏は述べた。一連の核実験報道のなかでは、優れて現実主義的であり、北朝鮮に内在する論理からその政策を見る必要があるという意味でも示唆に富んだ分析であった（NHKBS1「きょうの世界」2006年10月11日放送）。
26) ベッカー、邦訳245頁。
27) Waltz, "Peace," p.449.
28) 「朝鮮中央通信『安全に成功』」『朝日新聞』夕刊、2006年10月10日。
29) 「『核保有』を称賛」時事通信、2007年1月1日11時0分配信。
30) Ole R. Holsti, "Weapons," p.234（邦訳468頁）。
31) Waltz, "Peace," p.449.
32) Ole R. Holsti, "Weapons," p.234（邦訳469頁）。
33) Allison and Zelikow, pp.143-144, 146.
34) Ole R. Holsti, "Weapons," p.236.
35) 6つの前提は、Ibid. 本文で取り上げた3つ以外は、「核兵器のような高レベルの脅威

は攻撃的な行為を挑発するのでなく抑制する」、「防御者と挑戦者の価値のヒエラルキーは似たようなものである。少なくとも大規模な暴力を避けることを第1かそれに次ぐところに置く」、「国内での政治的なプレッシャーのような外的な考慮に対して決定が敏感ではないこと」である。

36) O・R・ホルスティ、邦訳471頁。
37) Becker, p.195（邦訳283頁）。
38) Waltz, "Peace," pp.456-457. 引用部分は p.456.
39) Ole R. Holsti, "Weapons," p.237（邦訳473頁）。
40) Ole R. Holsti, "Weapons," p.238（邦訳474頁）。
41) Ole R. Holsti, "Weapons," p.239-40（邦訳476-477頁）。
42) O・R・ホルスティ、邦訳489頁。
43) ブルース・カミングス（杉田米行監訳、古谷和仁、豊田英子訳）『北朝鮮とアメリカ 確執の半世紀』（明石書店、2004年）8頁。
44) John M. Collins, "Korean Crisis, 1994: Military Geography, Military Balance, Military Options," CRS Issue Brief, April 11, 1994.
45) ここの部分の分析は、Ole R. Holsti, "Weapons," pp.247-248（邦訳490-491頁）。
46) O・R・ホルスティ、邦訳477頁。
47) 同上、邦訳478頁。
48) Stephen J. Cimbala, *Nuclear Strategy in the Twenty-first Century* (Westport, CT.: Praeger, 2000) pp.140-143.
49) Allison, p.386（邦訳292頁）。
50) Allison, p.258.
51) 重村智計『外交敗北』（講談社、2006年）115頁。
52) 同上、88-89頁。
53) 同上、112-113頁。
54) 同上、78-79頁。ケリー訪朝時の初日の会談相手は金桂寛外務次官。二日目の相手の姜錫柱第一外務次官は高濃縮ウラン開発計画を認めたが、ウラン濃縮が実施されたかについては不明な部分が多い。
55) ロバート・ジャービス（荒木義修・酒井英一訳）「政治心理学と国際政治」河田潤一・荒木義修編著『ハンドブック政治心理学』北樹出版、2003年、146-160頁。以下の箇条書きの〔 〕内の用語は上記論文を参照した。
56) 「武力衝突ラインに肉薄」時事通信、2007年1月4日17時0分配信。
57) Gaddis, p.316（邦訳213頁）。

第7章

NPTの限界露呈と国防態勢

　北朝鮮の核実験は、「ノーモア・ヒロシマ・ナガサキ」、人類の願いを込めた「核拡散防止条約（NPT）」の精神を踏みにじり、その限界を改めて知らしめた。この不法行為は資源も乏しく人口も比較的少ない最貧国によるものであることから、その悪影響はインドやパキスタンのそれより格段に大きいものである。
　そもそも、NPTは、核兵器五大国が中心となって、第6条（参考1-1）に定めるように**核軍縮や不拡散のために効果的な措置**を採ることを前提として成り立っている。たとえば、経済制裁が効果を発揮しなければ、核兵器国は共同して（米国による「CONPLAN8022」（参考2）のようなものの実行を黙認することを含め）、核兵器開発・製造施設を精密誘導兵器などを使用して無害化する、さらには、非核兵器国に対する核による恫喝に際しては、核兵器国は共同して、核攻撃を含む報復行動を実行する、等のシステムを明示しておくことである。

　実効性のあるこのようなシステムが構築されていれば、イスラエルによるイラクの原子炉爆撃（1981年6月）がその核開発を頓挫させたように、インド、パキスタンの核兵器開発も防げたはずである。しかし、核兵器国の足並みは揃わず、一部の国はNPT第1条の「核拡散防止義務」を履行するよりも、間接的に核拡散を援助さえしているのが実態である。
　今日の危機的状況は、核兵器五大国の足並みの不一致、利害の対立、わがままが、招いたものである。核兵器国のこの種のわがままが放置され続けるようであれば、NPT第10条第1項（参考1-2）に規定している「**自国の至高の利**

益を危うくしていると認める異常な事態について」国際社会に訴え、他の非核兵器国とも共同して改善する行動を強化すべきである。

先般の北朝鮮制裁決議（参考3）も、核大国の利害衝突を反映して、経済制裁にとどまり、中国、韓国などが手心を加えれば、十分な効果を期待できない。2002年2月のイラクに対しては「疑惑」をもって軍事制裁行動を実行したのと比較し、北朝鮮の「自白」した犯行に対する制裁としては、**ならず者国家に融和的な決議**となっている（参考4）。これは国連安全保障理事会の力の限界・弱体化、米国の国際問題に対する関与力の低下を示すものとして、また、米国の2006年11月の中間選挙の結果はこれを加速する恐れがあるものとして、注目しなければならない。

日本は、①中国の政治・軍事・経済的台頭、②米国の世界的懸案への関与力の低下、③核・生物・化学、放射線、ミサイル（NBCRM）兵器による脅威の現実化、④周辺諸国の対日姿勢、⑤北朝鮮の核やミサイル実験、などの**厳しい安全保障環境、これらが今後さらに厳しくなる可能性にも備えて**、国防（国の独立と国民の安全確保）の原点に立ち返って、自助努力の増大を図るべきである。それは、自主的・主体的防衛態勢を充実し、日本の対米依存度を正常化し、日米同盟の深化、日米共同防衛態勢の強化、緊密化を図ることと考える（参考5）。

具体的な検討課題の第1は、核の傘の信頼性の向上、非核三原則の見直し、である。

米国の核兵器を日本の領域又は周辺に配備し、その共同運用態勢を構築するように協議することである。　すなわち、日本への核攻撃が予想される事態に際しては、核兵器の引き金に日本も手を掛けていることを内外に明示できるようにする。これは、ライス国務長官などが、言葉で約束していることを裏付けて、抑止力を高める。

これと並行して、自民党の中川昭一政調会長が提起した「核保有の論議必要」（参考6）を実質的に行い、（特に日本周辺の）核兵器拡散の実態、NPT態勢の

実情、日本の核武装の可能性、利害得失、非核三原則の限界、など、国と国民の生き死に関わる重要な判断材料を開示すること。これは、民主主義国家における為政者の重要な責務である。

課題の第2は、日本の自助努力の増大による日米同盟の深化・強化である。

その1は、**専守防衛態勢の見直し**である。額賀防衛庁長官が提起したいわゆる「最小限の敵基地攻撃能力保有」（参考7）について論議を深め、具体策の研究を実施することである。これを憲法違反とか、専守防衛政策に反する等と主張する要人もいるが、NBCRM兵器が拡散する防衛環境の中での国防態勢のあり方について研究を行うのは当然の責務であり、これを封殺する等の言動こそ憲法違反である。

その2は、**日米共同運用態勢の向上**である。たとえば、ミサイル攻撃に対する共同防衛態勢の向上である（参考8）。米国向けのミサイルは撃破してはだめ、日本向けだけの邀撃にとどめる、などは利己主義に過ぎる。同盟国に危害を加えることが明らかなミサイルを無害化する能力と機会を持っているのであれば、これを行使しないとするのは、国際の信義、道義にもとり、日米同盟の根幹を揺るがすものである。

これは、集団的自衛権の行使に当る、当らないなどの視点ではなく、もっと原始的な現行犯逮捕や緊急避難の法理に従って考え、その正当性を主張すればよいことである。この迎撃は、国際社会から非難されるものではなく、これを躊躇する理由は何一つない。

その3は、米国の在極東兵力の削減、国際問題への関与の意思あるいは能力の低下、などの現実化に備え、**米国などからの来援部隊の受け入れ及び支援態勢、共同訓練を充実**することである。（参考8－2）

その4は、**国民防護態勢の充実**である。NBCRM脅威などの現実化を踏まえ、これらの緊急事態における国民防護態勢のさらなる充実を図る。たとえば、国、

地方自治体、学校、企業、団体、家庭など各主体の緊密な協力態勢の構築、緊急時に必要な、第一次対応者等の人材の養成、救援物資、ワクチンなどの備蓄、訓練の実施、等を推進するとともに、平和を守るために国民一人ひとりが自らできることを考え、行動することの緊要性に対する理解を高める（参考8-2）。

　その5は、**国際協力活動等への参加態勢の充実**である。たとえば、自衛隊を派遣できる要件を国際標準化し、泥縄対応ではなく、事態に応じて迅速かつ柔軟に対応できる実効性のある「国際協力法」（暫定措置法ではなく恒久法）を制定する。その際、集団的自衛権行使にかかる神学的論議を、「事例研究」（参考9）などによって克服するとともに、派遣された自衛隊員が、命を賭けた任務に従事する他国の軍人と同様に、国際法を遵守し任務に適合して武器の使用（参考10）ができるようにする。

　併せて、経済制裁に活用できる船舶検査態勢についても改善が必要である。現行の船舶検査法では、検査には相手の船長の「承認」が必要であったり、対象物品積載船の航路変更も「要請」どまりであるなど、海上自衛隊は強制力を与えられていないので、効果的な検査ができるようになっていない。他国の部隊と共同・協力して行動することもできるように改善する必要もある（参考11）。

　その6は、**武器輸出管理原則の規制を緩和**すること。先進国特に日米企業間の防衛装備・技術交流、軍・民技術の双方向交流を容易にし、防衛装備の日米共同の開発・生産・整備・補給基盤の充実を図る。エアボーン・レーザーなどの先端技術にも接近し、科学技術立国の基盤強化にも資する。

　課題の第3は、情報能力の強化と国家戦略の練成に真剣に取り組むことである。これには国の指導者層の長期にわたる強力なリーダーシップによる人材の確保・育成が必要である。

　その1は、**機密情報の保全態勢を強化**すること。第一歩として、日米軍事機密情報保護協定（GSOMIA）を締結し、日米防衛協力態勢や安全保障協議の実

効性を高める（GSOMIAの細部については、「郷友」平成18年3月号の「機密情報保護体制の充実」を参照願いたい）。

　第二歩として、この機密情報保全システムを、防衛以外の官庁・企業・団体などにも適用できる国内法制を制定する。これらにより、産業情報を含む機密情報の保全態勢を先進国並みに強化する。ミサイル時代における日米の共同運用態勢やテロリスト情報の共有・交流などを充実できる。「スパイ天国」と言われない日本に生まれ変わることができよう。

　その2は、**情報製造能力を充実**する、日本版のCIAやNSCを作ること。少なくとも、日本非難の情報活動、情報操作等を適時に察知して、適切に反論を展開する態勢を構築して、できることから実行する。たとえば、南京事件、靖国参拝などに関する不正確で・悪意をもった報道・出版などに対して、速やかに反証・反論する。

　情報収集手段についても、宇宙利用の拡大など充実を図る（参考12）。

　機密情報保全態勢と情報製造能力は表裏一体のものである。これらが十分でなければ、機構や組織は作れても、実質の伴わないもの、機能を発揮できないものになる。国益のぶつかり合う外交交渉において不利な立場に置かれる。

　課題の第4は、日本の国連常任理事国入り協議を推進し、国際社会における発信力・発言力の強化を図ること。このため、上述の課題第2を推進するとともに、国連分担金などの削減や一部凍結も視野において、粘り強く主張・協議する。

　北朝鮮制裁行動を諸国と協力して着実に実施するとともに、このような国防改革を明示・実行することにより、北朝鮮が、仮に協議を長引かせたとしても、①失うものが大きいこと、②「体制維持」に役立たないこと、③協議に時間をかければかけるほどより大きな負担と厳しい状況に追い込まれること、など国際社会の実情を理解する可能性を高められるであろう。

(参考1-1) NPT第6条 ＝ 各締約国は、核軍備競争の早期の停止及び核軍備の縮小に関する効果的な措置につき、並びに厳重かつ効果的な国際管理の下における全面的かつ完全な軍備縮小に関する条約について、誠実に交渉を行うことを約束する。

(参考1-2) NPT第10条第1項 ＝ 各締約国は、この条約の対象である事項に関連する異常な事態が自国の至高の利益を危うくしていると認める場合には、その主権を行使してこの条約から脱退する権利を有する。当該締約国は、他のすべての締約国及び国際連合安全保障理事会に対し三箇月前にその脱退を通知する。その通知には、自国の至高の利益を危うくしていると認める異常な事態についても記載しなければならない。

(参考2) CONPLAN8022 ＝ 国民の安全を確保するために必要と認め、他に手段がないときは、核の使用を含む先制行動を行う戦略を具体化した軍隊の運用計画の一つの機密文書と解される。詳しくは「ワシントン・ポスト 2005年5月15日の記事「Not Just A Last Resort? - A Global Strike Plan, With a Nuclear Option」など参照。

(参考3) 国連安保理 北朝鮮制裁決議を採択 ＝ （2006年10月15日読売新聞）国連安全保障理事会は14日午後（日本時間15日未明）、北朝鮮の核実験実施発表に「最も重大な懸念」を表明し、大量破壊兵器関連物資の移転阻止に向けた船舶などの貨物検査や金融制裁を盛り込んだ北朝鮮制裁決議案を全会一致で採択した 北朝鮮に対する安保理の制裁決議は初めて。国際社会が結束して、北朝鮮に核、弾道ミサイルの放棄を義務付け、大量破壊兵器の拡散防止に向けた制裁措置を講じることになった。（以下略）

(参考4) 北朝鮮制裁決議とイラク制裁決議の相違 ＝ 国連安保理の北朝鮮制裁決議（決議1695号）とイラク軍事制裁行動につながったイラク制裁決議（決議1441号）との最も大きな違いは、対北決議には武力制裁の根拠となる「国連

憲章第7章」が直接引用されていない点である。

2002年11月8日に採択されたイラク制裁決議には「国連憲章第7章に則って行動」との文言が含まれている。米国、英国などはこれを根拠に翌2003年3月、イラク軍事制裁行動を開始し、他の多くの諸国も反対を表明しながらも、これを容認した。

2006年10月14日に採択された北朝鮮制裁決議は、憲章第7章に直接言及しようとする日本、米国の主張に対して、中国、ロシア、韓国が反対し、妥協の結果「国際の平和と安全の維持のための特別な責任の下に行動し」との表現に弱められている。

(参考5－1) パラダイム・シフトの時代 － 過去においてアメリカは、①日本と組んで中国と対立するか(戦後の冷戦)、②中国と組んで日本を挟撃するか(日中戦争)、2つの選択肢のうちの1つを取ってきたが、(中国が真の「大国」として登場してきた)これからはまったく違う時代に入るだろう。
　アメリカが小泉首相に依頼していた日本再軍備が安倍内閣のもとで完成すれば、日本と中国の地域的勢力均衡にアジアでの平和を任せることになるはずだ。アメリカは日中戦争を望まないし、絶対許さない。つまり、日中はさまざまな小紛争が起きても基本的には共存することになる。換言すれば、日米中のトライアングルのなかで日本と中国はアメリカの好意と友好を求めて競い合うことになる(「核武装なき『改憲』は国を滅ぼす」スタンフォード大学フーバー研究所元上席研究員　片岡鉄哉著(株)ビジネス社刊(2006年11月) 131～132頁より抜粋)。

(参考5－2) 日米中の鼎立時代が来る ＝ これからの日本は、過去よりももっと密接な(日米中の)三角関係のなかで暮らすことになる。(略)日本は米中双方とまともな競争をしなければならない。それには、いびつな憲法を放棄するのが前提となる。マッカーサー憲法は、米中による日本搾取を可能にした。(略)日本は憲法改正によって、このダブル搾取から開放される。(略)日本は米中に挟まれて暮らす以外に方途はないのである。(略)軽々しく米中戦争、日

中戦争を説く者は売文家にすぎない。しかし安定した日米中の関係はこれから構築するものだ。(それには) 日本は非武装国家で素っ裸なのであるのを憲法改正で破棄するのが前提である (同上　207～208頁より抜粋)。

(参考6)　自民政調会長「核保有の議論必要」首相は三原則を強調　＝ Asahi.com ―2006年10月15日―自民党の中川昭一政調会長は15日、北朝鮮の核実験発表に関連し、日本の核保有について「核があることで攻められる可能性は低いという論理はあり得るわけだから、議論はあっていい」との認識を示した。安倍首相は国会で「我が国の核保有という選択肢は一切持たない」と答弁している。だが、日本も核武装するのではとの見方が海外の一部で出る中での与党の政策責任者の発言は、波紋を広げそうだ。

　テレビ朝日の報道番組などでの発言。中川氏は非核三原則は守るとの姿勢を示したうえで、「欧米の核保有と違って、どうみても頭の回路が理解できない国が (核を) 持ったと発表したことに対し、どうしても撲滅しないといけないのだから、その選択肢として核という (議論はありうる)」と語った。

　また、公明党の斉藤鉄夫政調会長は同じ番組で「議論をすることも、世界の疑念を呼ぶからだめだ」と反論。民主党の松本剛明政調会長も「今、我が国が (核を) 持つという方向の選択をする必要はない」と述べた。

(参考7)　敵基地打撃能力保有論　＝　日本が誘導弾などで攻撃された場合、防御するのに他に方法がない限り、敵の基地を叩くことは自衛権の範囲に含まれるという論理。1956年2月29日に鳩山一郎内閣が「政府統一見解」で示したのが最初である。

　額賀福志郎防衛庁長官は2006年7月9日午前、(7月5日の北朝鮮の弾道) ミサイル発射に関連して、「日米同盟によって (日本は防御中心、敵基地攻撃は米国との) 役割分担があるが、国民を守るために必要なら、独立国として限定的な攻撃能力を持つことは当然だ」と都内で記者団に述べ、日本に対する攻撃が差し迫った場合に備えて、ミサイル発射場などを先制攻撃する能力の保持を検討すべきだとの考えを示した (ただ、額賀氏は「まず与党の中で議論し、コン

センサスをつくる必要がある。こういう事態が起きたからといって拙速にやるべきではない」と述べ、あくまで将来的な課題だとの認識。)(2006年07月09日　時事通信)。

　安倍晋三官房長官も「常に検討、研究は必要」と前向きに受け止め、武部勤自民党幹事長もこれに同調、さらに、麻生外相は2006年7月9日のテレビ番組で、「向こう（北朝鮮）は『核は持っている』と言う。ミサイルは（核弾頭が）くっつく（＝搭載できる）。（そのミサイルが）日本に向けられる場合、被害を受けるまで何もしないわけにはいかない」と述べた。明らかに日本を攻撃する意図があり、他に手段がないと認められる限り、敵基地攻撃は可能とする従来の政府見解を繰り返した（2006年07月10日　朝日新聞)。

　小泉純一郎首相は議論の必要性は認めながらも、慎重に考えるべきだと指摘、公明党も「基地を攻撃するとなれば、全面戦争になる」と否定的見解を示した（2006年07月12日　毎日新聞）。

　自民党の山崎拓元副総裁は2006年7月12日、大阪市内で講演し、北朝鮮のミサイル発射を受けた敵基地攻撃能力保有論について、「（攻撃は）主権国家の領土を爆撃するので戦端を開くことは間違いない。専守防衛に反し、重大な憲法違反になる」と慎重な考えを表明。「少なくとも外交・安全保障の政府担当者は自ら進んで発言することは慎むべきだ。今は与党内で議論する段階にとどめるべきだ」として、保有論に言及した額賀福志郎防衛庁長官や安倍晋三官房長官を牽制（けんせい）した（2006年07月13日　朝日新聞）。

　民主党の小沢代表は06年7月19日、都内の日本外国特派員協会で記者会見し、北朝鮮のミサイル発射に絡み、政府・自民党内に敵基地攻撃能力を保持すべきとの意見が出ていることについて、「むちゃくちゃな暴論だ。極端に言えば、日本政府が敵と認定した国の基地はどこでも攻撃できるという話になる」と批判した（2006年7月19日読売新聞）。

(参考8) 米国向けミサイルの迎撃、首相「可能性」検討へ ＝　安倍首相は21日夜、ミサイル防衛（MD）を日本の防衛目的に限るとする2003年の福田康夫官房長官談話について「MDの導入についての政策的な判断を示したものだ。

(米国に向けたミサイルの迎撃が)集団的自衛権の行使にあたるのか、MDとの関係についても研究してみる必要はある」と述べ、見直しを検討する意向を示した。首相官邸で記者団に語った。

集団的自衛権については「国民の生命と財産を守る責任を果たすためにどのように安全保障を確保していくかという観点から、常に研究する必要がある」と強調した。福田官房長官談話は政府がMD導入の決定に伴い発表したもので、「MDは我が国の防衛を目的とするもので、第三国の防衛に用いられることはないから集団的自衛権の問題は生じない」としている。政府は、米国に向けたミサイルの迎撃が「第三国の防衛」にあたるのか、個別的自衛権の範囲と考えることができるのかなどを検討するものと見られる。

MDを巡っては、シーファー駐日米大使が10月の記者会見で、米国向けのミサイルを日本のMDで迎撃できるようにするための憲法解釈の変更を求めている(2006年11月22日読売新聞)。

(参考8-2) 朝鮮半島有事、日米が民間人退避で協力 ＝ 日米両政府は、朝鮮半島有事に備えて、韓国在住の日米民間人の退避計画を策定し、相互の協力体制を整える作業を開始した。退避する米国人を一時的に日本で受け入れる一方、米軍機・艦船が邦人輸送に協力する方向で調整し、今秋の合意を目指す。

また、2002年策定の自衛隊と米軍の朝鮮半島有事の計画を実行可能なレベルに引き上げるため、今秋までに抜本的に改定し、民間人の退避計画も反映する。米軍が有事に使用する日本国内の民間空港・港湾を特定するとともに、ミサイル防衛の共同対処方法を定め、「有事への備え」を強化する。

退避計画の策定作業は、2006年の北朝鮮のミサイル発射や核実験に伴う朝鮮半島情勢の緊迫化をふまえ、同年末に始まった。

韓国に在住・滞在する邦人は約3万人で、米国人は約8万5,000人(在韓米軍兵を除く)に上る。

政府は、〈1〉軍事的緊張の前に、できるだけ多くの邦人と米国人を商用機で日本に退避させる〈2〉その後もソウルなどに残った民間人は、米軍機で日本に運ぶか、陸路で韓国南部の釜山などに移送後、米軍艦船などで輸送する――

手順を想定している。自衛隊の輸送機や輸送艦の使用も検討する。

　退避者を受け入れる日本の空港・港湾の選定や、円滑な税関・出入国・検疫手続き、負傷者の治療体制づくりも急ぐ。

　一方、改定される有事計画は、米軍のコード番号を記した「概念計画5055」。朝鮮半島有事の対米支援と、北朝鮮の特殊工作員によるテロ対策が柱だ。

　外務、防衛両省庁以外の関係省庁・自治体と調整されていないため、米軍が物資輸送に使用する空港・港湾の具体名に言及がなく、実際には活用できない。

　日米両政府は昨年9月、計画の抜本改定に基本合意。日本側は11月下旬、外務、防衛、国土交通など関係8省庁の会議を開き、政府全体で計画改定に取り組む方針を確認した。

　米軍は、有事のレベルに応じて2段階で計30か所前後の民間空港・港湾の使用を要望し、今春からの現地調査を提案している。

　政府は今後、空港・港湾を管理する会社や自治体との協議に入る一方、輸送物資の種類や量などを米側と詰める。厚生労働省は、負傷米兵の治療などについて関係機関と調整する。

　ミサイル防衛では、自衛隊が今年3月から10年度にかけて〈1〉地対空誘導弾PAC3を16基〈2〉海上配備型のスタンダード・ミサイル3（SM3）搭載のイージス艦4隻——を配備。在日米軍も今夏までにSM3搭載のイージス艦5隻を配備する。

　計画改定では、自衛隊と米軍の迎撃ミサイルの配置や、弾道ミサイル発射時の情報共有と迎撃の手続きなどを定める（2007年1月5日3時4分 読売新聞）。

（参考9）安倍総理の所信表明演説（第165回国会：平成18年9月29日）抜粋
＝　大量破壊兵器やミサイルの拡散、テロとの闘いといった国際情勢の変化や、武器技術の進歩、我が国の国際貢献に対する期待の高まりなどを踏まえ、日米同盟がより効果的に機能し、平和が維持されるようにするため、いかなる場合が憲法で禁止されている集団的自衛権の行使に該当するのか、個別具体的な例に即し、よく研究してまいります。

(参考10) 武器の使用基準の規定の一例 ＝ 武器の使用に際しては、国際の法規及び慣例によるべき場合にあつてはこれを遵守し、かつ、事態に応じ合理的に必要と判断される限度をこえてはならないものとする。

(参考11)「北の船舶検査、実効性ある措置が必要─安保　公人─拓殖大学教授（読売新聞2006年11月1日）」参照。

(参考12) 宇宙戦略　防衛的軍事利用に道　自民小委、基本法策定目指す ＝ 自民党の宇宙平和利用決議等検討小委員会（委員長・河村建夫元文部科学相）は二十八日、非軍事に限られている宇宙利用政策の見直しなどを盛り込んだ宇宙基本法（仮称）の策定を柱とした論点整理をまとめた。来年の通常国会に議員立法で提出する方針。実現すれば、情報収集衛星の解像度を高レベルにすることなどが可能で、自衛隊の宇宙利用にも道を開く。
　論点整理では、非侵略的性格であれば軍事利用を認めるとともに、宇宙政策を総合的に所管する担当相の任命を求めた。
　基本法が成立すれば、自衛隊が情報収集衛星を直接保有・運用できるほか、ミサイル防衛（MD）の早期警戒衛星も保有可能となる。
　宇宙の平和利用を定めた宇宙条約を米露などは、侵略目的でなければ、偵察衛星の運用など宇宙空間の軍事的利用も可能だと解釈している。しかし、日本では昭和44年に宇宙利用を平和目的に限る国会決議を採択。政府も軍事利用を事実上、禁じる統一見解を定めていた。
　小委員会は、こうした現状が安全保障面での情報収集などに支障をきたしているとして、国会決議の見直し作業に着手していたが、新決議を与野党の全会一致で採択することは困難とみられることから、基本法制定で宇宙利用政策を抜本的に転換すべきだと判断した（2006年3月29日（水）産経新聞）。

第8章

冷戦期の米比同盟と日本要因
—— マルコス政権期のベトナム戦争協力問題を中心に ——

1. はじめに

　第二次世界大戦後の冷戦期をとおして、フィリピンと日本はともにアジアにおけるアメリカの同盟国としてアメリカの冷戦政策を支援してきた。米比同盟関係は、日米同盟とともにアメリカのアジア太平洋集団安全保障枠組みを構成し、ベトナム戦争をはじめとするアメリカの軍事行動の際には、日比両国はアメリカの軍事拠点として機能してきた。同じ西太平洋地域にある在比・在日の両米軍基地は、アメリカの戦略構想の中で相互に関連し合いながら存在してきたということができる。

　第二次世界大戦後の米比同盟関係の根幹となってきたのは、フィリピンがアメリカから独立した翌年に締結された米比軍事基地協定（1947年3月）と、対日講和条約・日米安全保障条約と同時期に締結された米比相互防衛条約（1951年8月調印、同年11月批准）であった[1]。米比両国は、植民地期、第二次世界大戦中の日本のフィリピン占領、アメリカによる再占領、そしてアメリカの庇護のもとでのフィリピン独立という歴史を経てきた。それゆえ、従来の研究においても、米比同盟もまた過去の植民地関係に由来する「特別な関係」の一部、あるいはアメリカによるフィリピンに対する「新植民地主義的支配の継続」であると理解され、主として排他的な二国間外交史の視点から解釈されてきた傾向が強い[2]。しかし冷戦の対立が先鋭化する1947年頃からアジアにおける冷戦構造が固定化するまでの間に形成されたこれらの取り決めは、アメリカの外交政策立案者の立場から見れば、支配の継続というよりは当時のさまざまな国際

要因やフィリピン側の国内事情のなかで作られたものであった。換言すれば、米比同盟がフィリピン側の要請によって形成されたものであり、ゲイル・ルンデスタット（Geir Lundestat）のいう「招かれた帝国」[3]の典型的な例であったと同時に、その形成には日本要因が大きく影響をおよぼしていた。

　しかしながら、「招かれ」て形成された米比同盟関係と在比基地の価値は、1960年代半ば以降、ベトナム戦争の本格化を契機として著しく高まった。アメリカは同盟形成の当初、フィリピンを戦略的に重視していたわけではなかった。しかしベトナム戦争期にマルコス大統領との関係を深める中で、アメリカは彼の腐敗性や抑圧性を問題視しながらも支援していった。

　ベトナム戦争期の米比関係については、マルコス政権を論じた研究の一部で触れられることが多い。その多くは、マルコスの対米協力がごくわずかなものであったにもかかわらず、その交渉の巧みさゆえにアメリカ政府から多大な援助や譲歩を引き出した、とする主張を展開する[4]。これらの研究の多くは、フィリピン側の政治文化を当時の米比関係の規定要因として強調するものであり、当時のアメリカ側のアジア太平洋地域における安全保障政策を十分に分析しているとは言い難い。そこには当然ながら、米比二国間関係に起因する要因のみならず、ベトナム戦争を背景とした広域のアメリカの戦略構想、特にフィリピンと近接する沖縄の存在が影を落としていたと考えることはあながち的はずれではないであろう。

　これまで、アメリカの対フィリピン政策と対日政策を関連させて論ずる研究は、あまり行われてこなかったといってよい。日米関係と米比関係の研究者は、それぞれ別個の研究史を作り上げてきた。日本とフィリピンのそれぞれの戦後対外関係史において、アメリカとの関係が圧倒的な比重を占めてきたことを考慮すれば、それは自然な成り行きであったといえなくはない。しかし、アメリカの基地政策は、そうした二国史観的な支配従属関係から生まれたのではなく、同じ西太平洋地域の広域を射程に入れた冷戦期の戦略構想と、米比旧植民地関係に起因する依存関係の相互作用の中で形成されたと理解する方が適切である。特にアメリカの対フィリピン政策においては、日本や沖縄の存在が大きな要因となってきたのである。

以上のような問題関心に基づき、冷戦期における米比同盟のあり方、特にベトナム戦争期の米比軍事関係を、日本要因に注目しながら分析することが本稿の目的である。本稿ではまず、第二次大戦末期から1951年頃までの米比同盟の形成のプロセスを概観したのち、ベトナム戦争を背景としてアメリカがフィリピンのフェルディナンド・マルコス（Ferdinand Marcos；大統領在任1965年12月-1986年2月）政権への関与を深めていった時期のアメリカの対フィリピン政策についての考察を行う。ベトナム戦争という当時の国際情勢のなかで、アメリカは米比同盟をどのように利用しようとしたのか。そしてアメリカがマルコスの問題を認識しながらも支援した背景には、安全保障上のいかなる要因が存在したのか。これらの課題を検討しつつ、同じ極東地域の同盟国としてフィリピンとともに米軍基地を擁してきた日本（もしくは沖縄）の存在と、アメリカのフィリピン政策との連関についても示唆したい。

2．米比同盟の形成と日本要因

(1) 1947年米比軍事基地協定の成立と沖縄の存在

1947年米比軍事基地協定とは、1946年のフィリピン独立に伴って、それまで宗主国軍隊であった在比米軍の駐留を合法化するための法的枠組みである。この協定では、スービック湾海軍基地、クラーク空軍基地をはじめとする在比基地の使用権がアメリカに付与された。これは、独立直後で軍事的にも財政的にも国防能力を欠いていたフィリピンが、旧宗主国アメリカに基地を貸与することで独立後の対外的安全保障の手段を求めようとした結果、締結された協定であった[5]。

アメリカがフィリピンへの独立付与を約束した1934年フィリピン独立法の基地条項には、米大統領が指定する特定の基地を寄港地として維持するほかは、原則的に基地をフィリピンに返還することが規定されていた。ファシズムの台頭が著しいこの時期にアメリカがフィリピン放棄を決めたのは、本土から遠く離れた西太平洋上に領土や基地を持つことの政治上・防衛上の負担を嫌ったか

らであった。しかし、日米間で戦争が戦われ、フィリピンが日本占領下におかれるという経験を経て、基地条項は白紙に戻された。太平洋戦争初期の日本軍の進撃によって米軍がいったんはフィリピンからの撤退を余儀なくされたことは米軍にとって大きな衝撃となり、戦後アメリカは在比基地を西太平洋地域における戦略拠点として重視するようになった。一方フィリピンの側も、1946年7月に独立を控えて、国土防衛と独立維持のためには米軍の駐留が必要不可欠であるという認識を持つにいたったのである。この後、1946年半ばまでの時期は、「日本の脅威」を前提としフィリピンを主要軍事拠点と位置づけた政策がアメリカの対フィリピン基地政策を支配することになった[6]。

しかしこのようなアメリカの政策は、同年後半に大きく舵を切ることになる。この時期、フィリピン独立の直後から米比間で開始された基地協定締結のための交渉がフィリピン側の条件闘争にあって停滞していた時期であった。他方、この頃からアメリカは、占領中の日本、特に沖縄の戦略的有用性を強く意識するようになり、特に軍部を中心として、「日本の脅威」を前提とした大戦時の戦略思考から、徐々に戦後の冷戦構造に即した軍事戦略を構築し始めた。そうした中で、沖縄に近接するフィリピン基地の有用性が疑問視されるようになったのである。当時のアメリカの政策決定機関である国務・陸軍・海軍三省調整委員会（State-War-Navy Coordinating Committee; SWNCC）は、1946年12月、ドワイト・アイゼンハワー（Dwight D. Eisenhower）陸軍参謀長とC. W. ニミッツ（C.W. Nimitz）海軍作戦部長の意見を採用し、陸軍はフィリピンから完全に撤退することを、海軍は2、3か所の海軍基地を補給・補修用に残す以外は全面返還することを決定した[7]。これによって、アメリカのアジア戦略において、旧植民地としてアメリカと「特別な関係」を維持してきたはずのフィリピンが、アメリカの戦略拠点としての地位を旧敵国の日本に取って代わられたことを意味した。この後、米軍部は沖縄を領有し続ける政策を固めていくことになる。

しかしアメリカ政府のこのような基地政策の転換にもかかわらず、結局のところ1947年3月に米比軍事基地協定が成立し、フィリピンには米軍が駐留し続けることになった。フィリピン政府側から米軍基地を存続するよう強い要請が

あったからである。また、米軍部が沖縄を維持する方針を固めたといっても、まだ沖縄処理問題についてのコンセンサスはこの時期のアメリカ政府内部には形成されておらず、不確定要素の多いまま在比基地を実際に手放すことは現実的ではなかった。その結果、5か所の軍事基地をはじめ、通信基地、未使用の保留地や米軍の居住施設も含めて23か所の施設用地が米軍に貸与されたが、軍事施設としては補修・補給を目的とした後方基地の位置づけであった[8]。

　フィリピンのマヌエル・ロハス（Manuel Roxas）大統領は、米比軍事基地協定の締結に際し、これが米比間の「同盟関係」と戦前からの「『特別な関係』の存続」を意味するとして国民に広く宣伝した。このことはすなわち、アメリカとの緊密な関係をつくることが国内政治上の利点となることを示していたといえる。一方、アメリカ政府側の反応は冷淡だった。国務省は同協定が「フィリピン政府の要請に基づく単なる基地貸与」の取り決めにすぎないとし、これが「同盟関係を意味するものではない」こと、「米軍のフィリピンへの派遣を義務づけるものではない」ことを強調したのである。アメリカは米比基地協定が自らの対外政策にとって制約要因となることを嫌ったのであった[9]。

　ではアメリカは、なぜフィリピンよりも沖縄を重視したのか。戦後、空軍への依存が高まるアメリカの戦略構想において、沖縄の地理的位置が重視された点がまずあげられよう。沖縄からの爆撃可能範囲は東シベリアから朝鮮半島全土、中国内陸部、そして東南アジアの一部にまで至るとされ、沖縄は「戦争の際にアジアのソ連圏に出動できる唯一の基地」と認識されていた。また、日本は戦前唯一のアジアにおける先進国であり、日本と沖縄を戦略拠点とすることの政治的経済的意義も重視された。一方で、アメリカはフィリピンの政治腐敗と反政府勢力による政情不安を問題視し、基地の受け皿として不適格と見なすようになった。さらに、独立後のフィリピンに基地を存続させることで、アジア諸国から「帝国主義」批判を受けることも懸念された。このようなフィリピンに基地を維持することは、アメリカにとって戦略的資産ではなく、むしろ防衛上の負担と思われたのである[10]。

　このような意識は、1950年度の米軍作戦計画にも如実に表れた。米陸軍にとってアジア太平洋地域における有事の際に防衛義務を有するのは、アラスカ・

ハワイ・沖縄・日本であるとされ、日本と沖縄は極東における最重要基地と見なされた。しかし太平洋における陸軍の戦略構想の中でフィリピン基地への言及はなされず、フィリピン防衛も陸海軍の任務には含まれなかった。また、海軍に関しては横須賀が拠点とされる一方でスービック海軍基地は単なる通過点と認識され、空軍にいたっては、日本、沖縄、グアム、硫黄島が戦略拠点とされる一方で、クラーク空軍基地は作戦計画からは除外されていた[11]。

(2) 対日講和問題と米比相互防衛条約の成立

　フィリピンを戦略構想から除外するような政策は、1950年頃から対日講和問題が浮上してくると、さらに明確になっていった。1950年頃から、対日占領終結後に「日本の防衛」("defense-of-Japan")と、オーストラリア、ニュージーランド、フィリピンが要求する「日本に対する防衛」("defense-against-Japan")の双方を両立させる手段として、「太平洋条約」の構想が国務省を中心に練られつつあった。しかし英連邦諸国が反対したためにこの構想は失敗に終わり、代わりにアメリカが各国との間に個別条約を締結する案が有力になった。すなわち、日米安全保障条約、米比相互防衛条約、そしてオーストラリア・ニュージーランド・合衆国の間の三国間相互防衛条約（アンザス条約）である。ところがこのような構想に対して、統合参謀本部（Joint Chiefs of Staff；JCS）は、「単一の太平洋条約の締結が不可能ならば日本以外の国との間に条約を結ぶべきではない」と主張して反対を唱えた。JCSによれば、太平洋条約の目的は集団安保そのものにあるのではなく、日本に再軍備を促し地域防衛の責任を分担させるための環境を創り出すことにあった。したがってその目的から逸脱するアンザス条約や米比間の新たな取り決めは軍事的に不必要だったのである。しかしその後アメリカ政府内での協議を経て、JCSは態度を軟化させた。対日講和交渉の取引材料として、英連邦諸国が望むアンザス条約を締結することが政治的に必要ならば、アメリカの軍事計画や軍事行動に支障のない内容にするという条件でアンザス条約を締結することをJCSは最終的に容認したのである。このような議論を経た後、1951年5月17日の国家安全保障会議（National Security Council; NSC）において、対日講和後の太平洋地域の安全は、日米安

保条約とアンザス条約によって確保することが政府の方針として正式に決定され、米比防衛条約の締結は「アメリカに重大な不利益をもたらす」ものとして却下されたのであった[12]。

アメリカが米比条約を否定した背景には、アメリカのフィリピン安全保障観が反映されている。アメリカ政府内では、フィリピンが外国から攻撃を受ける可能性は極めて低いという認識で一致しており、海外からの攻撃に備えるよりも、フィリピン国内の政治的経済的安定を図ることこそが米比の安全保障にとって最優先課題であると位置づけられた。そして緊急度の低いフィリピンの対外防衛のために財源や兵力を「浪費」することは、米比双方にとって不利益と見なされたのである。

ところが、このようなアメリカの方針を知ったフィリピン政府や議会は、激しく抵抗した。フィリピンを排除する太平洋集団安全保障構想と、フィリピンなど戦時中日本の被害を被った国を犠牲にする対日講和条約の賠償条項に対して憤りを露わにし、「アメリカがフィリピンと正式に同盟条約を締結し、日本が賠償額を明確に約束するまでは、サンフランシスコには行かない」という姿勢を強硬に打ち出した。

この時期、アメリカにとって対日講和構想はアジア冷戦政策の要であった。アメリカの旧植民地で日本占領によって最も被害を受けた国の一つであるフィリピンが、このアメリカの寛大な講和条件を受け入れることは、アメリカが対日講和条約を成功させるために不可欠なものであったということができる。対日講和条約への調印拒否を武器としてアメリカに同盟条約の締結を迫るフィリピンに対して、アメリカは譲歩し、1951年8月、米比相互防衛条約が締結されることになった。それは、アメリカが日本を重視するアジア冷戦政策を遂行するなかで、政治的考慮によって生まれたあまり望まれない副産物だったのである[13]。

(3)「政治的考慮」の産物としての米比同盟

こうしてみると、米比同盟の両輪である1947年軍事基地協定と1951年相互防衛条約は、ともにフィリピン側の要望で作られた取り決めであったというこ

とができる。第二次世界大戦後、対外防衛能力を欠くフィリピンは、安全保障の手段としてアメリカの軍事的庇護を要求し、そうした関係を望まないアメリカ側も政治的考慮ゆえにフィリピンが求めた同盟関係の締結に応じて在比基地への米軍駐留を続けたのであった。そこには、アメリカの戦略構想ではなくむしろフィリピン側のイニシアチヴが色濃く反映されていた。そしてそのイニシアチヴは、日本を重視するアメリカの冷戦政策への異議申し立てでもあった。

この時期、米比間に横たわっていたのは、安全保障観の相違であった。第二次世界大戦時に米軍の準備不足のために日本占領下におかれ、国土を荒廃させたフィリピンにとって、旧宗主国アメリカに安全保障を求めることは当然であり、またそれ以外に国防の手段はなかった。他方、戦後の冷戦の進展に合わせて対外政策を策定するアメリカにとっては、フィリピンへの外国からの攻撃の可能性はほとんど無いに等しく、逆に国内改革を断行して政情の安定化を図ることのほうが安全保障上の最大の課題であると思われた。したがって在比米軍基地のアジア太平洋戦略における重要性は低下していった反面、国内治安維持、特に反政府勢力の鎮圧にアメリカは関心を注いだのである。しかしそれも、1950年以降、共産主義者に指導された農民勢力フク団の反乱鎮圧に成功すると、アメリカは次第にフィリピンに対する軍事的関心を失っていった。換言すれば、この時期の米比同盟の機能とは、軍事的な意味合いは薄く、むしろ経済的軍事的に対米依存せざるを得ないフィリピンに対して援助要請の根拠を提供するという政治的な意味合いに限定されていたといえるのである。

3. ベトナム戦争と米比同盟

前節で概観したような1950年代までの米比同盟関係は、アメリカのベトナムへの軍事関与を背景に変質していった。アメリカは冷戦初期、沖縄を重視するアジア戦略構想において在比米軍基地を半ば等閑視してきたが、東南アジアでの紛争に深く関わるようになるにつれ、徐々にその存在を重視するようになり、1960年代前半までには、在比基地をベトナムでの軍事行動に必要不可欠と見な

すようになっていた。では、ベトナム戦争を背景として、在比米軍基地はどのような戦略的価値を帯びるようになり、いかなる役割を果たしたのか。また、アメリカの同盟諸国のなかで、フィリピンの対米協力はアメリカにとっていかなる意義をもったのか。

(1) ベトナム戦争と在比米軍基地の戦略的価値

　アメリカが重視したフィリピン基地の意義の一つは、米海軍第7艦隊の母港および兵站基地としてのスービック湾海軍基地の存在である。主力艦隊の母港として、スービック湾はその地理的位置、軍港としての効率、人的コストの面からも、非常に優れた基地機能を持つと見なされた。スービック湾は、マニラ湾の外側、バターン半島の西に南シナ海を望む位置にあり、南シナ海の向こうには、すぐベトナムがある。しかも6万2,000エーカーの広さを誇る世界有数規模の海軍基地であり、さらに優れて水深の深い港湾として米海軍最大規模の空母を停泊させることができるなど、軍港として極めて望ましい形状を持っていた。しかもスービック基地のなかには海軍・海兵隊用の航空基地として200機を一度に擁することができるキュービ・ポイント基地があった。加えて、スービックの大規模な補修施設では、ベトナム戦争時には一度に110隻の船舶を修理できただけでなく、その水深の深さゆえに空母などの巨大艦船の修理が可能だったことも米軍の重視するところであった。こうした修理を支える4,000人のフィリピン人熟練工の人件費は、アメリカ人熟練工の7分の1にすぎなかった。また、スービックには200床を有する医療センターがあり、ベトナムでの負傷兵の手当が行われた。こうした補修地、寄港地としての機能を考慮すれば、近接する海軍基地のなかでも沖縄や台湾はスービックに比肩するものではなく、補修基地としての機能でスービックに匹敵するグアムは東に、佐世保や横須賀は北に寄りすぎており、ベトナムへの補給という点ではスービックが最も望ましい西太平洋の海軍拠点と思われたのである[14]。

　一方、クラーク空軍基地に関しても、ベトナムからの近さと13万エーカーという広さ、そしてベトナムで戦う米軍への補給能力が重視された。また、基地内の370床の病院や基地内と周辺の娯楽施設は、ベトナムでの任務を離れた米

軍兵士に治療と休息の場を提供していた。北爆開始後、アメリカのベトナムでの軍事行動が激しさを増し兵力が増強されるにつれ、クラーク基地に滞在する米兵の数も急増したが、それに合わせて1965年以降クラーク基地の機能拡充目的で建設工事が開始され、1,000万ドルに上る施設拡充プロジェクトが実施された[15]。

　しかしながらアメリカ政府がフィリピンに期待していたのは、スービックとクラークの両基地が実際に果たしていたこのような後方支援機能だけではなかった。当然ながらアメリカ政府は、ベトナムから近い在比基地を攻撃用の基地として利用することを、北爆開始直後から考えていた。当時フィリピン政府は国民感情への配慮から、在比米軍基地からの出撃発進を認めてはいなかったものの、後方支援に関してはフィリピン政府は協力的であり、アメリカは将来的にはクラーク基地など在比基地からの出撃発進をフィリピン政府が認めることを期待していたのである。もしフィリピンを拠点とした空爆が可能になれば、グアムからベトナムまでの飛行距離を約5分の1の600マイルに短縮することができた。しかも南ベトナムとタイを除けば、フィリピンはベトナム空爆のための往復に燃料補給が不要な唯一の基地であった。さらにベトナムから至近距離にある在比基地を、戦闘部隊を供出している韓国やオーストラリアなど他の同盟国軍隊が寄港地として利用することをフィリピン政府が許可するならば、その潜在的利用価値は一層高まるということまで、アメリカ政府は想定していた[16]。

　スービック湾海軍基地とクラーク空軍基地の2つの大規模基地のほかにも、フィリピンには通信基地・偵察基地としての機能もあった。米海軍の通信システムでは、日本、グアム、マニラをそれぞれ中心とする3つの円で西太平洋地域全体を覆う体制がつくられており、スービック基地内のサン・ミゲール通信基地とサングレー・ポイント偵察基地なくしては、西太平洋地域の中でも東南アジア海域をカバーすることはできなかった[17]。

　こうしてみると、アメリカが在比基地に見いだしていた戦略的価値というのは、フィリピンが現実に担っていた後方支援の拠点としての機能と、アメリカが将来的に期待していた作戦行動の拠点としての潜在的価値の両面にあったと

いうことができる。アメリカにとって国際政治上の脅威の源泉が主としてソ連であると認識されていた1940年代後半から1950年代にかけての冷戦初期に在比基地の存在が重視されてこなかったこととは対照的に、1960年代後半のこの時期にはベトナム戦争の遂行がアメリカの最大の軍事的関心事であったことが、在比米軍基地の戦略的価値が重視されるようになった最大の要因であった。

(2) フィリピン政府の対米軍事協力

　在比米軍基地の持つ上述のような地理的位置、規模、地形、機能、コストの面での利点に加えて、フィリピン政府が早期から対米協力姿勢を見せていた点も、アメリカがフィリピンを重視するようになった要因であった。以下、この時期のフィリピンの対米協力のあり方を、在比米軍基地の使用に関する寛容性と、ベトナムへの部隊派遣協力の両面から検討しよう。

①基地使用と核に関する寛容性

　北爆開始前後からアメリカのベトナムでの軍事行動が拡大するにつれ、在比米軍基地の使用頻度も格段に高まったことはすでに述べたが、フィリピン政府は在比米軍基地の使用に関して、かなりの程度アメリカ側の自由な裁量に任せていたということができる。クラーク空軍基地ではベトナム帰りの米兵の寄港地・休息地としての役割が急速に拡大し、基地も過密気味になり拡張工事が1965年から行われた。その間、ディオスダード・マカパガル（Diosdado Macapagal）大統領（在任1961年12月-1965年12月）とその後任のマルコス大統領は、フィリピン国軍用の基地のうち、南部のマクタン基地やマルコスの出身地にあるイロコス基地を臨時基地としてアメリカに貸与し便宜を図っていた。しかもフィリピン政府は、出撃発進や第三国への寄港許可に関して難色を示した以外は、米軍の基地使用に関して寛容な姿勢を示していた。そうした寛容性の一つに、原子力艦船の自由な寄港や核兵器の配備を容認していたことがあげられる。同じ極東の同盟国である日本で、日米安保反対運動が盛り上がり、被爆国の立場から原子力空母や原潜の寄港に神経をとがらせていたのとは対照的に、マルコス大統領は原子力艦船がフィリピンに寄港することを認めており、

すでにエンタープライズやベインズブリッジ等の原子力空母が日常的にスービック湾海軍基地に寄港していた[18]。加えてアメリカ政府にとって重要だったのは、核配備の問題である。アメリカは1968年当時、核兵器を世界27の国や地域に貯蔵したり通過権を確保しており、西太平洋地域では、日本、沖縄、硫黄島、父島、台湾、韓国そしてフィリピンがそれに含まれていた。なかでもフィリピンへの核の配備や持ち込みに関しては、アメリカ政府がマルコス大統領に単に口頭で伝えれば済むといった、極めてインフォーマルで安易な承認の方法が採られていた[19]。これは核の持ち込みに対して非常に神経質であった日本の状況と比較して大きな相違点であった。

②ベトナムへのフィリピン部隊派遣協力

さらにフィリピンは部隊派遣の面でも、比較的早くから対米協力を実施していた。1964年までにも小規模の非戦闘部隊を南ベトナムに送り込んでいたが、1965年前半、ベトナム情勢が激化するのに伴い、当時のマカパガル大統領は戦闘部隊の派遣をアメリカに約束していた。マカパガル大統領は「共産主義に対する自由世界共通の戦いをしている時に、他の同盟国（たとえばオーストラリア）よりもフィリピンの貢献度が低いという状況が生じるのを許容できない」と述べるなど、アメリカの強力な同盟国としての立場をアピールしようとしていた。当時起草中であったベトナム支援法案原案には、戦闘部隊ではなく工兵部隊のみの派遣が盛り込まれていたにすぎなかったが、マカパガル大統領はこの件に関しても、ゆくゆくは戦闘部隊を派遣する心づもりであると米大使館に伝えていた[20]。1965年11月の大統領選でマカパガル現職候補を破って当選したマルコス大統領は、選挙戦中こそナショナリズムの立場を打ち出してアメリカのベトナム戦争を非難し対米協力を否定していたものの、当選後すぐに態度を翻し、大統領就任前の同年12月には2,000人規模の非戦闘要員からなる「フィリピン民生活動部隊」（Philippine Civic Action Group；以下PHILCAGと記す）を派遣することを約束した。翌2月には早速、フィリピン議会においてPHILCAG派遣のための法案審議が開始された。

このようなマルコスの対米協力姿勢に対して、フィリピン国民の間では、ア

メリカのベトナム政策に対する賛否両論が噴出し、ベトナム戦争反対のデモ行進が繰り広げられたり、反政府活動が活発化するなど、国論は割れた[21]。しかし非戦闘部隊を派遣して民生活動分野で南ベトナムに協力すること自体に関しては、フィリピン部隊の安全性と財源（つまりアメリカの援助）が確保できる限りにおいては広範な支持が得られたといってよい。その背景にあったのは、フィリピン自身の国内に共産主義が浸透し得るという潜在的恐怖感である。フィリピンでは1950年代に一度、共産主義者に指導された農民ゲリラ「フク団」の反乱をアメリカの協力のもとで制圧した経験はあったものの、農民貧困層の不満を吸収しがたい社会経済構造は依然として続いており、1960年代後半から再度共産主義勢力が復興しつつあった。そのような自らの経験から、フィリピン国民の多くは、対米支持の是非に関しては意見が割れても、南ベトナムの民衆の生活向上に貢献することには共感を抱いていた。

1966年2月、フィリピン議会でPHILCAG派遣のための公聴会が始まると、与野党双方から賛成の声が多く上がった。マルコス大統領が自由のために「アメリカとともに戦う」意思を表明すると、野党自由党の有力議員も「世界の自由な諸国、特にわが国が民主主義の同盟を組んで南ベトナムにおける共産主義の攻撃を封じ込めなければ、ラオス、タイ、カンボジア、マレーシア、シンガポール、そしてフィリピンまでもが、共産主義者に掌握されてしまうでしょう」と述べるなど、アメリカのドミノ理論そのままの演説を行った[22]。議会審議の過程では反対意見や慎重意見も出されたものの、同年6月、最終的には上院で11対4、棄権1、下院では全会一致で非戦闘部隊を南ベトナムに派遣するベトナム協力法案が成立した。フィリピン世論も、約7割は非戦闘部門での対米協力に賛同するものであった[23]。

しかしアメリカはフィリピンの非戦闘部門でのベトナム協力をある程度評価してはいたものの、戦闘部隊の派遣をさらに期待していた。PHILCAG派遣法案が成立した際も、国務省は在マニラ米大使館に対して、民生活動部隊に加えて戦闘部隊の派遣をフィリピン政府から早急に引き出すよう努力を促していたのだった[24]。

(3) アメリカの対フィリピン＜見返り＞援助と譲歩

　以上見たようなフィリピンの対米協力は、アメリカによる援助と譲歩に裏打ちされたものである。アメリカはPHILCAGの派遣に伴い発生する費用をアメリカ側が負担するという趣旨で、PHILCAGへの装備供給とPHILCAG要員への海外勤務手当の支給を約束した。加えて、マルコス政権がフィリピン国内の生活水準の向上を目指して地方に建設や教育、医療活動のために派遣しようとしていた技術建設部隊（Engineering Construction Battalions；以下ECBと記す）に関しても、全10部隊に必要な装備と物資をアメリカが提供することを約束した。こうしたフィリピンの国内外における開発支援活動に対する資金的物質的な保障のほか、アメリカはそれまでフィリピン側が長年にわたって繰り返し求めていた、第二次世界大戦の退役軍人に対する追加補償にも同意した[25]。これらの援助のほとんどは、1966年9月のマルコスの訪米の前後に、PHILCAG派遣の約束とともに訪米のいわゆる「成果」として合意された援助であり、フィリピンのベトナム派兵協力に対するアメリカの「見返り援助」と理解された。つまり、フィリピン政府はPHILCAGの派遣が「損」ではなく、むしろマルコス大統領の国内政治的上の基盤を強化する上で役立つという確信を得た上での対米協力だったのである。

　このようなフィリピンへの各種の援助に加えて、アメリカ政府は基地に関して米比間に存続してきた摩擦の解消にも積極的な姿勢を示し始めた。1947年の米比基地協定の締結以来、米比間にはいくつかの条項をめぐって対立が続いてきた。その主なものは、米軍側に有利に定められた刑事裁判権条項と、1999年後に設定された期限条項である。このうち刑事裁判権条項については、ベトナム戦争が激しさを増し在比基地の安定的使用が望まれるようになった1965年、マカパガル政権下で交渉が行われ、NATO協定や日米地位協定に準ずる、より平等性の高い規定に改訂することで合意された。さらに翌年、マルコス大統領の訪米に合わせて期限条項も改訂され、基地協定の有効期限も1966年から25年後の1991年に前倒しされ、ラモス＝ラスク協定として調印された。このほか、マルコス政権期には不要な基地用地の一部返還なども行われた[26]。

　従来の研究では、フィリピンがPHILCAG派遣の見返りにアメリカから多く

第8章　冷戦期の米比同盟と日本要因 —— マルコス政権期のベトナム戦争協力問題を中心に ——　*217*

の譲歩や援助を獲得したことに対して、マルコス政権の交渉の巧みさが強調されてきた。なかでも、PHILCAGの規模も貢献度もアメリカの期待に沿うものではなく、1969年には他国に先駆けて部隊を撤収したことが従来頻繁に指摘され、マルコスが最小限の対米協力で最大限の見返りをアメリカから引き出したという解釈が一般的になされてきた。そしてこのような米比関係の形成要因として、フィリピン国内の伝統的政治文化が強調される傾向にあった。しかしこのような米比関係の背景には、フィリピン側の交渉力や政治文化の質だけではなく、アメリカ側にもそれを必要とする状況が存在したということがいえる。フィリピン側の実際の貢献に対して過剰だったと見なされることの多いアメリカからの見返りに込められていたのは、ベトナム戦争の遂行を最優先課題とするアメリカの外交政策であった。そしてそのためには、在比米軍基地の使用権を維持し、同盟国としてのフィリピンの戦争協力を継続させることが不可欠だったのである。

　マルコス訪米を翌月に控えた1966年8月11日、W. W. ロストウ（W. W. Rostow）国家安全保障担当補佐官は、国務省宛の覚書のなかでホワイトハウスでの会議の様子を伝え、ジョンソン大統領、ハンフリー副大統領、そして彼自身が、「マルコス大統領の訪米を完全なる成功裡に終わらせることに重大な関心を抱いている」と述べている。ロストウはマルコスが政治的な犠牲を払いながらも審議期間6か月という速さで2,000名からなるPHILCAGの派遣を議会に認めさせたことを手放しで賞賛し、彼が「アジアの新しい活力」を象徴するリーダーとして台頭するよう助けることがアメリカの望みであると述べた。そして国務省極東局に対しても、このような「ホワイトハウスの意向をよく理解した上で」マルコスの援助の要求を全面的に受け入れて供与する手配を進めるように指示した[27]。

　このことからわかるのは、訪米の成果がマルコスによって国内政治に利用されることをアメリカ政府が十分承知していたというだけでなく、むしろあえてマルコスの国内政治基盤の強化を意図してさまざまな援助や譲歩を約束していたという事実である。アメリカに協力的なマルコス政権の安定と強化は、アメリカ自身にとっても望ましいことであった。しかも、基地の提供やPHILCAG

派遣と引き替えにマルコス大統領がアメリカに求めた援助の多くは、アメリカにとってはそれほど負担の大きなものではなかったということがいえる。ECB部隊の装備を供給したことも、もともとアメリカの軍事援助計画の一環として予算が組まれていたものを実行したものにすぎず、予算の前倒しではあっても追加ではなかった。第二次大戦の退役軍人への追加補償に関しては、アメリカ政府は本来ならすでに決着したはずの問題であり譲歩すべきではないという認識を持ってはいた。しかし、わずかの支出でアメリカの「善意」をフィリピンに示すことで、親米政策を追求しナショナリズムの矢面に立たされているマルコスの政治的コストを「相殺」できるならば、米比両政府を利することになると判断したのである[28]。

4. 日比両国の対米姿勢の比較

(1) 日本のベトナム戦争協力姿勢

　上述のようなアメリカの対フィリピン支援の姿勢を、日本の対米姿勢やベトナム戦争協力のあり方と比較する視点から分析すると興味深い。日本では与党自由民主党のなかにもアメリカのベトナム政策に疑問を持つ者がかなりの数に上っており、吉田茂、三木武夫、宮沢喜一といった有力保守政治家らも早くから反対の声をあげていた[29]。こうした反対姿勢の根拠となっていたのは、アメリカのドミノ理論や硬直した共産主義認識に対する疑義である。日本の政治家の多くは、ソ連、中共、北ベトナムを一枚岩的な共産主義勢力と見なすアメリカの情勢認識を受け入れ難いと感じ、アジア民族主義への共感を持った。日本の国内世論は、1965年6月にはベトナム戦争賛成6％、反対38％というものだったが、同年7月29日に台風避難のために沖縄に来ていた米軍B29爆撃機30機がベトナムに渡用爆撃したことなどにも刺激を受けて、対米批判を強めていった[30]。

　1965年当時、エドウィン・ライシャワー（Edwin O. Reischauer）駐日大使は、日本国民の間にベトナム戦争批判と米軍の基地使用に対する嫌悪感が高まりつ

つあったことに対して強く憂慮していた[31]。もし日本国民や野党勢力の対米批判が悪化すれば、5年後の1970年に控えた日米安全保障条約の「自動延長」に支障をきたしかねないからであった。さらに、沖縄基地からの出撃発進はベトナム戦争拠点としての沖縄というイメージを明確に描き出すことになり、沖縄返還運動をさらに高揚させた[32]。

　1965年から1966年頃の日本政府の対米姿勢も、こうした有力政治家の反対や世論を反映していたものであったということができる。佐藤政権はアメリカのベトナム政策への支持を後退させざるを得ず、和平工作を模索するようになった。佐藤首相は1965年5月には北爆の一時停止をジョンソン政権に要請し、同年8月の沖縄訪問前には沖縄基地からの渡洋爆撃が日本国内や沖縄の政治情勢に悪影響を及ぼすことを懸念していることをライシャワー大使に伝えていた。

　佐藤政権は1965年後半から、1970年安保の自動延長をにらみ、日本国民に対して日米安保条約の重要性を訴えるための世論対策を開始した。その一つが「核ならし」である。日米両政府は日本国民の「核アレルギー」を改善することを目的として、1965年12月から原子力空母エンタープライズ、原潜プランジャー号、サーゴ号、シードラゴン号といった原子力艦船を次々に佐世保に入港させた。しかしそのような世論対策も、ベトナム情勢の激化を背景として反米ナショナリズムを煽ることになり、沖縄返還運動が反戦・反基地運動と結びついて一層高揚していった。一方で、日本政府はアメリカ政府に対して、ベトナム戦争には関与しないという姿勢も明らかにしていた。1966年10月にU. アレクシス・ジョンソンが駐日大使として赴任した際、下田武三外務次官はジョンソン駐日大使に対して、日本政府は南ベトナムに対して軍事援助を行う立場にはなく、ベトナム戦争からも距離を置くことがアメリカにとってもメリットであるという趣旨の発言をしている[33]。

　これらを総合して考えると、佐藤首相個人としては日本の戦略的重要性を十分認識し、アジアの安全保障においてより大きな責任をアジアで果たしていく所存であったにもかかわらず、政府レベルでは対米協力姿勢についての合意が形成されていたわけではなかったということがいえる。しかも国民の間には、反戦・反基地感情と沖縄返還要求が高揚しつつあった。

しかしそのような状況のなかでも、佐藤首相は断固として親米政策を採るようになっていった。1967年11月の佐藤訪米の際に、佐藤とアメリカ政府首脳との間で1970年安保問題と沖縄返還問題が相互に関連するものとして話し合われ、また、アジアにおいて日本がさらなる責任を果たす用意があることも確認された。1968年からニクソン大統領就任1年目の1969年にかけての時期には、アメリカ政府内部でも1969年内に日米間で主要事項に関する合意が形成できれば沖縄を返還するという方針が確立されていった。アメリカ政府のなかには、沖縄返還後は、密約を結んだとしても、核兵器の自由な持ち込みや従来どおりの基地の自由使用は困難になるという懸念はあった[34]。にもかかわらず返還の方針が固まっていった背景には、そうすることが、日本のナショナリズムを左翼勢力に利用されるのを阻止し、1970年安保「自動延長」を保証するために必要であるという日米共通の認識が確立していったからである。つまり、日米共同宣言において沖縄返還問題に関して「両三年以内に双方の満足し得る返還の時期につき合意すべきである」と明言された背景には、沖縄問題の解決と引き替えに保守政権の政治基盤の安定を図り安保自動延長を保証するという意図が働いていた。1971年6月には、諸々の密約はあったにせよ、少なくとも表向きは「核抜き、本土並み」の条件で、沖縄返還協定が調印されたのであった[35]。

(2) 日比両国の対比

1960年代後半のこうした日本の対米関係と同時期のフィリピンのそれとを対比させると、同じ極東に米軍基地を擁する同盟国でありながら、対照的な相違点が見えてくる。

1965年から1966年にかけての時期、日本政府はベトナム戦争をめぐる対米スタンスを決めかねていたということができる。一方フィリピンの姿勢は早い段階から対米支持で固まっており、1964年には早くも非戦闘部隊をベトナムに派遣していた。1965年から在比米軍基地の使用頻度が高まっても、フィリピン政府は米軍基地の使用状況に関しては口出しする立場にないという姿勢であっただけでなく、クラーク基地の過密状況を改善するために積極的に国軍用の基地を臨時貸与していた。しかも、日本が原子力艦船の寄港や核兵器の持ち込み

第8章　冷戦期の米比同盟と日本要因 —— マルコス政権期のベトナム戦争協力問題を中心に ——　*221*

に関して極めてナショナリスティックな「核アレルギー反応」を示しており、その対策には日米両政府が頭を悩ませていたこととは極めて対照的に、フィリピンではすでに原子力艦船や核兵器を搭載した軍用機の寄港は日常茶飯事になっており、しかも米軍の核の持ち込みや格納の際には仰々しい公的な承認のプロセスなどは定められておらず、アメリカ政府が「マルコス一人に通達すれば済む」という非公式かつ安易な受け入れ状況があった[36]。1966年以降、PHILCAGの派遣問題がフィリピン議会で審議されたときも、アメリカの共産主義との戦いに対しては与野党ともドミノ理論を復唱しアメリカへの共感を示した。フィリピン議会で問題視されたのはコストの負担と戦闘部隊の派遣の可能性であり、非戦闘部門でアメリカに協力すること自体には異論はほとんど出なかったのである。

　こうした日比間のベトナム戦争観の相違の背景にあるのは、共産主義の脅威を国内問題として認識していたか否かの差でもあったといえる。日本国内でも国民の間に反米・反基地を唱える左翼勢力への共感はもちろん存在したものの、フィリピンでは実際に共産主義ゲリラが農村地域に浸透しつつあり、反乱鎮圧の手段としてECBによる国内開発活動に力点が置かれるなど、共産主義の脅威に対処することが国内においても現実の危急の課題でもあった。しかもそうした国内での開発政策の精神と、南ベトナムへのPHILCAG派遣協力は、ともに「人々の心と精神を勝ち取る」("to win the hearts and minds of the people")ことで冷戦の心理戦争を構成するという点で一貫性をもっていた。フィリピンの側からすれば、対米支持の姿勢を示すことが援助獲得の手段として不可欠だったことも事実である。しかしそれと同時に存在したのは、フィリピンは安全保障上の利益をアメリカと共有し、在比米軍基地の存在はアメリカの国益だけでなくフィリピン自身の国防にも貢献しているという意識であった。

　こうしてみると、北爆開始前後から1966年頃までの時期、フィリピンの方が心情的にも実質的にも対米協力姿勢を見せており、他方日本は政策的にも国民感情の面でも戦争協力より和平工作を追求することを望み、対米支援には躊躇していたということができる。日米関係が1970年安保の自動延長問題や沖縄返還問題で揺れ、在日米軍基地の先行きが不透明であった時、アメリカは在比基

地を兵站基地として重視するだけでなく、将来的には出撃のための前進基地としての利用、核兵器の持ち込みと格納、および第三国への基地開放、そしてフィリピン自身の戦闘部隊の派遣といった対米協力をフィリピンに期待していたのであった。つまり、1940年代末頃から1950年代初頭の日米、米比両同盟の形成期とは異なり、1960年代後半にアメリカがフィリピンや在比米軍基地への戦略的期待を増大させた背景には、ベトナム戦争という国際的背景に加えて日米関係における不安定要因が存在したのである。そしてこうした対比認識のもとに、この時期の対フィリピン援助や譲歩行われたのであった。

　しかし、1967年後半以降になると、日比それぞれの対米姿勢は変化を見せ始め、それにつれてアメリカの対日・対フィリピン認識もまた変わっていった。上述のように佐藤首相は、日本国内でベトナム反戦運動が高揚しつつあったにもかかわらず対米支持の姿勢を固め、1970年安保の自動延長を確保する要件として沖縄返還をアメリカに要求するようになっていく。アメリカ側もまた、佐藤同様、日米同盟の維持と安定のために、核兵器の持ち込みや基地の使用に関して制約が生じる可能性を承知しながらも、沖縄問題を解決する必要性を認めるようになっていった。

　一方、大統領就任当初のマルコスの指導力と活力を絶賛していたアメリカ政府は、1年後には早くもマルコスに対して幻滅し始めていた。この頃から国務省文書には、マルコス政権の腐敗・停滞や非民主性、フィリピン国内の反政府勢力の拡大といった状況に対する憂慮が強く窺えるようになる。ベトナム戦争中、アメリカがフィリピンに与えてきた援助や譲歩は、フィリピン側のさらなるベトナム戦争協力を期待してのことでもあった。しかしアメリカがPHILCAGの増派や戦闘部隊の派遣を再三再四要求したにもかかわらず、フィリピンはその要求をかわしていった。さらに1968年3月にジョンソン大統領が北爆停止と11月の大統領選への不出馬を宣言すると、マルコス大統領は同年8月までにPHILCAGの規模を2,000名から1,500名へと縮小した。その後フィリピン議会が翌年度PHILCAG予算の承認を拒否したのを受けて、翌年にはわずか数百名規模の部隊を残したほかは、ほぼ全面的に撤退させた。ベトナム反戦運動が国際的に高揚し、フィリピンの国論も対米批判を強める中で、1969年に大統領選

挙を控えたマルコス大統領はじめフィリピンの政治家たちは、票の喪失につながる対米支援の立場から離れ始めたのである。実際、CIAが収集した情報によれば、1968年9月当時、フィリピン政府が南ベトナムにごく小規模のPHILCAG部隊を留め置いたのは、実質的な対米貢献をするためではなく「(援助を獲得するための)アメリカに対する梃子(レヴァレッジ)を失わないためにも、撤退させることはしない」[37]というマルコスの意図によるものだった。

このようなフィリピンの対米姿勢に対して、アメリカ側もフィリピンへの経済援助や「基地使用料」とフィリピン国内で認識されている軍事援助計画(Military Assistance Program)に基づくMAP援助を1968年度から減額し、PHILCAG派遣の条件でもあった装備と海外勤務手当の供給も1969年度以降は取りやめるなど、厳しい姿勢を取り始めていた（表1参照）。それは、あるCIA文書の言葉を借りれば「アメリカがフィリピンに対していかなる譲歩をもすると考えているに違いない」マルコス大統領に対して、釘を刺すという意味も込められていた。1972年にはイギリスのシンガポール基地が使用できなくなるこ

表8－1　アメリカの対フィリピン経済軍事援助額

(単位：100万ドル)

	1966	1967	1968	1969	1970	1971	1972	1973	1986
①経済援助									
有償	0.0	26.2	4.4	0.0	10.3	20.7	53.6	46.9	41.9
無償	14.6	18.0	14.9	18.7	14.8	19.8	16.3	77.1	357.2
①合計	14.6	44.2	19.3	18.7	25.1	40.5	69.9	124.0	399.1
②安全保障支援 (*1)	n/a	n/a	n/a	n/a	n/a	n/a	n/a	49.3	300.3
③PL480（1954年農業貿易開発援助法）による援助									
有償	0.0	19.5	0.0	0.0	10.3	20.3	33.6	20.7	43.3
無償	6.2	9.4	5.4	9.6	3.3	7.1	4.1	15.8	35.0
③合計	6.2	28.9	5.4	9.6	13.6	27.4	37.7	36.5	78.3
④軍事援助									
有償	0.0	0.0	0.0	0.0	0.0	0.0	0.0	0.0	0.0
無償									
軍事援助計画	22.8	26.4	21.1	17.7	15.6	16.4	14.6	17.7	14.4
その他	1.9	4.1	7.7	2.9	9.2	0.7	4.7	22.0	90.7
④合計	24.7	30.5	28.8	20.6	24.8	17.1	19.3	39.7	105.1

出典：*The Philippines: U.S. Policy during the Marcos Years, 1965-1986*, pp.10-11.
(*1) Security Supporting Assistance. 1972年以前は経済援助に含まれていた。

とが予定されていたため、アメリカはマルコスが在比米軍基地の重要性が増すと考えてアメリカの足元を見ていると認識し、苦々しく思っていたのである[38]。

このように、1968年から1969年にかけての時期は、日米同盟と佐藤政権に対するアメリカ政府の信頼が固まりつつあった一方で、マルコスと在比基地への認識が悪化していった時期と見なすことができる。そのような日米、米比関係を背景として、アメリカの国内には在比米軍基地と米比同盟の意義に対する疑義が生まれつつあった。

5. サイミントン小委員会と在比基地の価値の再検討

1968年1月末のテト攻勢のあとアメリカ国内世論が急速にベトナム反戦に傾き、3月にジョンソン大統領が北爆停止と同年秋の大統領選挙への不出馬を宣言し、5月には北ベトナムとの和平交渉が開始されると、アメリカ自身、自らの対外関与のあり方に疑問を持ち始めた。その代表的な例は、ウィリアム・フルブライト（William Fulbright）上院議員を委員長とする上院外交委員会の中に設置された、スチュアート・サイミントン（Stuart Symington）上院議員を委員長とする「合衆国の安全保障取り決めと対外関与に関する小委員会」(Subcommittee on U.S. Security Arrangements and Commitments Abroad；以下、「サイミントン小委員会」と記す）の活動である。1969年初頭に発足したこの委員会は、アメリカ合衆国と他国との間の安全保障に関する条約や協定の意義、および世界各地に展開する米軍基地の必要性についての再検討を2年間にわたって行うことを目的としていた。議会を中心としたこのような作業の中で、フィリピン基地の存在意義や必要性に対して疑義が投げかけられたのであった。

サイミントン小委員会の再検討作業は、現地調査[39]を行ったのちに議会公聴会で関係者の証言を聞くというプロセスをとった。フィリピンに関しては、同小委員会の委員でワシントン・ポスト紙の元記者ウォルター・ピンカス（Walter Pincus）と、同じく同小委員会委員で元検事のローランド・ポール

第8章 冷戦期の米比同盟と日本要因 ── マルコス政権期のベトナム戦争協力問題を中心に ── 225

(Roland Paul)が1969年6月25日から5週間にわたって現地調査を行ったほか、同年9月末から議会公聴会の証言が他の基地や同盟関係に関する証言に先駆けて行われた[40]。

サイミントン小委員会によるこれらの再検討作業によって明らかになったのは、ベトナム情勢の悪化とともにその戦略的必要性が重視されるようになっていた在比米軍基地が、必ずしもアメリカにとって「必要不可欠の基地」というわけではなく、むしろさまざまな問題を抱えているという事実であった。そうした点の一つとしてまずあげられたのは、在比基地がベトナムに近接しながらも、結局は米軍の爆撃発進用に使用されなかったという点であった。その理由は、国防総省の見解によれば、クラーク空軍基地の滑走路はB-52には細く、マクタン基地は短い上、現状では在比基地はロジスティクスや米軍兵士の「休養と娯楽」(Rest & Recreation; R&R) など他の機能で過密状態になっているため、発進基地としては不可能ではないにしても望ましくないということだった。むしろグアムのアンダーソン基地の方がB-52に適するよう開発されているために優れていると見なされた。しかもマルコス大統領もアメリカのベトナム政策への反発が高まる国民感情を考慮するようになり、自らの政治基盤にも悪影響を及ぼすことを嫌って出撃基地としての使用を米軍に許可することはなかった。しかし同時に、アメリカ自身もフィリピンからの出撃を将来的には望んでいたとはいえ、当時は日本の本土やフィリピンから攻撃発進を行うことは自制しており、マルコス大統領に公式に許可を要請したこともなかったという[41]。実際にベトナムへの爆撃発進に使われたのは、アメリカの国土であるグアム、アメリカ占領下の沖縄、そしてベトナムの隣国タイであった。

そうであるなら、アメリカの戦略計画にとって在比米軍基地の機能は補給、補修、寄港といった兵站機能のみであったということになる。もちろん、クラークもスービックも優れたロジスティクス機能を持ってはいたものの、これら両基地が重視されたのは、フィリピンに近接するベトナムでの軍事行動を支援するという地理的条件が存在したがゆえのことであった。ベトナム戦争が終結するか、もしくは前線基地としての機能を将来的に求めないのであれば、在比基地の存続にこだわる必要はなく、その兵站機能を佐世保、横須賀、グアムに

移転することは不可能ではなかった。しかもベトナム戦争が終結すれば、移転によって生じる悪影響はほぼ解消される性質のものであった。実際、在比米海軍司令官のドレーパー・L・コーフマン海軍少将（Draper L. Kauffman）と米空軍第13航空軍司令官のフランシス・C・ギデオン（Francis C. Gideon）空軍中将は、スービックとクラークがなければ、佐世保・横須賀・沖縄・グアムといった西太平洋の他の基地への機能移転が可能であることを消極的ながらも認める証言をしていた[42]。

フィリピン自身の防衛に米軍が貢献しているという主張も、サイミントン小委員会では退けられた。公聴会で証言を行った在フィリピン米大使館のジェームズ・M・ウィルソン（James M. Wilson, Jr.）代理大使は、在比基地への駐屯はアメリカの国益のためであり、「フィリピンの独立を維持すること」もアメリカ自身の国益に含まれると主張した。しかしサイミントン委員長にフィリピンにとっての対外的脅威とは何かと問われると、脅威があるとすれば中国からの核攻撃だがその可能性はほとんどなく、対外的脅威はほぼ存在しないに等しいことを認めざるを得なかった。すなわち「フィリピン自身の独立を維持する」とは、国内の反政府勢力から現政権を守ることであり、国内鎮圧に米軍が関与することだった。事実、米軍は、この頃フィリピン国内で勢力を増しつつあった共産主義系やイスラム系の反政府勢力に対するフィリピン国軍の制圧作戦において、さまざまな武器を供与しヘリコプターで支援活動を行い、さらにはアメリカからの対フィリピン軍事援助の使途にまで影響力を行使するなど、明らかに国内鎮圧に関わっていた[43]。

フルブライト委員が鋭く追及したのもまさしくこの点であった。つまり、在外基地を維持するためには現職政権との関係をも維持しなければならず、現職政権に対する脅威は米軍基地に対する脅威にもなり得る。ゆえに、民心の離れた政府に対して反乱が起こる場合であっても、アメリカが民心に反して現職政権の維持に協力せざるを得ない局面が現れる可能性をはらんでいるのである。フルブライトは、ラテンアメリカでもフィリピン同様の事態が起こってきたとして次のように語った。「われわれは常に、さまざまな国で旧態依然とした階層の人々の側に立ってきた。それは多くの場合、封建主義的な階層の人々である。

そしてこうした階層の人々は、自分の国の政治社会構造の根幹にかかわる変化に対しては、いかなる変化であろうと抵抗するのだ。このことは、人口の9割を占める大多数の国民にとっては極めて不本意なことなのである」。そして、基地を置くことは現職政権の存続に手を貸すことになるのではないか、というフルブライト議員の質問に応えて、ウィルソンは、在比大使館もそのことは意識しており、それがディレンマでもあること、また、現職政権と基地に関しての交渉をしなければならないことも現実であることを認めざるを得なかった。そして、そのようなディレンマを相殺するために社会改革のためのECB援助などに力を入れることで現政権への支援との間の均衡を取るよう最善を尽くしている、と述べるにとどまったのであった[44]。

　さらにサイミントン小委員会で問題視されたのは、基地周辺で頻発する盗難や強盗などの事件であった。ライフルをはじめ、あらゆる種類の武器が在比米軍基地から盗まれただけでなく、自転車から基地の周囲のフェンスにいたるまで基地にあるあらゆる物品が盗難の被害にあった。1965年から1969年までの在比米軍基地全体での盗難被害額は90万ドルに上っていた。しかも強盗や米軍トラックなどへのハイジャック、米軍側が被害を受ける傷害、殺人などの犯罪は1968年1月からの1年間で360件を数えた[45]。なかでも昔から農民反乱の根拠地である中部ルソン、パンパンガ州のアンヘレス市にあるクラーク基地周辺での犯罪が最も多く、基地から盗まれた武器の多くは、明らかに反政府ゲリラの手に渡っていた。1968年9月から10月にかけて、ベトナム反戦・反基地デモや多数の事件が起こり、アンヘレス市内が無法状態に陥ると、6週間にわたって米軍関係者に外出禁止令が出されたほどであった[46]。

　しかしサイミントン小委員会で問題視されたのは、こうしたアメリカ大使館員や在比米軍関係者らの証言によって明らかにされた在比米軍基地周辺の治安の悪さ自体ではなかった。むしろ、サイミントン委員長らは、このような治安の悪さの原因が、少数の富裕家族によって大多数の国民が支配されるフィリピンの社会構造とそれに対する国民の不満にあると見なし、「アメリカがそうした少数の富裕階層を大多数の貧しい国民の犠牲において支援している」ことを問題視したのである。しかもウィルソン代理大使によれば在マニラ米大使館もそ

うした解釈を共有しており、中部ルソンの反政府勢力を一掃できない原因が、フク団の活動に共感する国民が存在することであると認識していた。そして、「政治的軍事的な努力を総動員して一般大衆の心を説得することができれば、状況は大きく改善される」のだと述べている[47]。しかし結局のところ、ウィルソンのいう、一般大衆の心を説得するためにアメリカがフィリピンに対して行った「政治的軍事的な努力」とは、ECBがフィリピンの地方の農村で開発援助活動を行うための資金と装備を供給することと、その他のいくつかの経済援助を行うことでしかなかった。それらは結局、マルコスが国内政治基盤を強化するための道具となったのである。

サイミントン小委員会での公聴会を経て明らかになったのは、在比米軍基地の機能が沖縄・日本・グアムの基地によって代替可能であること、アメリカがフィリピンやベトナムに関与しているために在比米軍基地周辺、ひいてはフィリピンの国内治安を悪化させていること、そして基地を維持するために国民の支持を失いつつある指導者と既存の政治経済構造をアメリカが支援せざるを得ない状況に陥っていることであった。公聴会後、同委員会はその報告書において、米軍をフィリピンから撤退させるべきだと勧告したのである。

6. むすびに代えて──冷戦期の米比同盟とベトナム戦争、日本要因──

戦後、アメリカは沖縄と日本を拠点としてアジア戦略を構想するようになるにつれ、沖縄と近接する在比基地をいったんは放棄することを考えながらも、フィリピン側の要請に応えて米比軍事基地協定を締結し米軍基地を維持した。さらにアメリカはアジアにおける冷戦の緊張の高まりのなかで対日講和条約を核とするアジア冷戦体制の構築を図り、これに異議を唱えたフィリピンから支持を取り付けるために政治的譲歩を行い米比相互防衛条約を締結した。米比同盟が形成された背景には、ソ連を脅威の源泉と見なし日本を中心と位置づけるアメリカのアジア冷戦政策があった。

しかし1960年代半ば以降、アメリカの関心がベトナム戦争に集中するように

なると、ベトナム戦争を戦うための拠点としてのフィリピンの意義が再認識されるようになった。良好な基地を提供し政治的にもアメリカのベトナムでの軍事行動を支持するフィリピンの政権を維持するために、アメリカ政府は全面的に支援するようになっていった。1969年、米上院議会外交委員会のサイミントン小委員会では、在比基地の問題点を洗い出して米軍の撤退を勧告したが、ニクソン政権の聞き入れるところとはならなかった。

　在比基地からの撤退という選択肢が示されながらも、アメリカ政府がその選択肢を却下し、マルコスの非民主性や腐敗を認識しながらも支援を続けた背景には、国内外の要因があったと考えられる。フィリピン国内では戒厳令前の時期、マルコス政権に反発して共産党の武装勢力である新人民軍やフィリピン南部のイスラム系反政府勢力が、爆破事件や要職者の殺人事件、殺人未遂事件を頻繁に起こしており、国内政治は混乱の一途をたどっていた。このような状況において、サイミントン小委員会の勧告どおりに在比米軍基地が撤収されることはなく、むしろ反政府勢力の鎮圧と国内治安維持を目的として、アメリカはマルコスへの軍事経済援助を飛躍的に増大させていった。それは、サイミントン小委員会が懸念したとおり、まさに、フィリピン社会経済構造に対する大多数の国民の不満を抑圧する行為に手を貸すことでもあった。事実、マルコス政権の最終年である1986年には、軍事援助は1969年の5倍超の1億510万ドル、経済援助は実に20倍超の約4億ドルが与えられたが、その主たる目的は国内治安維持であった（表1参照）。

　さらにこうした政策の背景には、単なる米比関係あるいはフィリピン国内の政治情勢だけではなく国際情勢の変化、特に日本要因があったと考えられる。この時期、日本と米国との間では沖縄返還交渉が進み、それと同時に在沖縄米軍基地の使用条件も、表向きは「核抜き・本土並み」となり、現にアメリカ政府当局も、核兵器や基地使用について密約があるとはいえ従来どおりの権利が保証されるとは考えていなかった。さらに1970年の日米安保条約の自動延長も予断を許さなかった。そのようにアジアにおける他の主要米軍基地の将来が先行き不透明な状況の中で、基地の自由使用および核兵器の持ち込みと格納が可能な在比米軍基地を放棄することは、それが議会の勧告とはいえ、アメリカ政

府当局にとって有効な選択肢とは見なされなかったのである[48]。

こうしてみると、冷戦期の米比同盟は、日米同盟が抱えていた懸案やベトナム情勢などの国際情勢と連動しながら、そのあり方を規定されてきたということができる。そしてそのような国際要因はマルコスの独裁政治をも支援する政策を生み出す機運をアメリカ政府内に浸透させていった。マルコス政権の崩壊と冷戦の終結によって、アメリカはようやく在比米軍基地の必要性に関して本格的に再検討を行い、1992年には米軍をフィリピンから完全に撤退させた。しかし、マルコス政権崩壊後20年を経た今もなお、フィリピンは国内外安全保障の手段として米軍による軍事的庇護やアメリカからの軍事経済援助を求めざるを得ないほど脆弱であり、また軍部の政治介入が頻発するなど、マルコス政権期の米比関係が作り出した課題は依然として課題を残している。

注

1) 1947年米比軍事基地協定は1991年に撤廃され、在比米軍基地も翌92年には完全撤収した。ただし、米比相互防衛条約は現在も継続しており、米比間には同盟関係が存続する。

2) Stephen R. Shalom, *The United States and the Philippines: A Study of Neocolonialism* (Philadelphia: Institute for the Study of Human Issues, 1981); Alfredo R. A. Bengzon with Raul Rodrigo, *A Matter of Honor: The Story of the 1990-1991 RP-US Bases Talks*; Renato Constantino & Leticia Constantino, *The Philippines: The Continuing Past* （鶴見良行他訳『フィリピン民衆の歴史III・IV ひきつづく過去』勁草書房、1978-1980年）; A. James Gregor and Virgilio Aganon, *The Philippine Bases: U.S. Security at Risk* (Washington, D.C.: Ethics and Public Policy Center, 1987); Roland G. Simbulan, *The Bases of Insecurity: A Study of the US Military Bases in the Philippines* (Manila: Balai Fellowship, 1983); Bonifacio S. Salamanca, "The RP-US Military Bases Agreement Negotiations: A Study of Negotiating Styles" *The World Bulletin*, Vol.9, No.5-6 (1993) ; William J. Pomeroy, *American Neo-Colonialism: Its Emergence in the Philippines and Asia* (New York: International Publishers, 1970); Nick Cullather, *Illusions of Influence: The Political Economy of U.S.-Philippine Relations* (Stanford: Stanford UP, 1994); William Berry, Jr., *U.S. Bases in the Philippines: The Evolution of Special Relationship*

(Boulder: Westview Press, 1989); Keith Carlson, *Twisted Road to Freedom: America's Granting of Independence to the Philippines* (Quezon City: U. of the Philippines Press, 1995); Donald L. Platt, "A Sovereignty of Sorts: Filipino-American Relations during the Truman Administration, 1945-1951." Ph.D. dissertation, Univ. of Toledo, 1988 (UMI Dissertation Service).

3) Geir Lundestad, "Empire by Invitation? : The United States and Western Europe, 1945-1952," SHAFR *Newsletter* 15 (September 1984), pp.1-21; Lundestad, "'Empire by Invitation' in the American Century" *Diplomatic History* 23-2 (1999), pp.189-217.

4) Raymond Bonner, *Waltzing with a Dictator* (New York: Vintage, 1987); James K. Boyce, *The Philippines: The Political Economy of Growth and Impoverishment in the Marcos Era* (Honolulu: U of Hawaii Press, 1993); Stanley Karnow, *In Our Image: America's Empire in the Philippines* (New York: Random House, 1989); H. W. Brands, *Bound to Empire: The United States and the Philippines* (Oxford: Oxford UP, 1992); David G. Timberman, *A Changeless Land: Continuity and Change in Philippine Politics* (Singapore: Institute of Southeast Asia Studies, 1991); 浅野幸穂『フィリピン－マルコスからアキノへ』アジア経済研究所、1992年。

5) 拙稿「フィリピンの軍事戦略的重要性の変化と1947年米比軍事基地協定の成立過程」『国際政治』第17号（1998年3月）。

6) Report by the Joint Staff Planners, November 26, 1943, JCS574/1 (w), US National Archives, Record Group (hereafter cited as RG) 218, CCS686.9, Sec.1; "Preliminary Statement of General Principles to be Used as a Bases for Detailed Discussions and Staff Studies," May 14, 1945, JCS1027/3, ibid; "Special Instructions for the Retention of American Bases in the Philippines after Independence," September 20, 1945, JCS1027/5, ibid.

7) "War Department Requirement for Military Bases and Rights in the Philippine Islands," November 23, 1946, JCS1027/8, ibid.; The Secretary of War to the Secretary of State, November 29, 1946, *Foreign Relations of the United States 1946*, vol.8, pp.934-35; The Secretary of War to the Secretary of State, November 29, 1946, RG59, 811.24596/11-2946.

8) The Ambassador in the Philippines to the Secretary of State, December 23, 1946, RG59, 811.24596/12-2346; "Draft Agreement of the United States of America and the Republic of the Philippines Concerning Military Bases," Appendix C to "Withdrawal from the Philippines," December 11, 1946, SWNCC340/1, RG218, CCS686.9; Memorandum from the War Department to the Department of State, February 13, 1947, RG59, 811.24596/2-1247.

9） 詳細は拙稿、前掲論文。
10） "The Ryukyu Islands and their Significance," 6 August 1948, *CIA Reports*, Reel 2; JCS1380/135, 14 January 1952, *Records of the Joint Chiefs of Staff, pt 2: 1946-1953, Far East*, microfilm, Reel 7.
11） "Navy Tentative Plans for FY1952," 1 April 1950, ibid., Reel 5; "Air Force Tentative Plans for FY1952," 1 April 1950, ibid.; "Army Tentative War Plans," 1 April 1950, ibid.
12） JCS2180/10, April 10, 1951, JCS2180/11, April 9, 1951, JCS2180/12, April 12, 1951, ibid., Reel 6; Annex to NSC48/3, April 26, 1951, ibid., Reel 13; Wagstaff to Dulles, April 10, 1951, *Confidential U.S. State Department Special Files, Japan 1947-56*, microfilm, Reel 3. 詳細は、拙稿「戦後アメリカの対フィリピン軍事政策と日本要因1945-1951年」池端雪浦、リディア・N・ユー・ホセ編『近現代日本・フィリピン関係史』岩波書店、2004年、348-355頁。
13） 同上。
14） Hearings of Subcommittee on US Security Agreements and Commitments Abroad, Committee on Foreign Relations, October 1-3, 1969, (hereafter cited as "Symington Hearings," named after the chairman Stuart Symington), pp.67, 75, 82, 105; Gregor and Aganon, *The Philippine Bases*.
15） Ibid.; Symington Hearings, p.75.
16） Joint Weeka (hereafter cited as JW) No.5, February 3, 1967, Central Files (hereafter CF)1967-1969, Box2429, RG 59.
17） Symington Hearings, p.102. 結局、フィリピン政府は在比基地からの攻撃発進は認めなかった。
18） Memo of Conversation, Ramos and Ambassador, Feb 1, 1966, CF1964-66, Box1671, RG59.
19） Memorandum from Philp E. Barringer, Office of the Assistant Secretary of Defense for International Security Affairs to Colonel Haskin et al., October 8, 1968, National Security Archive.
http//:www.gwu.edu/~nsarchive/NSAEBB/NSAEBB197/index.htm, Document 17-C, http://www.gwu.edu/~nsarchiv/NSAEBB/NSAEBB197/nd_17c.pdf.
20） Embassy in Manila to the Secretary of State, July 27, 1965, CF1964-66, Box1669, RG59.
21） JW No.8, Feb 25, 1966, CF1964-66, Box2580, RG59.
22） JW No.11, March 18, 1966, ibid.
23） JW No.15, April 15, 1966, CF1964-66, Box2580, ibid; JW No.16, April 22, 1966, ibid.

24) Secretary of State to the Embassy in Manila, July 28, 1965, CF1964-1966, Box1669, RG59.
25) 拙稿「マルコス政権初期の米比関係とベトナム戦争」『アメリカ史研究』第29号（2006年）、36-54頁。
26) 同上。いわゆる「見返り」と見なされるこれらの一連の援助や譲歩についての評価は分かれる所だが、筆者はアメリカにとっては大きな負担ではなかった上、マルコスがアメリカから勝ち取った部分はそれほど大きくなかったという見解に立っている。
27) Kattenburg to Bundy, "White Interest in the Success of the Marcos State Visit, "August 15, 1966, doc.132, *The Philippines: US Policy during the Marcos Years*, Microfiche (hereafter cited as *Marcos Years*).
28) Embassy in Manila to the Secretary of State, July 8, 1966, ibid.
29) 昇亜美子「ベトナム戦争における日本の和平外交－1965年〜1968年－」『法学政治学論究』第59号（2003年冬季号）、196-197頁。
30) 同論文、197-198頁。菅英輝「ベトナム戦争における日本政府の和平努力と日米関係－1965〜1968年－」『国際政治』第130号（2002年5月）、94頁。
31) 同論文、94-95頁。
32) 昇前掲論文、197-198頁。
33) 同論文、196-197頁。U. アレクシス・ジョンソン（増田弘訳）『ジョンソン米大使の日本回想－2.26事件から沖縄返還・ニクソンショックまで』草思社、1989年、204頁。
34) 我部政明「『思いやり予算』の原型」『国際政治』第120号（1999年2月）、76-77頁。NSSM-5, Japan, United States National Security Archive, http://gwu.edu/~nsarchive/japan/okinawa/Okinawa.htm; "US-Japanese Relationship: Summary , memo from Davis to Vice President, etc., April 29, 1969, ibid.; Memo from Brown to Rogers, April 29, 1969, ibid.
35) Memo of conversation, Nixon/Sato, November 19, 1969, ibid.; 細谷千博・有賀貞・石井修・佐々木卓也編『日米関係資料集　1945-1997』東京大学出版会、1999年、721-756頁。
36) Bonner, *Waltzing with a Dictator*, p.218.
37) Intelligence Information Cable, CIA, September 24, 1968, (source: LBJ Library), *Marcos Years*, doc. 209. この文書はタイトル、情報源、ほか重要箇所の多くが黒塗りされている。
38) Ibid.
39) Joint State/Defense Message to US Embassies East Asia Region, June 18, 1969, doc.234, *Marcos Years*. こうした作業に、国務・国防両省は全面的に概ね協力的であっ

たといってよい。サイミントン小委員会のメンバーによるアジア各地域の基地視察に先立って、両省連名でアジア地域の大使館や責任者に対して、二国間交渉の状況も含めてすべての機密情報を視察スタッフに開示するよう指示している。しかも、こうした調査は政治的な影響を避けるため、相手国政府に公的に知らせることはなかった。

40）Ibid.
41）ただベトナムの隣国であるタイのウ・タパオ（U-tapao）基地は、元々ロジスティクス用の基地として開発しながらも、北爆のコストダウンを図るために1966年からはB-52の発進用基地として利用していた。Symington Hearings, pp.124-129.
42）Ibid.
43）Ibid., p.161.
44）Ibid., p.69.
45）基地ごとの事件の数は以下のとおり。クラーク基地：271件、スービック基地：73件、サングレー基地：11件、サン・ミゲール基地：3件、マクタン基地：2件。Ibid., 219. 基地周辺の犯罪といえば、米軍基地側が被害を受ける盗難や強盗事件ばかりではなく、米軍の構成員が加害者となり基地周辺住民や女性など受け入れ国側の市民が被害者となる事件や性犯罪も当然多数に上り、受け入れ国側の尊厳を大きく傷つけてきたことはいうまでもない。しかしサイミントン小委員会が米軍撤収を勧告した要因としては前者が問題視されたため、本稿では後者に関する議論は他に譲る。
46）Ibid., pp.170-183, 218-224.
47）Ibid., p.228.
48）在比基地からの撤退については、その後も何度かアメリカ政府内で議題に上るが、カーター政権期でも、在比基地から撤退したら、スービック湾基地やクラーク基地における核兵器格納の機能はどこに行くのか、という点が問題になったという。Bonner, *Waltzing with a Dictator*, p.220.

第9章

安全保障とアイデンティティ
── ASEAN 地域フォーラム（ARF）における予防外交の展開とアジア地域主義 ──

1. はじめに

　冷戦後のアジア太平洋地域では1994年に東南アジア諸国連合（ASEAN）を中心にASEAN地域フォーラム（ARF）が組織され、地域安全保障について前向きな対話が繰り返されている。ARFの地域安全保障の取り組みは、法的・制度的枠組みを前提とする欧米などの他地域と比べてかなり異質のものである。ARFの地域安全保障は信頼醸成措置と予防外交の二本柱で構成されている。前者は潜在的な脅威対象の国々を含みながら、対話を重ね信頼的な外交関係を構築していこうとする概念であり、後者は協調と合意に基づく紛争解決のための外交的実践である。1995年のARFのコンセプト・ペーパーによれば、地域安全保障のフレームは信頼醸成措置（Confidence-Building Measures）・予防外交（Preventive Diplomacy）・紛争解決（Conflict Resolution）の三段階アプローチが想定されている。
　これらの一連の地域安全保障のあり方は、主権の相互承認や内政不干渉などの原則を含み、法的・規範的な制度を中心とする欧米の安全保障レジーム──たとえば欧州安全保障協力機構（OSCE）──に比べかなり緩やかな制度である。このような地域的な安全保障レジームの差異は各々の地域性の相違を象徴しているのであろうか。ARFの制度枠組みとアジアの地域性や地域主義とは如何なる関係にあるのか。本章の趣旨は、これらアジア太平洋における地域安全保障の政策言説の中からアジアの地域主義・地域アイデンティティを読み解くことにある。換言すれば、地域安全保障はアジア地域主義の諸実践と連動している、

というのが本章の主要な仮説である。ARFはASEANの全会一致型の会議外交モデルをほぼ踏襲しており、信頼醸成措置や予防外交といった諸概念も東アジアの地域性・特殊性を考慮した構成となっている。つまり本章の意図するところは、地域安全保障という広い文脈の中で地域アイデンティティというロジックがどのように作動しているのかを検証するものである。

　従来のARF研究やアジア太平洋の安全保障研究は、概ね欧米など他地域の安全保障レジームとの比較から、ARFが安全保障レジームとして機能し得るかどうかを評価する研究が多く、地域主義と地域安全保障の相関性を意識した研究は意外と蓄積されていない。また地域主義と地域安全保障の関係を意識した研究群も、事例検証を通じてアジアと他地域との差異や特殊性を確認・強調する傾向が強く、翻ってどのような「政治的ロジック」を背景としてアジア的な安全保障レジームが形成されているのかについては、体系的な検証にまでは至っていないというのが現状である[1]。

　別言すれば、安全保障レジームとしてARFを評価するのではなく、地域主義実践の一事例としてARFを再考察するというのが本章の狙いである。結論を先取りするならば、ARFは地域主義の磁場が極めて強く、広域安全保障レジームとして他地域の安全保障レジームと比較するよりも地域主義の実践の一つとして同地域の他のレジーム（APECやASEAN+3）と比較する方がより実情に近い分析を行うことができる。なぜ地域安全保障を地域主義の観点から検証しなければならないのか。それは地域主義も安全保障も共に「どこまでが内側でどこからが外側か」という境界線の政治学の課題だからである[2]。

　地域主義とは本来、「地域」という政治ブロックを形成することによる囲い込みを含意し、その囲い込まれた空間の中で行われる政治実践を考察する研究が地域主義研究である。ただし、地域主義はそれ自体が囲い込まれた空間であっても、それは「閉じた領域」と等価ではない。地域主義は孤立主義や鎖国主義とは異なり、一方で「地域」という限定された政治領域を形成しつつ、他方では他地域に対しても一定の限度で開かれた対外関係を保持している。今日、グローバル化と地域主義・地域統合が同時進行で進んでいることはその顕著な現れである。つまり政治空間としての「地域」は閉ざされていると同時に開かれ

ているのである。言うまでもなく地域主義の政治形態は地域によって千差万別であり、「どの程度開かれていて、どの程度閉ざされているのか」はそれぞれの地域主義で温度差がある。しかしながら、地域主義と呼ばれる政治実践に共通していることは、地域主義はその政治的ロジックから「どこまでが域内でどこからが域外か」という問いを避けることができず、常に地域内／地域外という境界線の政治学へと帰着する。それゆえに、地域主義や地域統合の想定する政治的境界線の定着・付帯・変容などを検証することが地域主義研究の一つの要諦となろう。すなわち、地域主義研究と境界線の政治学の問題意識を重ね合わせれば、他者としての「域外」を包摂したり排除したりしながら、「域内」の同一性を確保していく一連の運動が、地域主義（あるいは地域統合）における境界線の政治学の位相であると言えよう。

　そしてこの境界線の政治学という思考様式は安全保障研究（とりわけ集団的安全保障や広域安全保障の領野）にも応用可能である。なぜなら安全保障とは、まさに安全が保障され得る圏域——どこまでが安全保障圏内でどこからが圏外であるのか——という審問を避けることができない。これが国家安全保障を論じる場合であれば（この概念自体も再検討の余地は多分にあるが）、国家安全保障の領域と国家主権の領域がほぼ一致していると考えられているため、境界線の政治学という経路は不可視化されやすい[3]。しかしながら「地域」のような複数の主権がまたがる広域秩序を思考する際、この安全保障の境界線という問題を避けて通ることはできない。とりわけ、集団的安全保障の範囲が地域内でブロック形成される場合には、安全保障の「及ぶ範囲」と「及ばざる範囲」を確定する政治的作業が不可欠であり、そうであるがゆえに、制度としての地域安全保障と政治実践としての地域主義とは深く結びついている。さらに本章の主題とする予防外交のような曖昧な概念の場合、その定義や対象をめぐって政治的な陣地戦——政策イメージのせめぎ合い——が繰り広げられ、境界線の政治学が幾重にも展開されていく。

　以上の問題意識を踏まえ、本章ではアジア太平洋地域における安全保障問題の特殊性を考慮しながら、地域安全保障の政策言説における地域主義を再読解し、その上で地域安全保障と地域主義の相関関係・相補関係の検証を試みる。

まず第1節ではアジア地域主義の特徴を概観する。第2節ではARFの安全保障言説を吟味するが、とりわけARFに特有な信頼醸成措置・予防外交を中心に検討する。第3節ではそれを踏まえて、ARFの安全保障言説がどのように地域主義とリンクしているのかを検討する。最後に第4節ではこのようにアジアにユニークな安全保障のあり方がどのように地域の安全保障に貢献し得るのか（またはし得ないのか）を総合的に検証する。

2. 地域主義という境界線の政治学

上述のように地域主義という政治実践は「どこまでが域内でどこからが域外か」という問いを避けることができない。ではアジアに目を向けた場合、その政治的境界線の定着・付帯・変容にはどのような特徴があるのか。境界線の政治学の一事例としての地域主義や地域アイデンティティを理解するためには、アイデンティティとはどのようなものであるのか、それを念頭に置く必要がある。

アイデンティティには大まかに3つの特徴が内在する。(1) アイデンティティは差異の論理によって形成される。(2) アイデンティティとは間主観的な存在であり、軍事力・経済力・制度・レジームのように「モノ」としてアイデンティティを客観視することはできない。(3) アイデンティティとは結果でなく過程である[4]。

第1にアイデンティティはウチとソト（inside/outside）の差異の論理によって形成される。すなわち外部者を「他者」として表象し、それによって内部の同一性を高めようとする衝動である。それゆえに、アイデンティティは常に内部／外部の緊張関係を必要とする。歴史的に形成されたアジア主義言説を例にとれば、地域アイデンティティは文明／野蛮、東洋／西洋、黄色／白人種、王道／覇道、精神文明／物質文明などのウチとソトの境界線を媒介にして構成されてきた。これらの境界線が社会的かつ歴史的にどのように表象され、アイデンティティを形成してきたのかが境界線の政治学の研究課題である。つまり、アイデンティティを不断の政治的境界線の構築・再構築の運動と捉えた場合に、

個々の政治的境界線がどのように内部（自己）と外部（他者）を定義しているのかが重要な分析座標となる。

　第2の特徴は方法論的課題である。アイデンティティは差異の論理―それぞれの主体が自己と他者をどのように同定・定義するのか―という課題であるため、軍事力・経済力・制度・レジームのように物理的変数としてアイデンティティを扱うことはできない。アイデンティティは自己の引く境界線と、他者の引く境界線等の複数の境界線の相関関係の中で偶発的に構成される―そこで本章では、ARFの政策言説を読み解きながら、どのような境界線の構築作業が行われているのかを分析していく[5]。

　最後にアイデンティティとはアプリオリに与えられているものではなく、常に偶発性（contingency）の中から構成される。つまりアイデンティティとは結果ではなく過程であり、社会的かつ歴史的な磁場の中で絶えず形成・再形成を繰り返している。それは政治言説の持つ2つの特性―空虚性（emptiness）と流動性（floatingness）によって支えられている。これは政治言説には厳密な定義は存在し得ず（空虚性）、それは時代状況によって変化する（流動性）[6] という事を意味する。すなわち、アイデンティティという政治実践は、特定の政治言説の指し示す範囲やその境界線をめぐって政治的・社会的イメージのせめぎ合いを繰り返していく。

　二点目と三点目の特徴を補足するならば、アイデンティティといった間主観性（inter-subjectivity）は構造的に「二重の不確実性（Double Contingency）」を孕んでいる。「二重の不確実性」とは自己のアイデンティティ形成は他者の反応に依存している状態である。たとえば「日本はアジアである」という言説は、自動的にアジア諸国も「日本をアジアである」と認識しているという示唆を含んでいる。しかし実際には、日本も他のアジア諸国も等しく「我々はアジアである」との認識を共有していなければ間主観性としての集団的アイデンティティは存在し得ない[7]。

　こういった不確実性については2つの疑問が浮上する。なぜそのような自動的な含意が可能であるのか、またその自動的な含意はどのようにアイデンティティを強化（または弱体化）させるのか。一方でこの種の自動的含意が可能で

あるのは厳密な「アジア」の定義が存在しないことに起因している（空虚性）。なぜなら厳密なアジアの定義が存在するならばこのような「二重の不確実性」自体が生じない。他方では言説の流動性が同一化（identification）の強弱を示唆する。言説の意味内容は流動的であるわけだが、日本とアジア諸国の間で共通の「アジアとは何か」の自己認識が確立していれば不確実性は起こらない、逆にそこに共通の認識が生じなければそれが「二重の不確実性」を招来し同一化は困難となる。

　しかし、ここで注意しなければならないことはアイデンティティ形成に伴うせめぎ合いは構造的に、不完全情報ゲームに類似した構図にならざるを得ないということである。自己と他者がお互いに「相手が自分を如何に認識しているのか」を完全に同定することはできない。それが国家間関係のように集団的なアイデンティティを問うものであればなおさらである。言い換えれば、アイデンティティという概念は構造的に「二重の不確実性」を含んでおり（自己の想定する境界線と他者の想定する境界線は果たして一致しているのか？この問いは繰り返される）、完全なアイデンティティの同定は不可能である。そして、アイデンティティという空間が充足することが不可能であり、曖昧な空間として残存するがゆえにそこに複数の政治的プロジェクトが注ぎ込まれる。つまり、二重の不確実性のようなアイデンティティを不可能にしている条件が、同時にアイデンティティ形成を可能にしている。たとえば、アジア各国で地域主義の定義には温度差があり、その意味で地域主義概念の決定版のようなものは存在しない。そして、そうであるがゆえに異なった主体群を結ぶ「縫い目」として、地域主義という政治言説が生まれる。地域主義の境界線が誰の目にも自明なものであれば、わざわざそれを強調しようとする政治プロジェクトは生じない——それが曖昧で不確かなものであるからこそ、それを確定させようとするアイデンティティの政治学が作動するのである。

　これまでのアジア地域主義形成史を振り返ると、地域アイデンティティの構成には境界線の力学が常に作動している。冷戦後の最初の地域主義の動きは1989年のアジア太平洋経済協力（APEC）の設立である。APECは設立当初より「開かれた地域主義」（Open Regionalism）を標榜し、排他的ではなく非加

盟国が新たに加盟することに対してオープンな姿勢を採っている。ではAPECの引く境界線とはどのようなものか。それは排他的地域ブロックや関税障壁を堅持する経済的ナショナリズムの類である。「開かれた地域主義」は経済自由化・自由貿易圏の拡大を促進する思考であるので、それに逆行するような動きは保護貿易の亜種として排斥される。

しかし、逆にこうしたAPECの経済運営は、経済自由化を求めるアングロ・サクソンの加盟国と、経済協力を求める東アジアの加盟国で絶えず衝突を招来してしまう[8]。また同時にマレーシアやシンガポールを中心にアジア的価値観論争（The Asian Value Debate）やEAEC構想（マレーシア首相マハティールの提唱したEast Asian Economic Caucus）が展開され、アジア太平洋に対して東アジアという境界線の政治学が展開される。

この「アジア太平洋か？東アジアか？」という境界線の政治学は1997年のアジア通貨危機でピークを迎える。通貨危機を通じて新自由主義を基調とするグローバル化の動きとアジア的価値観を強調する東アジア地域の経済統合の動きが衝突することになる。新自由主義、たとえば米財務省や国際通貨基金（IMF）の政策言説においては、通貨危機の原因をアジア的価値観に求める傾向が顕著であり、アジアは「腐敗した資本主義」と表象された。言い換えれば、「奇跡のアジアから腐敗したアジアへ（from Miracle Asia to Crony Asia）」という境界線の政治学が作動していた[9]。これに対してアジア諸国は通貨危機をアジア・モデルの危機ではなくグローバル資本主義の危機と捉えた。東南アジア諸国の政治言説は、アジア危機はむしろアジア・モデルやアジア的価値観を肯定的に再検討する絶好の機会であると捉え、反米・反IMF感情を媒介にして地域主義が再構成されていった。それは「怨恨の政治（Politics of resentment）」と揶揄されるように地域主義／グローバル化という境界線の政治学である[10]。

このように地域主義の政治実践には常に域内／域外という境界線の政治学、言い換えれば自己が他者をどのように認知・認識するのかという「まなざしの政治」が含意されている。ARFという安全保障レジームを地域主義的な視座から考察するということは、安全保障や予防外交の領域でこの「まなざしの政治」がどのように作動しているのかを検証するということである。

3. ARFの安全保障言説

　前節では地域主義の境界線の力学をやや理論面から検証した。本節ではそれを受けて、実際にARFの安全保障言説の中で境界線の政治学—アイデンティティをめぐる政治表象—がどのように作動しているのかを検討する。

　ARFは、アジア太平洋地域における安全保障の対話フォーラムとしてアジア太平洋地域17か国と欧州共同体（当時）を原加盟国として1993年に合意され、1994年に発足した。その後、毎年閣僚会合を行っている[11]。ARFの安全保障枠組みにおいては、信頼醸成と予防外交の2つに焦点が置かれているが、これは東アジアの安全保障の特殊性を象徴している。冷戦期の東アジアにおいては同盟、軍拡競争、軍備管理、信頼醸成といった典型的な安全保障問題はほとんど論議されてこなかった。なぜならば、「鉄のカーテン」を挟んで東西の対置構造が明白だったヨーロッパに比べて、アジアではあからさまな自由主義／共産主義という対立構図が希薄であったからである[12]。東アジアにおいては強固な軍事同盟が不在であり、防共同盟の性格の強い東南アジア条約機構（SEATO）のような地域機構が存在した時期はあったが、結局は頓挫している。

　またASEANはその結成以来、一貫して軍事協力、軍事同盟の類を忌避しており、共通の仮想敵を想定して軍事協力を進める「防衛共同体（Defense Community）」ではなく、外交努力による紛争防止や平和構築に努める「安全保障共同体（Security Community）」に近い[13]。軍事協力についての提案がアジェンダに登ることはあっても最終的には否決されてきた。ASEANでは武力行使や紛争への軍事介入、また共通の脅威に対する戦争計画の策定などはこれまで徹底して避けられてきた[14]。さらに1971年に「東南アジア平和・自由・中立地帯（ZOPFAN）」構想を採択したクアラルンプール宣言からも明らかなように、アジアにおいて如何なる理由があろうとも内政干渉はタブーであるとの政治規範が確立されており—特に地域外勢力による内政干渉は最も避けられねばならない—、相互内政不干渉の原則は揺るぐことの無い大原則であった[15]。

　ASEANにおいては、安全保障に限らずその地域主義ロジックの中で特定の

言説があらかじめコード化されている。ASEANそれ自体が一つのコードであるし、それと相互補完的に使用される「繁栄と安定（prosperity and stability）」も同地域の地域性・地域社会を象徴する語としてコード化されている（これらのコードはそれぞれ明確な意味内容があるわけではなく、その示唆する内容は個々の事例に依存している）[16]。

そして、このことと関連して次の2点が留意される必要がある。第1に「安全保障（security）」といった場合、少なくともそれがASEANにおいては、軍事や防衛に限定された意味ではなく政治・経済・社会要因などを含有する広範囲のコードであるということである[17]。第2には、ASEANの域内関係においては「共同体の構築（Community-building）」に独特の地位が与えられており、「ASEAN方式（ASEAN way）」と呼ばれる意思決定方法にその特徴がある。ASEAN方式はその出自をマレー文化に多く負っているが、簡単に言えば協議（*Musyawarah*; consultation）と合意（*Mufakat*; consensus）に基づく意思決定である[18]。この方式に基づいて対政府・対民間団体（NGOs）と頻繁に会合やコンタクトが持たれ、個人ベースのネットワークが形成される（ASEANが行う会合は政府間会合だけで年間230以上に上る）[19]。

こうしたアジア地域主義に特有のコードを踏まえた場合に、信頼醸成と予防外交の概念における他地域との差異が明らかとなる。信頼醸成措置は従来、敵対国家間の紛争予防のための共通の安全保障の枠組みや合意を指す語彙であったが、東アジアにおいては、専ら安全保障分野における相互理解を深化させるために各国が行う軍事交流、安全保障対話や防衛交流などの意味合いで用いられてきた[20]。またヨーロッパ発の信頼醸成措置が、冷戦下の緊張状態を背景として専ら軍縮や軍備管理をその射程に収めていたのに対して、東アジアにおいては具体的な安全保障の政策課題としての意味合いは希薄で、あくまでも協議と合意に基づく信頼関係の構築に主眼があった[21]。

また予防外交に目を向けると、国際社会における予防外交概念の最初の使用は1956年まで遡る。スエズ動乱時の国連事務総長ハマーショルドによって提唱され、当初は「防止外交」の訳語が当てられ、紛争の再発防止を目的としていた。この概念が1992年、国連事務総長ガリの『平和への課題』で再び浮上す

る。この予防外交概念は、冷戦終結と民族・宗教対立の激化を受けて、紛争予防の前面的な見直しを図り、平和維持活動を梃子にして紛争を未然に防止するという積極的な意味合いである[22]。それに対して、東アジアにおける予防外交は国家主権の磁場が極めて強く、予防外交は内政不干渉という前提の下で限定的に行使され得る外交実践という意味合いが強い。

　さらに、予防外交とは如何なるタイプの安全保障であるのかという点も留意されなければならない。その出自からも明らかなように予防外交は、特定の社会的・歴史的状況の中で形成された政治的な概念である。それゆえに、冷戦やポスト冷戦（あるいは破綻国家の問題）といった特殊状況下で概念化された「予防外交」の枠組みを普遍的な準拠枠組みとして他地域に適用することは、誤解を生じさせる危険がある。

　まず、集団的安全保障、共通の安全保障、協調的安全保障という3つの類型を想定した場合に、予防外交に代表される共通の安全保障と協調的安全保障は武力行使を前提とせず、あくまでも非軍事的手段で武力対立を未然に防止することを目的としているため、伝統的な集団的安全保障とは異なるものである。また、しばしば混同されがちであるが、共通の安全保障と協調的安全保障は似て非なるものである。前者は冷戦的な構造の中で、後者はポスト冷戦期に特有の国際情勢の中で形成されてきた。換言すればそれぞれの差異は冷戦期とポスト冷戦期の予防外交の概念の変容を象徴している。両者ともに信頼醸成や透明性、非挑発型の防衛など共有する要素は多いが、共通の安全保障が専ら恒常的な対立関係や特定の脅威を前提とし、友／敵関係の中で軍事的な信頼醸成を促進する性質があるのに対して、協調的安全保障においては、脅威が不特定で分散化しているとの前提から信頼醸成を追求する傾向がある[23]。言い換えれば、今日の予防外交概念はポスト冷戦における破綻国家やグローバル・テロリズム、暴力の民営化等、特定の歴史・社会状況を反映して、その政策的応答として構成されてきた感が強い。そのため、異なった社会的背景を持つ東アジアにおいて、予防外交が異なった形で概念化されるのは、むしろ自然なことであると言えよう。

　では実際に予防外交の定義・範疇・対象にはどのようなものが含まれ得るの

第9章　安全保障とアイデンティティ——ASEAN地域フォーラム（ARF）における予防外交の展開とアジア地域主義　245

か。予防外交や紛争予防の定義や範囲は広く簡単に明示できるものではないが、より包括的には紛争の発生や再発を防止するための政治的調整を意味する。その含有する課題としては、軍縮、難民、民族・部族間対話、持続可能な開発、人材開発、地域の統治能力（ガヴァナンス）強化などの諸分野にまたがっている[24]。しかしながら、こうした定義を行うことと、実際の政策合意を策定することは同義ではない。実際に政策調整として予防外交を思考した場合、その政策上の含意や射程は政策担当者にとっても研究者にとっても常に論争的である。「予防」という語は無限に拡大する曖昧さを持っているため、政策的な意図や目的にそっていくらでも曲解や拡大解釈が可能だからである[25]。

　こうした予防外交の持つ概念上の曖昧さは、軍事手段の有無や内政干渉の問題など、立場によって対立を生む傾向にある。さらに、課題となるのは予防外交の効果を実際に測定することはほぼ不可能であるという問題である。軍事衝突が起こっていない状態があった場合に、「なぜ紛争が起こらないのか」、その原因を特定することは甚だ困難である。というのも紛争のない状態が、外交努力によるのか、国家間の利得計算によるのか、威嚇や抑止の結果なのか、という因果関係は、それを説明する人間の世界観が反映されており、客観的な指標を導くことができない[26]。結局のところ、予防外交が実際に紛争を予防しているか否かの判断は、何らかの恣意的な前提に頼らざるを得ない。

　この予防外交概念の曖昧さを念頭に置いた場合、前節の境界線の政治学が重要性を帯びてくる。予防外交の概念は空虚であり、自明な定義によってそれを同定することはできない。そして、そうであるがゆえに予防外交言説は異なった政治的解釈の間を浮遊する。こうした予防外交の言説をめぐる政治闘争が、地域主義の境界線の政治学と相俟って、特殊アジア的な予防外交概念を醸成している。

　以上見てきたように、国連や他地域における予防外交の概念と東アジアにおけるそれは、かなり異質な成り立ちを経て形成されている。しかしながら、こうした予防外交の展開の差異を世界大の傾向に対して「遅れているアジア」として一方的に評価を下すことは適切ではない。予防外交の形成史を紐解けば明らかなように、この概念は当初においては東西冷戦の緊迫した国際関係のなか

で、昨今においては破綻国家や民族浄化を背景とするポスト冷戦期の政治的不安定性の中から確立された。言い換えれば、恒常的な敵対関係が希薄で、比較的国家の主権体制が堅固である東アジアにおいて予防外交という問題系が浮上しにくいのはむしろ当然の成り行きと言えよう[27]。

では、東アジアにおける信頼醸成と予防外交はどのように定義され、定着してきたのか。以下、ARFの小史を振り返りながら信頼醸成と予防外交の地域形成を考察していく[28]。ARFは1994年にバンコクで第1回会合を開き、参加国は当時のASEAN6（ブルネイ、インドネシア、マレーシア、フィリピン、シンガポール、タイ）と日中韓、アメリカ、カナダ、オーストラリア、ニュージーランド、パプアニューギニア、ベトナム、ラオス、ロシア、EUであった。設立当初の狙いとしては、アジア地域の政治的緊張を緩和・管理するために関係諸国（とりわけ中国や当時ASEAN未加盟であったベトナム・ラオス等）との間に定期的なコミュニケーション・チャンネルを開き、少なくとも信頼醸成メカニズムの中に巻き込んでいくという意図があったと考えられる[29]。

1999年のシンガポール会合ではARFの機能を信頼醸成から予防外交へと発展させる作業部会の設立が合意される。さらに翌年のバンコク会合でシンガポールが予防外交概念についての報告書を提出する（これは中国の消極姿勢で議論継続となる）。さらに2001年のハノイ会合で「予防外交の概念と原則」ペーパーが採択され、ARF機能を信頼醸成から予防外交へと強化することで合意が持たれる。これは前年度のシンガポールの草案をほぼそのまま受け入れたものであった。

まず第2回のARF会合（1995年）で提起された「ARFコンセプト・ペーパー」[30]であるが、これは合意文書ではなく議長声明の添付文書にすぎない。しかし事実上ARFにおける方向性を示唆する合意文書として扱われている[31]。同文書ではARFにおいてASEANが枢要な役割を担う旨が謳われ、ARFは同地域の「平和と安全保障についての異なったアプローチを認識・承認し、安全保障分野におけるコンセンサス型アプローチを形成すべきである」[32]と強調されている。さらに紛争解決へのステップとして、信頼醸成措置・予防外交・紛争解決の3つのステージを置いている[33]。

第一のステップである信頼醸成措置についてはASEANの経験や過去の事例——東南アジア平和・自由・中立地帯（ZOPFAN）や東南アジア非核地帯（SEANFWZ）——を参照しながら、制度的な信頼醸成のメカニズムではなく、むしろ協議と合意に基づくASEAN方式の有効性を説いている。すなわち、「アジアの状況を考えれば、ASEANアプローチにはいくつかのメリットがある。それは隣国間で信用と信頼を高めていく必要性の強調である」と述べている[34]。

　とりわけコンセンサス方式への言及は強調されており、ARFにおける意思決定は「慎重かつ詳細な協議の後にコンセンサスをもって」行われ、「如何なる投票採決も行わない」と明記されている。さらにARFはこの方式のメリットを「緩やかな進展を望む国には早すぎず、性急な進展を望む国には遅すぎない」決定プロセスと定義している[35]。さらには、政府間交渉（トラックⅠ）だけでなく、ASEAN戦略国際問題研究所連合（ASEAN-ISIS）やアジア太平洋安全保障協力会議（CSCAP）等のトラックⅡ活動に触れ、トラックⅠとトラックⅡの相補性を強調している[36]。

　この一連の政治言説において注目されることは他地域に比しての「東アジア的特殊性」と法的・制度的枠組みに対しての「コンセンサス方式」の強調であろう。これを要約するならば、以下のような政治的結論が導かれる。一方で、東アジアの安全保障実践は他地域（東欧やアフリカの破綻国家群）とは趣を異にしている。ASEANの加盟国関係の歴史が示しているように、東アジアは信頼醸成を相互に高め合っていく方法で平和と繁栄を保ってきた。他方で、それ故に東アジアの安全保障においては法的・規範的・制度的枠組みは必要の無いものであり、むしろ徐々に信頼関係を醸成していくコンセンサス方式こそが東アジアの実情に沿ったものである。

　すなわち、東アジア／破綻国家という境界線が引かれ、かつコンセンサス方式／法的・規範的枠組みという境界線が引かれているのである。破綻国家や国家主権の枠組みが脆弱な地帯ではテロや民間の暴力集団の割拠等の事態が起こり得るが、国家主権の堅固な東アジアでそうのような事態は想定し得ない。それ故に、合意に基づく国家間の信頼醸成こそが東アジアの安全保障体制のベースとなるものであるという考え方である。無論、ここには信頼醸成や予防外交

の名の下に、内政干渉や人道的介入が無制限に行われることを極力回避したいアジア側の政治的意図（たとえば中国）があることは言うまでもない。

こうしたコンセプト・ペーパーの流れを受けて予防外交について規定したのが、2000年の第7回ARFで提起され翌年に採択された「予防外交の概念と原則」と題するペーパーである。基本的にはコンセプト・ペーパーで提示された3段階（信頼醸成・予防外交・紛争解決）の流れを受け、信頼醸成措置に重きを置きながらも、信頼醸成と予防外交の重なり合う部分について、予防外交の概念上の定義を行い、その定義について相互理解を深めていくことが謳われている[37]。

同文書による予防外交の概念は次のようなものである。先ずARFにおける予防外交の概念は広範な目標のために設定され、予防外交の実践におけるガイドラインであると断った上で、予防外交の法的・制度的強制力を否認している[38]。

> ARF加盟国によって合意された予防外交の定義、概念、原則は法的義務ではない。それらはARFにのみ適用される共有価値であり、議論が継続されているARFのコンセンサス形成の現状を代表するものとして理解されるべきものである[39]。

> 予防外交の定義は論争的である。しかしながら、予防外交とはすべての当事者間の了解によって主権国家群が行使するコンセンサスに基づいた外交および政治行動である、という点には一般的合意がある[40]。

上記2つの引用は前述のARFにおける境界線の政治学を概ね例証するものである。一方で予防外交の拘束性を否認し、それはARFという枠組みにおいて、加盟国間の合意によってのみ意味を持ち得る旨が強調されている。他方で、予防外交をその定義は論争的ではあるが、当事者の了解を要する政治外交活動であると捉え、内政不干渉や主権の尊重を予防外交概念の中に埋め込んでいる。つまりコンセンサス／法的義務という境界線を引き、予防外交のレンジを政治外交領域—安全保障ではない—にとどめることによって、予防外交言説の政治化、

あるいは予防外交そのものの範囲が無限に拡大する可能性を抑制している。

　こうした東アジアの特殊性の強調は以下の予防外交の基本原則群にかなり強く反映されている。ARFにおける予防外交とは、非軍事活動への限定、紛争の平和的解決、加盟国への内政不干渉、実用主義、柔軟性、コンセンサス、協議、調整等の原則群によって貫かれており[41]、以下の8項目がその予防外交の基本原則として明記されている。

①予防外交は外交である。それは外交、交渉、調査、調停と和解などの外交的及び平和的手段によるものである。
②予防外交は非強制的なものである。軍事行動や武力行使は予防外交の一環ではない。
③予防外交は適時に行われるべきものである。予防外交は、[紛争自体やその原因を] 除去するものではなく、予防するものである。予防外交の手段は、紛争や危機の初期段階において最も効果的に適用される。
④予防外交は信用と信頼を要件とする。予防外交は当事者間において信用と信頼についての強力な土台が存在し、中立性、正当性、不偏性を基礎として実施された場合にのみ有効に機能し得る。
⑤予防外交は協議と合意に基づいて実施される。予防外交は、適時性を考慮しながらも、ARF加盟国の慎重で詳細な協議を経て実施され得るものである。
⑥予防外交は自主的なものであり、すべての紛争当事者の要請と彼らの合意に基づいてのみ実施される。
⑦予防外交は国家間の紛争に適用される。
⑧予防外交の実施は、国際的に認知された国際法及び国家間関係の基本原則、とりわけ国連憲章、平和共存5原則、東南アジア友好協力条約に沿って行われる。これらの原則には、主権平等、領土保全、内政不干渉の尊重が含まれる[42]。

　これら一連の予防外交言説の中にASEAN型の政治的境界線が読み込まれて

いることは想像に難しくはない。第1原則から予防外交とは外交であると同定され、予防外交の範疇を政治外交交渉に限定している。続く第2原則では予防外交の拘束性を否認し、予防外交は集団的安全保障ではないので武力行使や軍事介入は含意されない旨が謳われている。さらに第3原則では、予防外交は紛争を除去するものではなく予防するものと強調されている。この含意は、予防外交は国際紛争や国際的危機の初期段階において紛争の勃発を未然に防止するものであり、紛争の遠因であると想定される国内政治状況（たとえば軍事政権や国内の民族対立）の改変を想定するものではない、ということである。また第6原則から予防外交が紛争当事者の同意と了解を要し、第7原則から予防外交とは国家間の紛争に適用されると規定されている。つまり予防外交とはあくまでも主権国家間の紛争への予防策であり、国内の内乱や民族対立に適用され得るものではない。以上の言明からも明らかなように、予防外交／集団的安全保障というマクロな境界線から、コンセンサス／法的義務、当事者了解／武力介入、主権尊重／内政干渉、紛争の予防／政治体制の改変等のミクロな境界線が引かれている。

　以上のようなARFにおけるASEAN的性格はトラックⅡプロセスにおいても堅固であり、トラックⅠとトラックⅡの連携強化についてのコンセプト・ペーパーで次のように定義している。

　　トラックⅠとトラックⅡの連携強化に関するすべての決定は、主権尊重と内政不干渉という原則と、その原則における全ARF加盟国が許容し得る水準への配慮に基づいたコンセンサスによるものなければならない[43]。

　さらにこうした境界線の政治学を補強するようにARFの制度枠組みは形成されている。ARFでは事実上のASEAN中心主義が採られている。信頼醸成措置のプロセスにおいては議長国（ASEANから選出）のイニシアティブが強調されており、信頼関係の確立・協調関係の強化・規範構築の討議過程・情報交換・協議プロセス・対外機関との連携等の分野で議長国の役割が定義されている[44]。またASEAN事務局の中にはARFユニットが設けられ、ARFの運営はASEAN

が執り行うという形式である[45]。

4. 地域安全保障における地域主義

　前節では地域主義の観点からARFにおける安全保障言説を検証した。本節では更にそうした安全保障言説とアジア地域主義との交錯を検証し、アジア地域主義におけるARFの位相を詳らかにする。
　ARFの安全保障言説からも明らかなように、明示的な言葉こそ無いが、ARFはまさに「開かれた地域主義」の安全保障版であろう。APECは「開かれた地域主義」というオープンな政治イデオロギーを標榜しているにも拘わらず、その内実は非常に選択的な包摂の体系であった[46]。かつ、APECは域内の対立―経済自由化を進める北米国家群と経済協力を強調する東アジア国家群―を抱え、地域アイデンティティの形成としては必ずしも成功とは言い難いものであった[47]。
　このAPECの「開かれた地域主義」に比して、ARFはさらに選択的な「地域主義」を構成している。制度上、ARFへの加盟申請は「拡大主義（gradual expansion）」が謳われ、ARFの定義する「地理的範囲（geographical footprint）」―ARFが一例としてあげているのは北東アジア・東南アジア・オセアニア―の平和と安全保障に影響を持つ国であれば参加可能であり、加盟申請はARFでの協議の後に承認される[48]。このようにARFはその参加についてオープンな形態を採ってはいるが、ARFの運営方式は所謂ASEAN方式であり、主催国もASEANならば議長国もASEANである[49]。「開かれた地域主義」の戦略的使用という点では1993年に設立されたアジア太平洋安全保障協力会議（CSCAP）にもその傾向が現れており、メンバーシップに対しては包摂性の原則が採られている[50]。つまりアジア地域主義における「開かれた地域主義」は無原則に参加希望者にオープンであったり、加盟国間の平等な参加と関与が保障されているわけではなく、そこには地域主義的な排除と選別の体系が作動している。その意味でARFとは、地域的安全保障レジームのアジア太平洋版で

はなく、ASEAN型地域主義の安全保障分野への出先機関に近い[51]。それゆえに、ARFを他の広域安全保障レジームと比較するよりも、東アジアの他の地域主義実践と比較する方が現状を正確に捉えることができるであろう。

さらに予防外交のような高度に論争的な議題をARFのような地域機構で論じた場合、そこには地域主義という境界線の政治学が否応なく作動してしまう。なぜならば、予防外交という課題が、ヘルシンキ宣言以来の欧州モデル——その最たるものは欧州安全保障協力機構（OSCE）における欧州安全保障憲章[52]——を普遍化する衝動とそれへの地域主義的対抗という構図が不可避的に浮上してしまうからである。言い換えれば予防外交という問題系は、純粋に軍事問題、紛争予防という技術的な問題を超えて、容易に普遍性／特殊性、欧州／アジアという境界線の政治学へと転化してしまう傾向にある。

このことは国際関係（外交）と政治的境界線の不可分の関係を示唆しており、デーヴィット・キャンベルやコペンハーゲン学派（バリー・ブザン＝オル・ウィーバー）の枠組みと相似をなす構図である。キャンベル[53]は冷戦史の文脈でアメリカ外交史を再検証し、交渉過程としての「狭義の外交政策Foreign Policy」と、アイデンティティの表象過程としての「広義の外交政策foreign policy」——あるいは「外交」に対する「メタ外交」——を区別している[54]。メタ外交とは繰り返し設定・再設定される境界線の運営と維持である。このアプローチからアメリカ外交史を振り返るならば、アメリカは外交という表象作用を用いて内部／外部の境界線を強化し、アメリカのナショナル・アイデンティティを確立してきた。その境界線の表象は「外部に対する脅威」の表象であり、その対象は共産主義であったり、テロリズム・麻薬であったりする。すなわち、キャンベルの研究は、非対称化された脅威を形成することによって自国の集団的アイデンティティを強化する手段として外交史を再定義し、その外交言説を再検討したものである。

またブザンとウィーバー達の一連の研究[55]は、集団的アイデンティティという視点からヨーロッパの外交を再読解したものである。キャンベルが「広義の外交」と「狭義の外交」を区別したように、ブザン＝ウィーバーも「狭義の安全保障social security」と「広義の安全保障societal security」を区別している。

前者が国家のインフラストラクチャー、国民の生命・財産等の防衛であるのに対して、後者は国家の集団的アイデンティティの防衛である。すなわち、ヨーロッパという集団的アイデンティティが外交交渉の場でどのように表象され、強化されてきたのかを内部／外部の関係性の中で考察したものである。

このことが示唆するものは、技術論・政策論として外交や安全保障を論じていても、その語りは結局のところ国家や地域といった境界線の画定作業に包摂されてしまうということである。なぜなら、「狭義の外交」を検討することは往々にしてナショナルやリージョナルなアイデンティティの本質主義化—境界表象の再強化—に帰結するからである[56]。

予防外交の問題に立ち返れば、地域の安全保障という枠組みで予防外交を論じることは、地域の特質や当該地域の特殊性への語りへと帰着せざるを得ず、その場合に自地域／他地域という境界線の政治学が浮上してしまう。とりわけ、予防外交のように時代的・地域的な磁場が強く、概念自体が曖昧なテーマを論じる場合であればその傾向はとりわけ強くなろう。そもそも破綻国家や私的暴力集団による暴力のばっこを目の当たりにしているヨーロッパと、国家間の外交問題（その多くは領土問題）として安全保障を捉える傾向にあるアジアでは、出発点からして異なっている。この出発点の差異は、安全保障や予防外交という技術論を論じていても、その語りは結局のところ地域表象—ヨーロッパ・モデルの普遍化への衝動と、それを迎撃・抑止しようとするアジア地域主義の反撃—という境界線の政治学を浮き彫りにしてしまう。

このことの例証は予防外交に限ったことではない。1990年代前半のアジア的価値論争は純粋に人権問題という範疇を超えて東洋／西洋の文化的境界の二分法に陥ってしまっていた。また、アジア通貨危機以降のアジア・モデル論争は経済政策という次元を跳躍してやはり新自由主義／東アジア型モデルという異なる資本主義モデルの二分法に帰着していた—「腐敗した資本主義」という政治言説からも明らかなように、アジア型モデルへの批判言説は政策論争を超えて、「新自由主義の透明性（neoliberal transparency）」と「腐敗したアジア型資本主義（crony Asian capitalism）」という誤った二項対立の上に成り立っていた。

とりわけ予防外交という課題は、アジア諸国が忌み嫌う「内政干渉」の問題と密接に絡み合っているため、その警戒感も強い。さらにAPECと同様にARFもまた制度化を促進しようとする北米陣営と、コンセンサス重視のASEANといった政治文化の差異を象徴する傾向があり[57]、地域主義の磁場を強く受けている。その意味で、アジア地域における予防外交は、安全保障問題というよりは、その地域主義形成史の中で繰り返し論争されてきた地域主義／グローバル化、特殊性／普遍性という境界線の政治学の一事例としての性格が強い。すなわち、ARFには地域安全保障という枠組みを地域主義に読み替えていくという政治戦略が内在しており、予防外交をASEAN的な政治的含意の中で再構成していく政治実践といえよう。

5. アジア地域安全保障の可能性と限界

前節では、地域主義的な切り口からARFにおける予防外交や地域安全保障の政治言説の特徴を検証した。本節では以上の議論を受けて、このような地域主義的色彩を持つARFの安全保障実践が、現実に東アジアの地域安全保障にどのような展望をもたらすかを概観し、アジア地域安全保障の可能性と限界を考察する。

ARF設立以来、伝統的に守られてきたASEANスタイルに近年、変容が訪れている。それは従来、問われることのなかった内政不干渉の原則が大きく揺らぎ始めているということである。この要因としては以下の3点が考えられる。第1にアジア通貨危機以来、自国の政策が他国に影響を及ぼすことが認知され、少なくとも経済政策については他国の政策を監視し合う緩やかな「内政干渉」規範が形成されつつある。第2にミャンマーやカンボジア、東チモールの事例が示しているように、深刻な人権・民主化問題について世界からの批判が集中するにつれて、「内政不干渉」を錦の御旗に立てて問題を放置することが困難になっていることがあげられる。第3に（中国を除けば）予防外交の文脈でほぼすべてのARF加盟国が一国の内政問題に介入することに柔軟な姿勢を見せてお

り、人権問題や核実験など重要性の高い問題群については「内政干渉」がもはや禁忌ではなくなりつつある。もちろんこうした事例は、加盟国間相互の内政干渉を直ちに是認するものではないが、少なくとも内政不干渉原則に対する規範的拘束力が低下していると考えることはできよう[58]。

さらにこの事に輪をかけているのが北朝鮮問題である。一方で北朝鮮は東西冷戦構造の残滓を引きずりながら、日米中韓を相手に「危険なチキンゲームのスパイラル」[59] に突入している。しかし他方で、北朝鮮は2000年以降ARFに加わり実務レベルでの信頼醸成措置のプロセスに参加し始めている。その意味で、ARFの信頼醸成プロセスは朝鮮半島問題の激化を抑制するために一定の効果を発揮していると言えよう[60]。

ただ上述のようなASEANスタイルの地域協力のあり方には一定の限界があることも否定できない。ASEANの安全保障についての信頼醸成は東南アジアという「場」において一定の成功を収めたことは間違いがない。しかし、それがARFというより広範囲な秩序を目指した場合にどの程度適用可能であるのか、「ASEAN方式」のような特殊な意思決定プロセスがASEAN以外の加盟国に対してどれほどの有効性を発揮し得るのかについては不透明な部分が多い[61]。

上記の点を踏まえた場合に以下の2つ—対外的な側面と対内的な側面—の示唆が導き出せよう。対外的には依然としてアジア地域の特殊性、安全保障概念の形成過程の差異などを媒介に、欧州型の法的・規範的・制度的レジームを忌避し、露骨な内政干渉や「人道的」介入を回避するというスタンスを堅持している。こうしたアジア的制度の基盤は、ARFにおいてASEAN型の運営方針を執行する事で担保されている。

しかし、対内的には人権問題・核実験問題・国際犯罪・国際テロ等、従来のアジアにおいては注目度の高くなかった問題が近年、急浮上している。こうした問題に対処するために内政干渉に対して柔軟な姿勢を採りつつ、地域という枠組みで問題に対処していく体制が徐々に構築されている。たとえば国際テロについては2002年のASEANサミットで地域単位で共同で取り組んでいく旨が宣言され[62]、国際犯罪についてもASEANとしての取り組みが共同採択されている[63]。また北朝鮮問題についても朝鮮半島情勢が地域の安全保障に重大な影

響を及ぼすとの認識の下、ASEANからの朝鮮半島問題への関与が近年、問題にされつつある[64]。

こうした政治実践はアジア通貨危機以後の金融協力——たとえばチェンマイ・イニシアティブやその後のASEAN＋3——と相似をなすものであろう。アジア通貨危機以後、国際経済におけるIMFによるグローバルな介入を忌避しつつも、金融分野についての地域のセーフティネットの整備が推し進められ、同様の政策協力はASEAN＋3の枠内で地域共同体という単位で構築された。同様に、近年の同地域の地域安全保障の取り組みは、国際社会や国連などの名の下に行われるアジア域外からの内政干渉や人道的介入を回避しつつ、対話と信頼醸成のプロセスを積み上げていきながら地域内の問題は地域内で解決するという視座の現れである。

こうした政治実践から明らかなことは、境界線の政治学における地域主義ロジックの二重性であろう。つまり対外的には依然として域内／域外という境界線の政治学のロジックが作動しており、ヨーロッパ・モデルを普遍性としてアジアに適用することには相当の警戒感と嫌悪感がある。他方、域内では境界線のロジックが微妙に読み替えられており、内政干渉や主権尊重の概念は、アジア域内では柔軟に受け止められ、地域安全保障の問題を信頼醸成措置を梃子にして解決していこうとする政治的配慮が働いている。つまりアジアの地域安全保障は対外的にはヨーロッパ・モデルへの抵抗とアジアの地域的特殊性の強調、対内的には域内のトランスナショナルな事象について、地域共同体を舞台として信頼醸成を蓄積させていこうとする二重の運動である。

6. 結び

以上本章では境界線の政治学の視座から地域アイデンティティの政治実践の一つとしてARFの安全保障言説を考察した。本章で考察したように、予防外交の概念形成自体が社会的・歴史的に形成された特殊な政治状況——破綻国家やポスト冷戦下の状況などヨーロッパ的な経験の磁場——に依存しており、それを安

易に普遍化して、安全保障レジームとしてARFを評価することは適切ではない。そこで本章では、安全保障レジームとしてではなく地域主義実践の一環としてARFの政治言説を読解した。

そして地域主義という政治言説を考察するにあたって、境界線の政治学の一事例としてARFの安全保障実践を捉え、域内／域外という視点から検証を試みた。ARFの政治実践は対外的には、ASEAN方式を踏襲し、内戦不干渉や主権尊重、そして法的・制度的レジームへの慎重な態度を堅持している。しかし対内的には、人権問題や核実験問題、そして昨今の朝鮮半島情勢など、地域共同体言説を足掛かりとして地域内の信頼醸成形成を行っている。この域内と域外での政治ロジックの使い分けがアジアの地域安全保障を検証する上では一つの大きな指標となっている。

この検証の結果、ARFと地域主義のつながりが先行研究よりも明らかになったのではないだろうか。つまり安全保障レジームとしてARFの制度化過程を評価するのではなく、地域主義というフェーズからARFを考察することによって地域主義と「予防外交の普遍化」という境界線のせめぎ合いを理解し、より正確に安全保障と地域アイデンティティの関係性を捉えることができると考えられる。

注

1) 地域安全保障に関する従来の研究群としては以下を参照（一部他領域を含む）。Amitav Acharya, Constructing a Security Community in Southeast Asia, Routledge, 2001, Barry Buzan and Ole Wæver, Regions and Powers: The Structure of International Security, Cambridge U.P., 2003、五十嵐暁郎、高原明生、佐々木寛編『東アジア安全保障の新展開』、明石書店、2005年、菅英輝、G. フック、S. ウェストン編『アジア太平洋の地域秩序と安全保障』、ミネルヴァ書房、1999年、小島朋之、竹田いさみ編『東アジアの安全保障』、南窓社、2002年、佐藤孝一『ASEANレジーム』、勁草書房、2003年、日本学術協力財団編『冷戦後のアジアの安全保障』、大蔵省印刷局、1997年、森本敏編『アジア太平洋の多国間安全保障』、日本国際問題研究所、2003年、山影進『ASEANパワー』、東京大学出版、1997年、山影進編『転換期のASEAN』、日本国際問題研究所、2001年、山影進『東アジア地域主義と日本外交』、日本国際

問題研究所、2003年、山本武彦編『地域主義の国際比較』、早稲田大学出版部、2005年。
2) 境界線の政治学とは、内部／外部、友／敵、我々／彼らといった政治的境界線の画定や変容から政治現象を捉えていくアプローチである。代表的なものとして杉田敦『境界線の政治学』、岩波書店、2005年、土佐弘之『安全保障という逆説』、青土社、2003年。
3) 昨今の人間の安全保障やグローバルなテロリズム、トランスナショナルな犯罪行為の増加を考えるとこの国家安全保障ですら、安全保障の境界策定という問題系をもはや避け得ないとも考えられる。ただし、この課題については本章の趣旨を超えているため、別稿に譲る。
4) 大賀哲「日本外交とアイデンティティ―アジア太平洋から東アジアへ」『社会科学研究』第54巻第2号、2003年、133 - 4頁、同著者「日本外交史における境界の政治学―排日移民法とナショナル・アイデンティティ」『国際政治』第140号、2005年、40 - 42頁、大庭三枝「国際関係論におけるアイデンティティ」『国際政治』第124号、2000年、143頁。
5) アイデンティティ研究の方法論についてはToru Oga, "Re-discovering Asianess: the role of institutional discourses in the APEC 1989-1997", *International Relations of the Asia-Pacific* vol. 4-2, 2004 forthcoming, pp.290 - 296を参照。
6) Ibid. p.293-294.
7) 大庭三枝「『境界国家』と『地域』の時空論―日豪の地域アイデンティティ模索とアジア太平洋地域の創出」『レヴァイアサン』第26号、2000年、106頁。
8) 例えば大賀「日本外交とアイデンティティ」前掲、Oga "Re-discovering Asianess" op.cit., Douglas Webber, "Two funerals and a wedding? The ups and downs of regionalism in East Asia and Asian Pacific after the Asian crisis" *The Pacific Review* Vol.14 No. 3, 2001を参照。
9) Richard Higgott and Nicola Phillips, "Challenging triumphalism and convergence: the limits of global liberalisation in Asia and Latin America" *Review of International Studies* Vol. 26, 2000.
10) Richard Higgott, "The Asian Economic Crisis: A study in the politics of resentment" *NewPolitical Economy* 3 (3), 1998.
11) 佐島直子編『現代安全保障用語辞典』、信山社、2004年、85 - 86頁。
12) 納家政嗣『国際紛争と予防外交』、有斐閣、2003年、84頁。
13) Amitav Acharya, "The Association of Southeast Asian Nations: 'Security Community' or 'Defence Community'? ", *Pacific Affairs*, vol.64-(2), 1991, p.160.
14) Amitav Acharya, "A Regional Security Community in Southeast Asia?", *Journal of*

Strategic Studies, vol. 18-3, 1995 を参照。

15) Amitav Acharya, "Regional Military-Security Cooperation in the Third World: A conceptual analysis of the relevance and limitations of ASEAN", *Journal of Peace Research*, vol. 29-(1), 1992, p.11.

16) Michael Antolik, *ASEAN and the Diplomacy of Accomodation*, M.E.Sharpe, 1990, p.10, p.94-96.

17) Shaun Narine, "ASEAN and the Management of Regional Security", *Pacific Affairs*, vol. 71-(2), 1998, p.196.

18) ASEAN方式については以下を参照。Amitav Acharya, *The Quest for Identity: International Relations of Southeast Asia*, Oxford U.P., 2000, p.127-129, Amitav Acharya op.cit., *Constructing a Security Community in Southeast Asia*, Ch.2, Ch.6.

19) Narine, op.cit., p.202, Kusuma Snitwongse, "ASEAN's Security Cooperation: searching for a regional order", *The Pacific Review*, vol.8-(3), 1995, p.520.

20) 佐島、前掲書、8頁。

21) ヨーロッパの信頼醸成概念、およびアジアとヨーロッパの信頼醸成概念の相違については以下を参照。植田隆子「欧州安全保障協力会議における信頼醸成措置の発達」『国際法外交雑誌』88（5）、1989年、461－494頁、百瀬宏・植田隆子『欧州安全保障協力会議（CSCE）1975-92』日本国際問題研究所、1992年、吉川元『ヨーロッパ安全保障協力会議CSCE』三嶺書房、1994年、山影進『ASEANパワー』前掲、307－310頁。

22) 納家、前掲書、85－86頁。

23) 山本吉宣「協調的安全保障とアジア太平洋」『アジア太平洋の多国間安全保障』前掲、44－45頁。

24) 佐島、前掲書、18頁。

25) 吉川元「予防外交の理論と枠組み」同著者編『予防外交』、三嶺書房、2000年、6頁。

26) 神保謙「ARFにおける予防外交の展開」『アジア太平洋の多国間安全保障』前掲、221頁。

27) 坪内淳「アジア太平洋における予防外交の有効性、可能性、展望」『予防外交』前掲、265－266頁。

28) ARFの設立経緯を題材とした優れたモノグラフとしてはMichael Leifer, *The ASEAN Regional Forum*, Oxford U.P., 1996を参照。

29) Leifer, op.cit., p.55, Buzan and Wæver op.cit., p.159

30) "The ASEAN Regional Forum: A Concept Paper", 1 August 1995. http://www.aseansec.org/3618.htm （最終アクセス日2006年12月10日）。以下ウェブサイト・アドレスの後の（　）内日付は、筆者の最終アクセス日時を指す。

31）同ペーパーの位置付けについては以下を参照。"Chairman's Statement, the Second Meeting of the ASEAN Regional Forum", Brunei Darussalam, 1 August 1995, http://www.aseansec.org/3617.htm （2006年12月10日）。
32）"The ASEAN Regional Forum: A Concept Paper"、第3および第5パラグラフ。
33）Ibid. 第6パラグラフ。
34）Ibid. 第8パラグラフ。
35）Ibid. 第20および第21パラグラフ。
36）Ibid. 第11および第17パラグラフ。
37）"ASEAN Regional Forum (ARF) Concept and Principles of Preventive Diplomacy", 27 July 2000, 第4パラグラフ http://www.aseansec.org/3579.htm （2006年12月10日）。
38）Ibid. 第5および第6パラグラフ。
39）Ibid. 第6パラグラフ。
40）Ibid. 第7パラグラフ。
41）Ibid. 第11パラグラフ。
42）Ibid. 第12パラグラフ、［　］内および強調筆者。
43）"A Concept Paper on Enhancing Ties between Track I and Track II in the ARF, and between the ARF and Other Regional and International Security organizations", 17-19 October 2005, 第4パラグラフ、http://www.aseansec.org/ARF/TOR/TrackI-TrackII.pdf （2006年12月10日）。
44）"Enhanced Role of the ARF Chair", May 2001, http://www.aseansec.org/3572.htm （2006年12月10日）。
45）"Terms of Reference of the ASEAN Regional Forum Unit", 23 June 2004, http://www.aseansec.org/ARF/TOR/unit.pdf （2006年12月10日）。
46）政治制度上、APECは決して「開かれた地域主義」の忠実な実践者ではない。コロンビアとエクアドルの加盟申請の却下はその端的な例であろう。またパプア・ニューギニアを除く太平洋の島嶼国家群やカンボジア・ラオス等、APECの掲げる「アジア太平洋地域」内には未だにAPEC非加盟国が存在している。Oga, "Re-discovering Asianness", p.297.
47）Ibid. p.298.
48）ARFウェブサイト、"ARF Participants"を参照。http://www.aseanregionalforum.org/Default.aspx?tabid=64 （2006年12月10日）。
49）山本、前掲論文、65－66頁。
50）中山俊宏「アジア太平洋のトラックIIプロセス」『アジア太平洋の多国間安全保障』前掲、205頁。

51) 山本、前掲論文、66頁。
52) ヨーロッパの安全保障問題を協議する場として、欧州安全保障協力会議（CSCE）が1972年に発足し、1975年には国境の不可侵と人権の尊重を謳ったヘルシンキ宣言が採択された。その後、CSCEは1995年に欧州安全保障協力機構（OSCE）として強化再編され、1999年には欧州安全保障憲章を採択した。同憲章は、人権と自由を最優先課題として掲げ、国家内紛争にも積極的に関与することが宣言された。以下のウェブサイトを参照。　http://www.osce.org/documents/mcs/1999/11/17497_en.pdf（2006年12月10日）。
53) David Campbell, *Writing Security: United States Foreign Policy and the Politics of Identity*, Manchester U.P., Revised Edition 1998.
54) Ibid. p.69.
55) Barry Buzan, Ole Wæver and J.D. Wilde, Security: *A New Framework for Analysis*, Lynne Rienner Publishers, 1998, Ole Wæver, Barry Buzan, M. Kelstrup and P. Lemaitre, *Identity, Migration and the New Security Agenda in Europe*, Printer Publishers Ltd., 1993.
56) ほぼ同様の趣旨に土佐、前掲書、95頁。
57) 神保謙「ARFにおける予防外交の展開」『アジア太平洋の多国間安全保障』前掲、241－242頁。
58) 菊池努「アジア太平洋の地域制度と安全保障」『アジア太平洋の多国間安全保障』前掲、121頁、坪内、前掲書、279－280頁、山影進「ASEANの基本理念の動揺」『転換期のASEAN』前掲、128－137頁。
59) 森本敏「アジア太平洋の安全保障」『アジア太平洋の多国間安全保障』前掲、25頁。
60) 佐藤考一「ASEANを中心とした広域安全保障協力と日本」『東アジア地域主義と日本外交』前掲、日本国際問題研究所、2003年、49頁。
61) Narine, op.cit., p.209, Shaun Narine, "ASEAN and the ARF: the limits of the 'ASEAN Way'", *Asian Survey*, vol.37-(10), 1997, p.973-977, Snitwongse, op.cit., p.529.
62) "Declaration on Terrorism", The 8th ASEAN Summit, Phnom Penh, 3 November 2002, http://www.aseansec.org/13154.htm　（2006年12月10日）。
63) "Joint Communique of the Fifth ASEAN Ministerial Meeting on Transnational Crime (AMMTC)", Ha Noi, 29 November 2005, http://www.aseansec.org/17937.htm（2006年12月10日）。
64) "Statement by the chairman of the 37th ASEAN Standing Committee (ASC) On The Six-way negotiation on Korean Peninsula", Jakarta, 27 August 2003, http://www.aseansec.org/15048.htm（2006年12月10日）。

執筆者紹介

杉田　米行（編者）

1962年大阪生まれ。大阪外国語大学アメリカ講座助教授。主な著書にMark E. Caprio and Yoneyuki Sugita eds., *Democracy in Occupied Japan: The U.S. occupation and Japanese politics and society* (New York: Routledge, 2007); *Pitfall or Panacea: The Irony of US Power in Occupied Japan 1945-1952* (New York: Routledge, 2003);『ヘゲモニーの逆説：アジア太平洋戦争と米国の東アジア政策、1941年―1952年』（世界思想社、1999年）など。

平間　洋一（http://www.bea.hi-ho.ne.jp/hirama/）

1933年横須賀生まれ。元防衛大学校教授。法学博士（慶應義塾大学）主な著書に『第一次世界大戦と日本海軍』（慶応義塾大学出版会、1998年）、『日英同盟』（PHP研究所、2000年）、編著『日英交流史1600～2000　軍事編』（東京大学出版会、2001年）、『日露戦争が変えた世界史』（芙蓉書房出版、2005年）、『第二次世界大戦と日独伊三国同盟』（錦正社、2007年）、共著 *Reluctant Allies: German-Japanese Naval Relations in World War II* (Annapolis: U.S. Naval Institute Press, 2002)。

樋口謙一郎

早稲田大学国際言語文化研究所客員研究員。2007年4月より椙山女学園大学文化情報学部講師。東アジア政治・言語政策専攻。最近の業績に、「東アジアの言語改革とアメリカのコミットメント：戦後日本・南朝鮮・沖縄の言語政策についての一考察」杉田米行編著『アメリカ的価値観の揺らぎ』（三和書籍、2006年7月）など。

正司　光則

1976年大阪生まれ。慶應義塾大学COE研究員(RA)。国際情勢研究会（内閣府）研究員。主な論文として、「日米防衛協力のための指針と周辺事態法―北朝鮮の核実験と周辺事態の認定―」『国際情勢季報』第77号（国際情勢研究会、2007年2月）、「日米安全保障体制における『空間概念』からの脱却―日米安全保障協議委員会（2005年）における「大きな転換」―」『国際情勢季報』第76号（国際情勢研究会、2006年2月）など。

清水　麗

1967年東京生まれ。国士舘大学21世紀アジア学部教授。主な著書・論文に、『中台危機の構造』（共著、勁草書房、1997年）、『越境するポピュラー文化と〈想像のアジア〉』（共著、めこん、2005年）、「台湾における蒋介石外交-1961年国連問題をめぐる原則と妥協-」『常磐国際紀要』第6号（2002年）、「オリンピック参加をめぐる台湾-中台関係における名称問題の一考察」『21世紀アジア学会紀要』第1号（2003年）など。

マーク・カプリオ

1957年生まれ。ワシントン大学院博士課程修了（Ph.D.朝鮮歴史）。立教大学法学部教授。主な著書にMark E. Caprio and Yoneyuki Sugita eds., *Democracy in Occupied Japan: The U.S. occupation and Japanese politics and society* (New York: Routledge, 2007); Mark E. Caprio and Masuda Koichirô eds., *Japan and the Pacific: Threat and Opportunity, 1500-1920* (Ashgate Press, 2006); マーク・カプリオ編著『近代東アジアとグローバリゼーション』（東京：明石書店、2006年）など。

飯倉　　章
　1956年生まれ。慶應義塾大学経済学部卒。国際大学大学院修士課程修了（国際関係学修士）。現在、城西国際大学人文学部教授。近現代の日米・日欧関係や政策決定論を専門としている。主な著書には、黄色人種排斥のイメージ・言説・思想としての「黄禍」の役割を分析した『イエロー・ペリルの神話：帝国日本と「黄禍」の逆説』（彩流社、2004年）がある。訳書には、エミリー・S・ローゼンバーグ『アメリカは忘れない：記憶のなかのパールハーバー』（法政大学出版局、2007年）がある。

宝珠山　昇　http://www.rosenet.ne.jp/~nbrhoshu/
　1937年大分県生まれ。早稲田大学政治経済学部卒。防衛庁に入り、防衛審議官、経理局長、官房長を経て、防衛施設庁長官。1995年10月退官。論考に「新生イラクへ日本の支援強化を」『新国策』（国策研究会刊行2004年6月号）、「新防衛大綱への期待と不安（増補版）」『郷友』（2005年2月号）巻頭言、「F-15とP-3Cの国産調達の回想」『防衛庁中央調達五十年史』（2005年3月）、「『基盤的防衛力構想』産みの親」『日本の風』（2005年3月創刊号）、「宝珠山　昇オーラルヒストリー」上、下巻（政策研究大学院大学、2005年3月）など多数。

伊藤　裕子
　1963年埼玉県生まれ。亜細亜大学国際関係学部助教授。主な著作に、「『新しい戦争』と『伝統的』米比軍事関係」『国際関係紀要』第12巻1号（2002年）、「戦後アメリカの対フィリピン軍事政策と日本要因1945－1951」池端雪浦／リディア・N・ユー・ホセ編『近現代日本・フィリピン関係史』（岩波書店、2004年）、「マルコス政権初期の米比軍事関係とベトナム戦争」『アメリカ史研究』第29号（2006年）など。

大賀　哲
　1975年東京生まれ。英エセックス大学政治学研究科博士課程修了(Ph.D.)。神戸大学大学院国際協力研究科助手。主な著書に"Debating Asianisation: Exploring a Triangular Relation among Globalisation, Regionalism, and Regionalisation" in Amitav Acharya and Lee Lai To (edt.) *Asia in the New Millennium* (Singapore: Marshall Cavendish Academic, 2004); "Re-discovering Asianness - the role of institutional discourses in the APEC 1989-1997" *International Relations of Asia-Pacific* vol. 4-2 (2004); 「開かれた地域主義の系譜―三木武夫の政治外交言説を事例として」『国際政治経済学研究』第16号（2005年）など。

翻訳者紹介
第5章：マーク・カプリオ「北朝鮮の核危機に対する集団責任と平和的解決」の翻訳者

国分　舞
　早稲田大学大学院社会科学研究科博士後期課程。主な業績に「セーラム魔女裁判の認識をめぐって」『比較文化研究』No.67（日本比較文化学会会長奨励賞）。訳書に、ジェームズ・アレン『不変の成功法則：思いが人生を成功に導く』（共訳CDブック、インターナル、2006年）など。

樋口謙一郎
　（執筆者欄参照）

■編著者紹介

杉田　米行（すぎた　よねゆき）

1962年大阪生まれ。大阪外国語大学アメリカ講座助教授。主な著書に Mark E. Caprio and Yoneyuki Sugita eds., *Democracy in Occupied Japan: The U.S. occupation and Japanese politics and society* (New York: Routledge, forthcoming); *Pitfall or Panacea: The Irony of US Power in Occupied Japan 1945-1952* (New York: Routledge, 2003);『ヘゲモニーの逆説：アジア太平洋戦争と米国の東アジア政策、1941年―1952年』（世界思想社、1999年）など。

アジア太平洋地域における平和構築
―その歴史と現状分析―

2007年4月10日　初版第1刷発行

■編　著　者——杉田米行
■発　行　者——佐藤　守
■発　行　所——株式会社大学教育出版
　　　　　　　〒700－0953　岡山市西市855－4
　　　　　　　電話(086)244－1268(代)　FAX (086)246－0294
■印刷製本——サンコー印刷㈱
■装　　　丁——ティーボーンデザイン事務所

Ⓒ Yoneyuki SUGITA 2007, Printed in Japan
検印省略　　落丁・乱丁本はお取り替えいたします。
無断で本書の一部または全部を複写・複製することは禁じられています。

ISBN978－4－88730－759－9